La Filotea

Inicio a la vida de santidad

SAN FRANCISCO DE SALES
"Patrono de quienes se dedican a difundir buenas lecturas"

Versión y adaptación
P. Eliécer Sálesman

SAN PABLO

© P. Gustavo García
Derechos cedidos por el autor a:
© SOCIEDAD DE SAN PABLO ECUADOR

ISBN: 9978-06-074-X
Con las debidas licencias
Queda hecho el depósito que ordena la Ley

DISTRIBUCIÓN:
COSTA RICA – San José
Calle 2 Av. 6 y 8
Tel.: 22565005 / 22222064 – Telefax: 22562857
E-mail: libreriacostarica@sanpablo.cr

ECUADOR – Quito
Av América OE 3-188 y Pascual de Andagoya
Tel.: (02) 2541650
Fax: 2331444 Cel.: 0994658259
E-mail: libreriaamerica@sanpablo.ec

EL SALVADOR – San Salvador
1a. Calle Poniente y 59
Av. Norte No. 3103 Colonia Escalón
Tel.: 22605646 / 22605647
Cel.: (503) 78565672
E-mail: libreriaelsalvador@sanpablo.com.sv

GUATEMALA – Ciudad de Guatemala
11 calle 0-49 Zona 10 Local A
Tel: (502) 2360 - 2735 / 2715
E-mail: libreriaguatemala@sanpablo.com.gt

HONDURAS – Tegucigalpa
Centro Comercial City Mall - Local 201
Tel.: 22623215
E-mail: libreriacitymall@sanpablo.hn

NICARAGUA – Managua
Rotonda Rubén Darío 1C. al oeste 1/2 C.
al sur lomas de Guadalupe - Antiguo Edificio Hispamer
Tel.: (505) 2278 2103 - 2270 2412 - Cel: 89007359
E-mail: librerianicaragua@sanpablo.com.ni

PANAMÁ – El Dorado
Boulevard El Dorado Av. 17B Norte.
Apartado 0819-02969
Tel.: 2603738 / 2604309 / 2605861- Fax: 2606107
E-mail: libreriapanama@sanpablo.com.pa

PUERTO RICO – San Juan
Calle Bori 1606 Urb. Caribe - San Juan P.R. 00926
Marginal carret ·#1
Tel.: (787) 9461868 – 9985072
E-mail: libreriapuertorico@sanpablo.pr

REPÚBLICA DOMINICANA – Santo Domingo
Av. 27 de febrero No. 414 - Sector Bella Vista
Tel.: (809) 5631148 – Fax: (809) 6833587
Cel. (809) 481 5960 / 683 3587
libreriasantodomingo@sanpablo.do

NOTAS INTRODUCTORIAS

(Tomadas de la biografía de San Francisco de Sales, escrita por P. Eliécer Sálesman)

HISTORIA DEL LIBRO
MÁS FAMOSO DE
SAN FRANCISCO DE SALES:

"LA FILOTEA"

INICIACIÓN O INTRODUCCIÓN
A LA VIDA DE SANTIDAD"

En 1609 aparece el libro que iba a hacer popular y simpático a Francisco de Sales en todos los países y en todos los tiempos: **"LA INTRODUCCIÓN A LA VIDA DEVOTA O INICIACIÓN A LA VIDA DE SANTIDAD"**.

Al principio no tenía la intención de publicar un libro, sino que sencillamente fue escribiendo buenos consejos en cartas a personas que le pedían dirección espiritual, y después al reunir muchas de estas cartas, resultó un tratado maravilloso de: ***"Cómo santificarse en los oficios de la vida ordinaria"***.

Especialmente había una mujer deseosa de que nuestro santo le diera dirección espiritual, y como vivía lejos de su ciudad le pidió que le escribiera de vez en cuando algunos consejos para lograr hacerse santa en sus oficios de cada día. San Francisco empezó a escribirle regularmente, dándole consejos muy prácticos y fáciles para adquirir la santidad. Esto no era nuevo para él, pues ya muchas veces había puesto por escrito algunas meditaciones para que su madre y otras señoras pudieran leerlas de vez en cuando.

A la señora de Chantal y a otras damas ya muy adelantadas en la vida espiritual, el santo prelado les escribía apenas algunos consejos generales, pero a esta señora, Madame de Chamourcy, que era una principiante, se propuso enseñarle por escrito todos los más importantes detalles para llegar a ser un alma devota. Ella iba conservando cada carta del santo como un verdadero tesoro, para leerlas y comentarlas con sus amigas. Y cuando ya tuvo coleccionadas bastantes de estas cartas las mostró a un Padre Jesuita, al cual le pareció que esto era algo muy digno de ser publicado, y le suplicó a Monseñor de Sales que llevara a la imprenta tan preciosos consejos para las almas.

El buen obispo aceptó el consejo del Padre Jesuita; le pidió a la señora que le enviara la colección de cartas, y después de corregir algunas cosas y añadir otras enseñanzas que había escrito en cartas a diversas señoras, envió todo el escrito a la imprenta en 1.608, y ya en 1.609 aparecía en Lyón el libro con el título de "Introducción a la Vida Devota", por **Francisco de Sales,** obispo de Ginebra.

En aquel tiempo la gente se interesaba mucho por la religión. **Y había tres clases de escritos:** Los grandes tratados de teología, escritos en latín: eran para los teólogos y sabios muy instruidos. Los tratados de mística, como los de Santa Teresa y San Juan de la Cruz: los leían con gusto las almas muy espirituales, especialmente en los conventos, pero su lectura asustaba al común de las gentes. Y venían luego los tratados sencillos de moral que sí se prestaban para que los leyera la gente del pueblo, pero que eran a veces bastantes secos.

Había un libro muy famoso: **"La Imitación de Cristo",** que se leía mucho. Pero estaba dirigido a personas piadosas. Había otro que le encantaba a San Francisco de Sales y que por 19 años llevó en su bolsillo para leer una página cada día, se llama: **"El Combate Espiritual".** Era verdaderamente hermoso. Pero estaba dirigido a personas muy espirituales.

Hacía falta un librito para el común del pueblo: para cocineras y costureras, para amos de casa y peones del campo, para albañiles y negociantes y empleados: **un libro que enseñara cómo ser santos los que viven en la vida más ordinaria del mundo.** Y éste era el libro que ahora aparecía. Ahora sí que podían leer sabrosamente las gentes más sencillas un libro que pudieran entender y practicar.

Se imaginaba el pueblo en ese tiempo que la santidad estaba reservada para los sacerdotes y religiosos y que para hacerse santo había que dedicar muchas horas cada día a rezar, y además hacer ayunos continuos y saberse muchas páginas de libros santos y trasnocharse rezando, leyendo y haciendo penitencias. Y en su nuevo libro nuestro santo venía a decirles algo muy distinto: **que en toda profesión honesta se puede conseguir la santidad.**

Que tan santo puede llegar a ser un albañil construyendo, una cocinera lavando platos, un comerciante vendiendo y comprando y un campesino cultivando, como el Sumo Pontífice redactando encíclicas o un sacerdote predicando o un religioso ayunando; que lo importante es hacer bien lo que se tiene que hacer, y hacerlo todo por amor a Dios.

Y lo mejor de este libro es que no se contenta con anunciar que a todos les es posible ser santos, sino que va enseñando claramente unos medios muy fáciles y muy prácticos para conseguir la santidad.

Dice el santo:

"Dios no es amigo de llevar a las almas a la santidad con asperezas y sustos y violencias, sino suavemente como un buen padre de familia lleva a sus chiquitines que apenas están empezando a dar sus primeros pasos". Le agradaba aquella frase de Jacob a Esaú cuando éste le pidió que le siguiera a veloz carrera por la llanura: **"Tengo niños pequeños y corderitos recién nacidos y si los hiciera viajar a más alta velocidad se me morirían de cansancio por el camino. Por eso tengo que ir al paso que ellos pueden caminar"** (Gn 33, 13). El libro de **"La Introducción a la Vida Devota",** parece haber tenido esta frase como lema: **"Caminar al paso que los principiantes pueden caminar".**

Por tales razones se comprenderá **el éxito tan extraordinario que esta obra tuvo desde el principio.** Es que resultó una gran verdad lo que dijo un lector: **"Busqué un autor y me encontré con un amigo.** Busqué un instructor y me encontré con un padre amable. Busqué un corrector y me hallé junto a un médico maravilloso. Buscaba un guía y me vine a hallar a un extraordinario consejero lleno de comprensión y sabiduría".

El rey Jacobo de Inglaterra exclamaba al leer el libro del Santo de Sales: "Quisiera ir a Francia por un solo fin, dar un abrazo de inmenso agradecimiento al autor de la "Introducción a la Vida Devota o Filotea".

San Francisco le puso a su libro **dos títulos.** Uno de ellos es **"La Filotea",** que significa **el alma que ama a Dios.** Con este nombre se conoció popularmente el libro en los siglos pasados. Ahora se ha vuelto más generalizado el de **"Introducción a la Vida Devota o iniciación a la Santidad".** Pero de ambas maneras se le nombra en todas partes.

DETALLES CURIOSOS DE "LA FILOTEA"

Si no supiéramos que quien escribió este bello libro era un hombre de unos cuarenta años, alto, vigoroso, gallardo, nos imaginaríamos a su autor como un venerabilísimo anciano lleno de experiencias y rico en sabrosos recuerdos, que ha recopilado para sus nietos y nietas las más simpáticas experiencias espirituales de su larga vida. La dulzura y la bondad circulan por todas las líneas de este escrito, y el lector no puede menos que adquirir un verdadero cariño y una gran simpatía por el autor.

A veces cuesta creer que un escritor tan suave, tan comprensivo, **con una bondad tan inmensa y un desbordamiento tan universal de amor hacia los demás seres humanos,** sea de un siglo en el cual la gente era tan tremendamente agresiva y peleadora y amiga de discusiones y de exageraciones. Y no se puede explicar todo esto sino creyendo que Francisco recibió del Espíritu Santo aquellos carismas o frutos espirituales, que según San Pablo, el Divino Espíritu regala a quienes le son más fieles: **"Amor, alegría, paz, paciencia, afabilidad, bondad, mansedumbre y dominio de sí mismo"** (Ga 5, 22).

Ya desde la primera página se encuentra **el estilo cordial y sencillo del escritor.** En el prólogo dice: "Te ruego que leas esta introducción y así me darás a mí una satisfacción y encontrarás también tú, otra buena satisfacción".

Lo que llama también **la atención es la abundancia de las comparaciones. Ningún autor las ha preferido y prodigado tanto como él.** Si las quitáramos de este libro, quedaría reducido a una tercera parte. Pero este grupo de imágenes y comparaciones **constituye uno de los encantos de la Filotea,** o "Introducción a la Vida de Santidad".

Francisco **tiene un verdadero genio para buscar y encontrar comparaciones.** Las toma de todos partes: de la Sagrada Biblia, de las Vidas de los Santos, de los libros de ciencias, de los recuerdos personales de su vida pasada, y de lo que va viendo y oyendo por donde va pasando. No le cuesta trabajo buscarlas. Como que van brotando de su imaginación, fácil y espontáneamente.

Desde el principio advierte al lector que él no tuvo tiempo para ir investigando con especiales técnicas lo que allí escribe: "Aquí no encontrarás exactitudes perfectas, ni lenguaje rebuscado y florido, porque yo tenía muchas cosas más que hacer y no tuve tiempo para ello. Lo que encuentras aquí es una serie de advertencias y consejos espirituales, dicho todo con la mayor claridad y facilidad que me ha sido posible".

Más tarde en su famoso libro del Amor de Dios ya empleará comparaciones mucho más estudiadas, pero menos espontáneas y afortunadas que las que emplea en la Filotea.

Empieza comparando al Espíritu Santo con una florista que hacía muy bellos ramos de flores, y que participaba en concursos con los mejores pintores de ramos de flores. En labios de

Francisco, a nadie le pareció irreverente esta comparación.

Sus comparaciones son simpáticas, aunque no sean reales. El las sacó de libros que en su tiempo eran tenidos como científicos y que después no han resultado serlo muy en serio. Pero en su ingenuidad creía aquellas cosas y sus lectores gozamos leyéndolas. Sus comparaciones de botánica y zoología las saca de Plinio, un autor muy famoso, muerto en la erupción del Vesubio en el año 79, y cuyos libros de ciencias naturales eran muy populares en aquellos tiempos. De él saca comparaciones muy curiosas como estas: **"En las Islas Calidonias corren fuentes de agua dulce por medio del mar amargo",** y así el alma piadosa logrará mantenerse en paz y alegría en medio de este mar de amarguras de la vida.

"Los insectos logran cruzar por en medio de las llamas sin quemarse las alas", y así el alma fervorosa logrará pasar por entre las llamas de la pasiones de esta tierra sin que se le quemen las alas que la llevan hacia Dios...

La madreperla vive en el fondo del mar y jamás le entra la más mínima gota de agua, y así al alma que vive en amor a Dios no le llegará el mal del mundo... Hoy quizás nos sonreímos ante estas noticias, pero en ese tiempo ni el rey Enrique IV, ni el rector de la Universidad de París, ni los más grandes sabios, se reían de que a la madreperla no le entre agua, o de que un insecto pase por sobre las llamas y no se le quemen las alas o de que por entre un mar de aguas amargas, atraviese un río de agua dulce... Eso lo creía todo mundo... y hasta ciertas cosas más escandalosas que cuenta enseguida el santo como esto que enseña Plinio: **"Que las cabras respiran por las orejas...". Lo importante para él era sacar una buena enseñanza, que amarrada al recuerdo de esa simpática comparación, se quedara pegada al alma.**

Otro detalle del estilo de nuestro obispo son **las deliciosas pequeñas narraciones** con las cuales acompaña a veces a sus comparaciones y enseñanzas. A ratos parece un buen viejo campesino contando antiguas historias, como por ejemplo ésta: "Alejandro Magno pidió al pintor Apeles que le hiciera el cuadro de una diosa. Y para ello le permitió tomar de modelo a la secretaria del rey, llamada Campaspe y el famoso pintor, de tanto observar el rostro de Campaspe para dibujarla, se enamoró fuertemente de ella, y habiéndolo sabido el gran Alejandro le permitió que se casara con ella, privándose así él de una hábil secretaria, con tal que su amigo pudiera formar un hogar feliz..." Con lo cual demostró el rey tanta personalidad como si hubiera ganado una gran batalla... y yo me pongo a pensar que a los que nos permite Dios dedicarnos a observar cómo son las virtudes, para enseñarles a los demás a practicarlas, nos debiera suceder también el enamorarnos de tal manera de esas virtudes que ya no podamos vivir sin tenerlas como compañeras de nuestra vida espiritual...

Hay otro atractivo en los escritos del buen Francisco: es **un poquito de malicia,** y gracia algo picante, que sabe poner en lo que va narrando. Así por ejemplo dice: **"Hay pecadores que dejan de pecar pero les sigue gustando el pecado...** son como aquellos a los cuales el médico les dice que no pueden comer ciertos manjares porque les hacen daño para la salud y dejan de comerlos, pero siguen pensando: "¡ah, si pudiera comer de aquellos manjares que están prohibidos".

Y va describiendo con gracia y cierta sana picardía el modo de ser de algunos caracteres muy especiales. Dice pues: "Hay creyentes que aceptarían con mucha paciencia que hablen mal de ellos, con tal de que los que oyen la murmuración no creyeran nada de lo que contra ellos han dicho... Hay murmuradores que son muy peligrosos, porque forran con miel el puñal con el que van a romper la fama ajena. Ponen primer un prólogo alabando al otro, y enseguida: ahí va el ataque. "Yo lo quiero y en verdad lo estimo –empiezan diciendo– pero lástima que ha hecho esto y ha dicho lo otro y tiene tal defecto...! ¿De qué le sirve todo lo bueno que dijo al principio sí luego se dedica a desbarrar contra él?

UN ÉXITO EDITORIAL

Su **"pobre librito"** como lo llamaba él, tuvo tan formidable aceptación entre el pueblo y los sabios, entre los piadosos y los menos piadosos, **que durante la vida del santo alcanzó a cuarenta ediciones,** y después ha seguido editándose continuamente y **ya pasan de mil las ediciones** que se han hecho de la Iniciación a la santidad o "Introducción a la Vida Devota". Está traducido a más de 40 idiomas, y la simpatía universal lo sigue rodeando como cuando nació en 1609.

El rey Enrique IV decía que este libro superaba en simpatía y en santa influencia a los demás libros que él había leído hasta entonces (excepción hecha de la Sagrada Biblia). La reina de Francia mandó encuadernar lujosamente un ejemplar de La Filotea y engastarlo en diamantes y lo envió al rey de Inglaterra como regalo muy especial. El Superior General de los Cirtercienses decía que este libro era la obra espiritual más provechosa que él conocía, y el Arzobispo de Viena le escribía a San Francisco aconsejándole que dejara todos los demás oficios y se dedicara a escribir, pues para esto había recibido especialísimos dones de Dios. El Superior de los Monjes Cartujos le escribió aconsejándole que ya no escribiera ningún otro libro porque cualquier otro, por hermoso que fuera, ya no lograría llegar a ser tan agradable y simpático como "La Introducción a la Vida Devota". El santo se contentaba con dar gracias humildemente a Dios, que es el Padre de todas las luces.

Retrato Auténtico
En 1618, cuatro años antes de su muerte,
un pintor de Turín le hizo este retrato

PRÓLOGO DEL AUTOR

Con la misma maestría con que una florista sabe arreglar los ramos de flores y un hábil pintor sabe combinar los colores, así el Espíritu Santo sabe presentar la santidad, adaptada a los diversos modos de vida que tienen las personas. En este libro no pretendo escribir sino lo que enseñan los mejores autores acerca de este tema tan importante.

Aquí presento las enseñanzas que los más autorizados autores espirituales han escrito acerca de cómo conseguir la santidad, pero adaptando todo esto a la santidad que se puede conseguir en una vida activa en medio del comercio y de los oficios diarios del hogar y del mundo.

La intención de este libro es instruir acerca de la santidad, a aquellas personas que creen que ésta sí se puede conseguir en medio de las tareas y ocupaciones de la vida ordinaria de una persona en el mundo.

Quiero demostrar que así como una piedra durísima como la "madreperla" puede vivir en medio del mar sin que a su interior logre penetrar el agua amarga, así ciertas almas vigorosas y constantes logran vivir en medio de las ocupaciones mundanas sin que a su alma lleguen las amarguras dañosas de la mundanidad, y que así como ciertas mariposas logran pasar sobre las llamas sin quemarse las alas, así existen personas que consiguen volar sobre las llamas de sus pasiones sin permitir que se les quemen las alas de su espíritu y sin ser derribadas hacia el fango de la maldad. Esto no es fácil, sino bastante difícil, y por eso es necesario dedicarse con mayor esfuerzo a tratar de conseguirlo.

¿De donde salió este libro? Ciertas personas me pidieron que les redactara algunos consejos para poder vivir santamente en medio de las ocupaciones del mundo, y un padre Jesuita al ver estos escritos creyó que convenía publicarlos, y así lo hemos hecho.

División de la Obra

El libro consta de cinco partes:

La primera parte: Cómo pasar del simple deseo de conseguir la santidad, a una resolución firme de dedicarse a obtenerla.

La segunda: Los dos medios más eficaces para llegar a la santidad: la oración y los sacramentos.

Tercera parte: Cómo practicar las diversas virtudes que llevan a la santidad.

Cuarta parte: Las emboscadas y trampas que los enemigos del alma colocan en nuestro camino hacia la santidad, y cómo librarnos de ellas.

Finalmente: Cómo recuperar las fuerzas perdidas y ganar terreno en la lucha por conseguir las virtudes y la santidad.

Trabajo grande y pesado es este, pero nos puede suceder como a los campesinos que se fatigan y sudan sembrando y cultivando pero se alegran luego recogiendo su cosecha, y sienten la alegría de no haber perdido su tiempo y su trabajo, cumpliéndose así lo que dice el bello salmo 125: *"Al ir iban llorando, regando sus semillas; al volver vuelven cantando trayendo sus gavillas".*

Como la tigra. Dicen que cuando un cazador le quita sus crías a la tigra, y luego para distraerla y verse libre de la persecución que ella enfurecida le hace, le deja abandonado por el camino uno de sus cachorros (mientras él se lleva los otros) el animal, sin hacer caso al cansancio que ya tiene de tanto correr y del peso del animalito, lo lleva presurosa a su cueva para librarle de nuevos peligros. Con cuanto mayor esmero una persona espiritual deseosa de librar su alma de peligros y males, debe hacer los mayores esfuerzos por llevarla a un sitio seguro donde no pueda ser víctima de ataques mortales.

Alguien le preguntó a una campesina que llevaba su hijito a las espaldas: ¿Le pesa mucho ese bulto? – y ella le respondió: "Es que esto no es un bulto, es mi hijo, y por eso no siento casi tan amada carga" – Con ese cariño debemos llevar nuestra alma hacia la santidad sin sentir tanto el peso y el camino, por el amor con el que vamos avanzando.

Escribo acerca de la santidad sin ser un santo, pero con grandes deseos de serlo. *Dicen que el mejor medio de aprender es enseñar,* y esto me concede ánimo para escribir los siguientes consejos. San Agustín afirmaba que para aprender sirve mucho el enseñar.

ENAMORAMIENTO POR CONTEMPLAR

Dicen que el emperador Alejandro Magno (323 a de JC) encargó al famoso pintor Apeles que le hiciera un retrato a su amada Campaste, y Apeles de tanto fijar la vista en el rostro de la hermosa Campaste, (para lograr pintar su

retrato) se enamoro de la joven y pidió a Alejandro que le permitiera casarse con ella, y el
emperador, generoso como era, se la concedió
como esposa. Algo parecido nos puede suceder a quienes nos dedicamos frecuentemente
a pensar en la santidad y a enseñar cómo conseguirla, que de tanto contemplarla llegue-
mos a enamorarnos de ella y a entusiasmarnos
por obtenerla. Por eso emprendo la redacción
de este libro, esperando que de tanto tratar de
entusiasmar a otros por la santidad, llegue yo
también a entusiasmarme por obtenerla y logre conseguirla.

Como Rebeca. Cuenta el libro del Génesis
en la Santa Biblia (Gn 24) que Rebeca por dedicarse a darles de beber a los camellos de Isaac,
recibió en cambio como regalos, brazaletes, co-
llares y aretes muy finos y valiosos. Algo semejante espero que nos suceda a nosotros, que
por dar el agua de la santidad a otras almas,
consigamos preciosos premios del Señor. Es lo
que pido al buen Dios para mí y para muchísimas almas más.

A la autoridad de la Santa Iglesia Católica
sujeto mis escritos, mis acciones, mis palabras,
mis pensamientos y mi vida entera.

Annecy. Día de Santa María Magdalena, 1609

SAN FRANCISCO ESCRITOR

Tres son sus libros famosos:

1) Controversias,
2) Introducción a la vida devota,
o Iniciación a la santidad,
3) Tratado del amor a Dios.

PRIMERA PARTE

AVISOS Y EJERCICIOS NECESARIOS PARA CONDUCIR EL ALMA DESDE SUS PRIMEROS DESEOS DE OBTENER UNA VIDA SANTA, HASTA UNA FIRME RESOLUCIÓN DE CONSEGUIRLA

Capítulo 1

DESCRIPCIÓN DE LA VERDADERA SANTIDAD

Filotea, alma que amas a Dios: Siendo tú, persona creyente, estoy seguro de que aspiras a obtener la santidad, por el solo hecho de que eso agrada mucho a Nuestro Señor. Y como los errores del principio si no se corrigen a tiempo se van agrandando y son muy dañosos después, es necesario que sepas cual es la verdadera santidad y cuales las falsas.

Clases de santidad. Hay una santidad verdadera y muchas falsas. Y es necesario distinguir bien la verdadera de las falsas para no dejarnos engañar siguiendo un modo de comportarnos que no nos conviene de ninguna manera.

Los artistas pintan en sus cuadros los rostros de mujeres, recordando el rostro de las damas que ellos han visto y admirado. Y algo parecido puede suceder a quienes tratan de conseguir la santidad: que sigan un modo de ser santos según sus propios gustos.

Falsas santidades. Algunos se imaginan que obtendrán la santidad porque *ayunan y hacen penitencias en el comer y beber,* pero no les importa que su corazón siga lleno de rencor y de malicia, y mientras su lengua no prueba licores, en cambio se tiñe con la sangre de la fama ajena, murmurando y criticando sin compasión, y hasta calumniando.

Otros se ilusionan de que sí van a conseguir la santidad porque *rezan muchas oraciones,* pero no le dan importancia a que su trato con los demás es seco y lleno de cóleras y de palabras ofensivas y humillantes.

Hay quienes sí *dan limosnas* de buena gana a los pobres, pero no logran llenar su corazón de amabilidad y de perdón para quienes les han ofendido.

Algunos sí perdonan a sus enemigos pero no pagan sus deudas ni son exactos en sus deberes de economía.

Estas personas puede ser que sean tenidas como santas, pero en realidad, no lo son.

Una estatua en vez de una persona. Cuando los enemigos del profeta David lo buscaban para matarlo, su esposa Micol colocó en la cama una estatua de él y la tapó con sábanas y cobijas, y así cuando llegaron los atacantes, por mas que le lanzaron golpes no lograron hacerle daño a David, porque lo que había allí no era su cuerpo sino su estatua (1S 19). Algo parecido sucede con algunas personas, que tienen aspecto exterior de santidad, pero en su interior no son sino estatuas de piedra, sin verdadera santidad.

Qué es la verdadera santidad. Filotea, alma creyente, la verdadera santidad consiste en amar a Dios con todo el corazón y sobre todas las cosas, y amar al prójimo como uno se ama a sí mismo. Es un amor a Dios y al prójimo que nos lleva a hacer y decir en todo lo que mas le agrada a Nuestro Señor. Es una caridad que no solo nos lleva a hacer el bien, sino a hacerlo muy bien.

Las tres clases de vuelo. Los avestruces no vuelan jamás. Las gallinas vuelan pero en trayectos muy cortos. Pero las águilas, las palomas y las golondrinas vuelan a prisa y alto. Así

pasa con las personas. Quienes viven en pecado, son como los avestruces. No son capaces
de levantarse del materialismo de sus pasiones
y de sus malas inclinaciones.

*Los que se contentan con llevar una vida
ordinaria* son como las gallinas: dan pequeños
vuelos hacia la santidad, pero muy cortos y de
poca altura. *Las personas que se esfuerzan por conseguir la santidad* son como las águilas, las palomas y las golondrinas, levantan el vuelo hacia
las alturas y llegan a una admirable perfección.

La primera condición. Un joven le preguntó a Jesús: *"¿Qué debo hacer para obtener la
vida eterna?'* Y Nuestro Señor le respondió: *"Si
quieres obtener la vida eterna tienes que cumplir los
mandamientos"* (Mc 10).

Una persona que no cumple los mandamientos no puede ser tenida ni por buena ni
por santa. *La caridad* nos lleva a cumplir los
mandamientos y la *santidad* nos mueve a cumplirlos con gran exactitud y entusiasmo.

Otra condición. La santidad nos pide no solamente que cumplamos los diez mandamientos con gran exactitud y esmero, sino que nos
dediquemos a practicar con prontitud y gusto el
mayor número de obras buenas que podamos,

aunque no estén exigidas por precepto sino solamente aconsejadas e inspiradas por Dios.

Quien está convaleciente de una grave enfermedad camina lentamente y casi sin fuerzas, pero quien goza de buena salud no solamente camina sino que corre hacia las alturas. Así sucede en la vida espiritual: quienes apenas están saliendo de su vida de pecado avanzan pesadamente y con lentitud hacia la santidad, pero quienes ya han emprendido la vía de la santidad, corren y dan saltos de progreso hacia la perfección.

La caridad, es decir, el amor a Dios y al prójimo, es *el fuego y la* santidad es *la llama* con la cual la caridad se vuelve pronta, activa y diligente, para cumplir no solamente lo que ordenan los mandamientos, sino también los consejos e inspiraciones celestiales.

Capítulo 2

PROPIEDADES Y EXCELENCIAS DE LA SANTIDAD

El peligro es desanimarse. Cuenta la Santa Biblia en el libro de los Números (Cap. 13) que cuando Moisés envió a los exploradores a que visitaran la Tierra Prometida para ver si el pueblo podía entrar allí, los que trataban de desanimar a las gentes les decían que esa era una tierra terrible que se tragaba a sus habitantes y que la habitaban unos gigantes que miraban a los israelitas como si fueran unas pobres langostas. Eso mismo sucede en el mundo: cuando alguien se propone dedicarse a la santidad, muchos le dicen que eso es dañoso, que ser santo es ser amargado y triste y que la santidad causa melancolía y sentimientos inaguantables.

Los animadores. En cambio José y Caleb, después de visitar la Tierra Prometida decían al pueblo que aquellas regiones eran hermosas, con grandes frutos (llevaron un racimo de uvas tan grande que lo tenían que transportar entre dos personas) y que si se posesionaban de aquellas tierras serían felices (Nm 13). Esto es lo que hacen los santos con sus escritos y los buenos directores espirituales. Inspirados por el Espíritu Santo y basándose en las palabras y promesas de Jesús, animan a las gentes asegurándoles que la vida de santidad es ya un paraíso anticipado en esta tierra.

Las dos caras de la moneda. El mundo tiene los ojos abiertos para fijarse en la cara oscura de la moneda: en que las personas que se dedican a la santidad rezan bastante, hacen penitencias en el comer y en el beber, soportan con paciencia las ofensas y calumnias, ayudan a los pobres, asisten a los enfermos, reprimen la cólera, refrenan sus pasiones, se privan de placeres sensuales y son obedientes a sus superiores. Y solo se fijan en esa cara de la moneda. Pero lo que no ven los mundanos es que las personas espirituales son las más libres y más felices del mundo. Que al llenar su vida de obras buenas reciben beneficios y ayudas de Dios de manera sobreabundante. Que el vivir sin pecado les proporciona más paz y alegría que todos los goces y placeres del mundo. Que la esperanza de que se están ganando un gran premio para el cielo y de que Dios les sabrá recompensar todo muy bien, les llena de gozo y de consuelo. Esa sí que es la cara brillante y agradable de la moneda.

Como las abejas. Al visitar las flores del tomillo y de algunas otras plantas, las abejas sacan de allí unos jugos muy amargos y los convierten en dulce miel. Así pasa en la vida espiritual. Para quienes no se han dedicado a conseguir la santidad, las mortificaciones, las largas oraciones, las obras heroicas de caridad y el dominar sus pasiones y alejarse de placeres dañosos, les parece algo amargo y antipático. Pero para quienes emprenden seriamente el camino de la santidad, todo esto se les convierte en algo agradable, atrayente y lleno de consuelos espirituales. Así les sucedía a los mártires, los cuales sentían gusto en sufrir los peores tormentos, con tal de proclamar su fe en Dios, y su amor a Cristo y ganarse así un maravilloso puesto en el cielo.

Como el azúcar. Cuando a una fruta no madura y muy amarga le echamos un poco de azúcar, puede adquirir un sabor agradable. Algo parecido sucede en la vida espiritual. El amor de Dios y la caridad hacia el prójimo quitan la amargura a las mortificaciones, alejan las angustias de la pobreza y quitan la tristeza de la vida de soledad y oración. El tratar de conseguir la santidad es como fuego calentador en el frío invierno y como lluvia refrescante en el ardiente verano y llena el espíritu de una agradable paz y serenidad.

El retrato de la santidad. En la Sagrada Escritura existe un retrato auténtico de lo que es la santidad, y es *la escalera que Jacob vio en sueños* (Gn 28) por la cual bajaban ángeles del cielo a la tierra y subían de la tierra al cielo. Los dos varales de los lados de la escalera son la oración y los sacramentos. Los peldaños que sirven para subir son las acciones y actos de virtud que vamos haciendo y enviando cada día al cielo y que nos acercan cada vez más y más a la salvación. Los peldaños por los cuales bajan los ángeles a traer dones son los actos de caridad que hacemos en favor de los necesitados y que nos traen bendiciones y premios de Dios. Los que suben y bajan por esa escalera tienen alas, para volar hacia Dios por medio de la santa oración, y pies para caminar entre la gente llenándola de favores y obras de caridad. Tienen rostros alegres y angelicales, porque conservan la santa virtud de la castidad y gozan de aquella perpetua alegría que experimentan las almas que viven en paz con Dios. La santidad llena de dulzura y paz el alma. La caridad es una planta y la santidad es una flor. Nada hay que produzca mayores alegrías y más paz en el espíritu que vivir esforzándose por conseguir la santidad, que consiste en esforzarse por hacer siempre lo que más le agrada a Dios y evitar todo lo que a Él le pueda desagradar.

LA ESCALA DE JACOB

Capítulo 3

LA SANTIDAD ES NECESARIA PARA TODA CLASE DE ESTADOS, OFICIOS Y PROFESIONES

En la creación del mundo, dice el libro del Génesis que Dios mandó que cada planta produjera frutos según su especie (Gn 1, 11) y de la misma manera manda Dios a los creyentes, que son las plantas vivas de la Iglesia, que cada cual produzca frutos de santidad, según el estado, el oficio y la profesión que tiene. Así de distinta manera tienen que producir frutos de santidad el gerente y el obrero, el terrateniente y el sencillo campesino, la señora casada y la joven soltera, el simple ciudadano y el gobernante. Es necesario adaptar la propia santidad al oficio y profesión que cada cual ejerce.

Actuaciones indebidas. ¿Sería lógico, Filotea, alma creyente, que un obispo quisiera vivir en la soledad, apartado de todos como un monje cartujo? ¿Que los casados no se preocuparan nada en amontonar una pequeña fortuna para el futuro de sus hijos, como si fueran frailes de un convento, o que un obrero o un campesino se la pasara todo el día rezando en el templo como si fuera un religioso contemplativo, o que un religioso de vida contemplativa se dedicara a vivir tratando con la gente de fuera como si fuera un obispo o un párroco? ¿No es cierto que esa santidad sería inaceptable y fuera de lugar? Pues esto sucede frecuentemente y por eso el mundo critica ciertas "santidades" que son indiscreciones e imprudencias, más que santidad, y por la actuación de algunas personas que se creen santas y no lo son, la gente murmura contra la santidad, como si ella fuera la causa de estas actuaciones equivocadas.

Falsa santidad. La santidad verdadera lleva a cumplir exactamente los deberes de oficio y profesión que cada persona tiene. Si lleva a descuidar esos deberes es una santidad falsa. Así como la abeja saca la miel y el polen de las flores sin hacerle ningún daño sino más bien perfeccionándolas, de la misma manera la verdadera santidad no lleva a descuidar los deberes del propio estado y profesión sino a cumplirlos con mayor perfección. De la misma manera que ciertas piedras preciosas adquieren mayor brillo echándolas entre miel, así cualquier profesión y oficio si la persona tiene santidad, se vuelve más agradable y mejor

ejercida, la familia vive en mayor paz, los esposos se aman más, el desempeño en los empleos
públicos se torna más exacto, y todas las actividades se cumplen mejor y con mayor facilidad
y agradabilidad.

Santidad en los oficios. Sería un error y
hasta una herejía decir que la santidad no se
puede practicar en los cuarteles, en los negocios, o en las oficinas de los profesionales o en
los hogares de los casados. Es verdad que allí
no se podría practicar una santidad al estilo de
quienes viven en un convento, pero sí se puede ser santo o santa en cualquier profesión honesta y en cualquier estado de la vida.

Santos en la Biblia. Veamos casos de
gran santidad en la Biblia, en la vida ordinaria. *Abraham, Isaac y Jacob,* llegaron a ser santos
pastoreando ovejas y cuidando su familia como casados. *David* como gobernante, *Job y Tobías* como enfermos, *Sara y Rebeca como mujeres
casadas y madres de familia. Judit y Ester* como
defensoras de la patria. Y en el Nuevo Testamento, *San José* en su taller de carpintería, *Lidia*
vendiendo telas, *Santa Marta* cuidando de su
casa, *Cornelio* dirigiendo un batallón etc.

Capítulo 4

QUE NECESITAMOS UN GUÍA PARA HACER PROGRESOS EN LA SANTIDAD

El caso de Tobías. Nos narra la Sagrada Escritura que habiéndole mandado Tobías a su hijo que fuera a una ciudad lejana a pedir que le devolvieran un dinero que le debían, el joven le respondió: "No conozco el camino" y el papá le aconsejó: "Vaya y busque a alguno que lo guíe" (Tb 5, 2). Este es el mejor consejo para quienes desean andar y progresar por el camino desconocido hacia la santidad: buscar un guía que los sepa guiar bien.

San Juan de Ávila repetía que la manera más segura de cumplir la voluntad de Dios es seguir los consejos de un buen director espiritual. Y Santa Teresa cuando le llegó el deseo de imitar a una famosa penitente, pero contra los consejos de su director espiritual oyó que Nuestro Señor le decía: "Lo que yo más estimo es la obediencia", y siguió obedeciendo a su director espiritual y llegó a una altísima santidad. San Luis, rey de Francia poco antes de morir le dijo a su hijo: "Confiésese frecuentemente y siga puntualmente los consejos que le dé su confesor". –Algo muy parecido recomendaba Santa Catalina de Siena.

Un amigo fiel. Dice la Biblia: *"Un amigo fiel es una gran protección. Encontrar un buen amigo es como encontrarse un tesoro y los que tienen temor de ofender a Dios lo encuentran"* (Ecl 6). Para lograr llegar a la santidad ayuda mucho tener un buen amigo espiritual que nos aconseje y nos ayude a librarnos de las trampas que nos tienen preparadas los enemigos de nuestra alma. En nuestras tristezas y depresiones nos animará y consolará, en los peligros de pecar nos ayudará a no caer, y cuando se nos enferme el alma tratará de que no nos quedemos así de enfermos sino que logremos nuestra sanación.

Pero ***¿Quién encontrará este amigo?*** El libro Santo nos dice: "Los *que tienen fe en Dios y confían en Él y temen disgustarlo"*. Roguemos pues mucho al buen Dios que nos proporcione un buen director espiritual y Él que nos ha prometido "Todo el que pide recibe", nos lo dará aunque para ello tenga que enviarnos un angel como hizo con Tobías cuando le envió al Arcángel San Rafael.

Cómo comportarse con él. Respecto al director espiritual hace falta obrar con espíritu de fe. Confiar en que el Espíritu Santo nos habla por sus labios, y que Él pondrá en su boca las palabras que necesitamos para progresar en santidad. Manifestarle el estado de nuestra alma con toda sinceridad y así los males del espíritu se irán corrigiendo y remediando y se conseguirá alivio y fuerza para las aflicciones y penas. Si el director espiritual es varón de especial santidad conviene demostrarle mucha confianza en sus consejos y una gran veneración hacia su persona como lo hace un buen hijo con su venerable padre o una virtuosa hija con su santa madre.

A quién elegir. San Juan de Ávila decía: "Para escoger al director espiritual hay que cumplir lo que dice el libro del Eclesiástico en la Biblia: *Uno entre mil, sea tu confidente"*, porque hay muchos que no son capaces de ejercer bien este oficio. Debe ser alguien que está lleno de caridad, de ciencia y de prudencia. Si le falta alguna de estas tres virtudes ya le falta mucho. *Hay que pedirlo mucho a Dios* y cuando lo hayamos encontrado darle gracias a Nuestro Señor por este regalo tan especial y no andar curioseando buscando otros. Si somos humildes y obedientes con él, haremos un buen viaje hacia la santidad.

Capítulo 5

ES NECESARIO COMENZAR POR PURIFICAR EL ALMA

Dice el libro Cantar de los Cantares: "Es *necesario desyerbar y podar, para que se produzcan flores y frutos*". Filotea, alma creyente, si queremos que en nuestro espíritu se produzcan flores y frutos de santidad, hay que empezar por desyerbar y podar, para echar fuera todas las obras muertas, todo lo que es mancha, culpa y pecado.

El hombre viejo. Decía San Pablo: "*Despójense del hombre viejo con sus vicios y concupiscencias y revístanse del hombre nuevo conforme en todo a Jesucristo*" (Ef 4, 22).

Lo primero que hay que hacer: El inicio de nuestra santificación está en quitarnos todo afecto hacia el pecado. Algunos santos lo consiguieron de una vez para siempre por milagro de Dios, como por ejemplo, San Pablo y María Magdalena al convertirse, pero esto es un milagro tan único y raro como la resurrección de un muerto, y nosotros no podemos esperar que lo vamos a conseguir de esa manera instantánea. La sanación de las enfermedades del alma es como las del cuerpo, despaciosa, poquito a poco y si no dejamos de tomar los remedios y previsiones necesarias.

Si miramos en un dibujo los ángeles de la Escala de Jacob (p. 32) vemos que aunque tienen alas no vuelan sino que van subiendo escalón por escalón. Así nos va a suceder siempre en cuanto a la santidad. Hay que ir progresando poco a poco, paso a paso. En esto nos sucede *como a la luz del alba de la madrugada*, que no aleja de una vez todas las tinieblas sino que las va alejando poquito a poco.

La mejor de las curaciones. El refrán popular afirma: "La mejor de las curaciones y sanaciones es la que se obtiene lentamente". Los médicos les tienen desconfianza a ciertas pomadas que sanan rapidísimamente la herida por fuera, pero la dejan muy débil por dentro. Prefieren otras que obren con mayor lentitud pero con mejor seguridad.

Peligro de desanimarse. Filotea, alma que amas a Dios, que no te suceda como a ciertas almas piadosas que empiezan con entusiasmo a recorrer el camino de la santidad, pero viendo que el progreso es tan lento y que sus faltas y defectos disminuyen tan poquito a poco, se desaniman y dejan de esforzarse por llegar a la perfección. Este desanimarse es un peligro muy dañoso, como lo es el otro extremo que es el que tienen ciertas personitas que apenas comenzando su tarea de santificarse ya se creen perfectas y se dedican a volar sin alas. Estas almas están en gran peligro por haberse precipitado a creer que ya están en capacidad de subir fácilmente hacia la santidad.

¿Cuánto ha de durar el ejercicio de purificar el alma?

El ejercicio de purificar el alma tiene que durar todos los días de nuestra vida. Por eso no nos desanimemos al sentir que todos los días tenemos que luchar contra nuestras imperfecciones, porque en eso consiste nuestra santidad, en combatirlas. Pero no podremos combatirlas si no las vemos y no las reconocemos. Nuestra victoria no consiste en no sentir imperfecciones o malas inclinaciones, sino en no consentirlas ni aceptarlas. Para mantenernos en la humildad a veces nos resulta útil quedar heridos en la batalla contra nuestros defectos. Lo que nunca podemos aceptar es darnos por vencidos o dejar de combatirlos. Los defectos e imperfecciones no nos pueden quitar la amistad con Dios, pues esta solamente se pierde con el pecado mortal. Lo importante no es salir siempre vencedores, sino no desanimarnos jamás y no dejar nunca de combatir.

_____ **Capítulo 6**

PRIMERA PURIFICACIÓN: LA DE LOS PECADOS MORTALES

La purificación de los pecados mortales hay que hacerla por medio de la confesión. Para ello hay que buscar un buen confesor y conseguir algún libro que nos ayude a hacer una excelente confesión y conviene leer con atención ese libro que enseña cómo confesarse bien, e ir anotando las principales faltas cometidas desde que tuvimos uso de razón hasta el presente. Si no nos fiamos de la memoria, conviene irlas anotando. Luego hay que buscar las raíces de esos pecados, es decir, por qué se cometieron, cuáles fueron las causas por las cuales llegamos a cometerlos. Luego aborrecer esas faltas, pensando que nos hicieron perder la amistad con Dios, y muchos premios para el Paraíso; que cada pecado trae castigos de la Justicia Divina y daña la belleza del alma.

¿Confesión general? No es necesario hacer muchas veces la confesión general de todos los pecados de la vida, pero al principio de la conversión sí es muy conveniente hacerla. Ella trae una gran paz al alma y es sumamente provechosa.

¿Buena preparación? La confesión en el principio de la conversión debe ser muy bien preparada porque por lo general las demás confesiones que se hacen durante la vida o no se preparan o se preparan muy poco y no van acompañadas de verdadera contrición o arrepentimiento de haber ofendido a un Dios tan bueno. Y aun peor, a veces la persona se va a confesar sin propósito de evitar las ocasiones de pecar y de cambiar de vida y así su confesión la hace con un secreto deseo de volver a pecar. Por eso, la confesión general cuidadosamente preparada, es sumamente necesaria para dejar el alma en paz con Dios.

Un buen efecto. El examen cuidadoso que hacemos para preparar una confesión general nos lleva a conocer mejor nuestra miseria y debilidad, a avergonzarnos de nuestra fealdad espiritual, y. a admirar la misericordia de Nuestro Señor que ha sido tan paciente con nosotros y nos ha aguardado tanto tiempo. Una confesión bien preparada trae calma al espíritu, nos incita a hacer buenos propósitos y a cumplirlos, y permite al confesor darnos los consejos que más necesitamos; y nos sirve para hacer mejor las demás confesiones del resto de nuestra vida. Por eso, conviene alguna vez en la vida hacer una confesión general, pero prepararla cuidadosamente y hacerla con humildad, fe, esperanza y contricción.

NOTA DEL TRADUCTOR. Miles de personas en diversos países de América han hecho una buena confesión después de haber leído un librito pequeño, agradable provechoso, simpático y muy barato que se titula: "COMO HACER UNA BUENA CONFESIÓN" por Eliécer Sálesman. Las 17 ediciones que ha tenido y los 360.000 ejemplares que se han vendido indican la gran aceptación que este libro ha conseguido entre el pueblo católico. Preguntémoslo en la Librería donde compramos este libro de la Filotea. Su lectura nos puede hacer un gran bien".

Capítulo 7

SEGUNDA PURIFICACIÓN:
LA DEL AFECTO AL PECADO

Todos los israelitas salieron de Egipto guiados por Moisés, pero no todos de buena gana. Por tal motivo, muchos de ellos en el desierto echaban de menos las cebollas y carnes de Egipto. Así sucede con algunas personas que tratan de convertirse salen del pecado pero siguen con las ganas y deseos de pecar. Hacen propósito de nunca más pecar, pero siguen sintiendo nostalgia o cierta tristeza por no haber seguido dedicándose a los malvados placeres que les proporcionaba el pecado. El corazón de estas personas renuncia al pecado, pero no por eso deja de volverse hacia él, como le sucedió a la mujer de Lot, que por curiosidad se volvió a mirar hacia la ciudad de Sodoma cuando ésta ardía y quedó convertida en estatua de sal (Gn 16.26). Se abstienen del pecado como algunos enfermos se abstienen de los chicharrones porque los médicos les han dicho que si los comen se mueren, mas no por eso dejan de sentir esa abstinencia. Hablan de chicharrones, preguntan si sería posible comerlos aunque fuera de a poquito a poquito, desearían por lo menos olerlos, y tienen por dichosos a los que si pueden comerlos.

Así les sucede a ciertas almas que se proponen en la confesión perdonar a uno que los agredió, y no vengarse, pero poco a poco después estarán comentando con los amigos cómo fue la pelea y discusión diciendo que si no hubiera sido por Dios se habría vengado del otro y que la Ley Divina es difícil de cumplir en estos casos y que ojalá Dios hubiera permitido la venganza. ¿Quién no se da cuenta de que esta persona, aunque ya está fuera de pecado, no ha dejado el gusto y la afición que le tiene? Salió de Egipto pero sigue deseando los ajos. y las cebollas de Egipto. Algo parecido les sucede a ciertas mujeres que lograron dejar amistades pecaminosas pero siguen sintiendo gusto por los piropos que les dirigen los corruptores. Sin duda que éstas personas están en no pequeño peligro de recaer en sus faltas.

Así que, Filotea, amable creyente, si tú quieres emprender el camino de la santidad, no sólo has de dejar el pecado, sino ir quitando de tu corazón el gusto y el deseo que sientes por él, porque además del grave peligro de la recaída, estos

deseos y gustos indebidos debilitan perpetua-
mente tu espíritu y le traen pereza y desaliento a
la voluntad, de manera que no podrás dedicarte
con todo el entusiasmo a las buenas obras, en lo
cual consiste la esencia de la santidad.

Como las niñas debiluchas. Las almas que
siguen teniendo deseo y gusto por los antiguos
pecados se parecen a esas niñas debiluchas que
no están enfermas, pero son caprichosas, comen sin gusto, duermen sin descansar, ríen sin
alegría y en vez de caminar desearían que las
llevarán a rastra. Algo parecido sucede a las almas que siguen teniendo gusto y afición por el
pecado: sienten cansancio espiritual, pierden
el gusto por hacer fervorosas practicas de piedad, y las reducen a muy pocas en número y
de muy corta duración. Tienen todos los sínto-
mas de una enfermedad o anemia espiritual.

Capítulo 8

CÓMO HACER ESTA
SEGUNDA PURIFICACIÓN

Lo primero que hay que hacer para obtener
esta segunda purificación es el convencerse del

enorme mal que nos ha causado el pecado, por lo cual lo tenemos que aborrecer y arrepentirnos de veras de haberlo cometido. Porque así como la contrición, aunque no sea muy grande, si va unida a la absolución del sacerdote, obtiene el perdón de los pecados, así ésta contrición, y arrepentimiento y aborrecimiento, si es grande y vehemente y con fuerte sentimiento, nos va purificando de las aficiones y gustos que sentimos hacia el pecado.

Como el rencor. Quien tiene un rencor débil hacia una persona siente antipatía hacia ella, y huye de su compañía. Pero si su rencor es muy grande fuerte y violento no sólo aborrece a la persona que le hizo mal, sino que huye de la conversación con la familia y amigos del ofensor y le fastidia su retrato y todo lo que le recuerde a esa persona. Así sucede con quien desea convertirse. Si su rencor, aborrecimiento o antipatía hacia el pecado es total, radical y fuerte, no solamente aborrece el pecado sino también todo aquello que con él se relacione: sus gustos, sus ocasiones, sus recuerdos, sus atractivos.

Como la Magdalena y David. Filotea, alma que amas a Dios: debemos esforzarnos para que nuestro arrepentimiento y el aborrecimiento que sentimos hacia el pecado sean los más grandes y profundos posibles. Así les sucedió a María Magdalena, al rey David, a San Pedro después de las tres negaciones y a muchos pecadores qué después llegaron a la santidad: perdieron el gusto por el pecado y por los placeres que éste les había prometido, sin querer jamás volver a desear cometerlo, y aborrecían no solo el pecado sino todo lo que lleva hacia él. En esto consiste la renovación espiritual, la cual es comparada por el profeta al águila que renueva sus fuerzas para poder volar más alto (Sal 103).

Remedios. Para obtener el odio, el asco, el aborrecimiento total hacia el pecado y hacia todo lo que pueda llevar hacia él, es muy provechoso hacer las meditaciones que vamos a presentar enseguida, las cuales irán sacando de nuestro corazón el gusto y el deseo que siente hacia el pecado. Hacer una meditación cada día, y esto traerá mucho provecho al alma. A meditar se aprende meditando. Empecemos a pensar y meditar en estos temas que aquí proponemos y en lo que pueda llevar a tener antipatía, horror y asco hacia todo lo que sea pecado, y nuestro progreso será gratamente notorio.

NOTA DEL TRADUCTOR. Últimamente ha sido publicado un impresionante libro que infunde en el alma un aborrecimiento muy fuerte hacia todo lo que sea ofensa a Dios y presenta remedios muy prácticos para no pecar. Su titulo es "EL PECADO, el más traicionero enemigo. Sus peligros y consecuencias" Por Sálesman. Recomendamos su lectura.

_____ **Capítulo 9**

PRIMERA MEDITACIÓN:
LA CREACIÓN

Preparación: Ponte en la presencia de Dios, pensando que Él te está viendo y oyendo y te quiere ayudar.

Ruégale a Nuestro Señor que te inspire buenas ideas.

CONSIDERACIONES: 1° Considera que no hace muchos años tú no estabas en el mundo. No eras nada. No existías. ¿Dónde estaba yo en ese tiempo? El mundo ya existía desde hacía millones de años, pero yo no existía todavía.

2° Dios te hizo salir de la nada para que existieras, sin tener necesidad de ti. Solamente por su gran bondad.

3° Considera la excelencia del ser que Dios te dio. Un alma hecha a imagen y semejanza del Creador. Un cuerpo que es una verdadera maravilla de perfección, superior a todos los animales de la tierra. Una inteligencia admirable. Una herencia eterna en el cielo, donde veremos a Dios y lo amaremos para siempre.

AFECTOS Y RESOLUCIONES

Humíllate de verdad. Diciendo a Dios con el salmo 139: Oh Dios, tu me has creado portentosamente desde el vientre de mi madre. Me fuiste formando admirablemente y conoces todas mis acciones. Qué incomparables encuentro tus planes para conmigo. Dios mío, qué inmenso es el conjunto de lo que has hecho por mi. Yo no era nada y nada sería si no me hubieras querido crear. Dios mío, qué admirable eres.

2. Dale gracias a Dios. Señor, qué bueno y generoso has sido conmigo. Me sacaste de la nada para hacer que llegara a ser lo que soy. Quiero bendecirte, agradecerte y alabar por siempre tus inmensas bondades para conmigo.

3. Arrepiéntete. Señor, mi Dios y mi Creador, en vez de obedecerte y agradarte lo que he hecho es ofenderte con mis pecados. Con mis desordenados afectos me he apartado y alejado de Ti y en vez de, honrarte como mi Creador te he despreciado poniéndome de parte del pecado y de la iniquidad y de la maldad. Perdóname Señor.

Propósitos. De ahora en adelante no quiero seguir mis malos caprichos. Quiero hacer tal y tal cosa... para evitar el pecado. Aceptar las humillaciones y desprecios que lleguen, para ir pagando mis culpas. Señor Dios: deseo firmemente corregirme. Ilumíname Tú los medios que debo emplear para no ofenderte más. Huir de tal y tales ocasiones de pecado. Quiero poner en práctica los consejos de mi director espiritual o de mi confesor.

CONCLUSIÓN: *Agradece* al buen Dios: "Te doy gracias Señor por haberme creado, hecho creyente y conservado hasta este día. Gracias, mil gracias, Señor".

Ofrécete a Dios: Señor te ofrezco todas mis acciones, palabras, pensamientos, alegrías y sufrimientos. Todo por Ti, para tu mayor gloria, por el perdón de mis pecados y la conversión y salvación de los pecadores.

Ruégale a Dios. Señor: en tus manos encomiendo estos propósitos y buenos deseos solamente, si Tú me concedes tu ayuda lograré cumplirlos. María Santísima, ángeles y santos del cielo, ayudadme a cumplir mis buenos deseos, y bendecid y ayudad a todas aquellas personas por las cuales tengo obligación de rezar. Amén.

_____ **Capítulo 10**

SEGUNDA MEDITACIÓN: DEL FIN PARA EL CUAL FUIMOS CREADOS

PREPARACIÓN: 1° Ponte en la presencia de Dios. **2°** Pídele que te ilumine buenas ideas.

CONSIDERACIONES: 1. Nuestro Señor no te ha puesto en este mundo porque tenga necesidad de ti, pues es muy poco lo útil que le puedes ser, sino para ejercer en tí su bondad infinita y colmarte de gracias, bendiciones y ayudas. Te creó para que conozcas, ames y sirvas a Dios en esta vida y después lo veas, lo ames y goces en el cielo. Para esto, te ha dado el entendimiento para que lo conozcas, la voluntad para que lo ames, la memoria para que recuerdes sus favores y beneficios, los ojos que para que veas las maravillas de su creación, la lengua para que lo alabes, y todas las demás cualidades que te ha concedido.

2. Ya que has venido al mundo para conocer, amar y servir a Dios y después ir a acompañarle en el cielo, debes evitar todas las acciones, las palabras y los pensamientos que sean contrarios a la voluntad y al querer de Dios, y despreciar y aborrecer todo lo que pueda disgustar a Nuestro Señor.

3. Considera la desdicha y la miseria de las personas que viven no como si su fin fuera conocer, amar y servir a Dios en esta vida y después ir a recibir su premio en el cielo, sino que se imaginan que solamente han venido a la tierra a construir casas, amontonar riquezas, conseguir honores y triunfos materiales, gozar placeres sensuales y vivir como si solo fueran animales, y no creyentes que tienen que ganarse una vida en la eternidad feliz.

AFECTOS Y RESOLUCIONES

1. Arrepiéntete. Repróchale a tu alma que haya sido tan poquito lo que ha pensado y recordado cuales son los fines para los cuales la creó Dios. Ay de mí ¿en qué andaba pensando que me olvidé de pensar en lo que en verdad es más importante? ¿Dónde andaba mi amor cuando en vez de dedicarme amar y servir a mi Dios, me dedicaba a enamorarme de. pobres criaturas y a olvidarme de mi Creador? Pobre de mí que en vez de consagrarme a servir al buen Dios que paga tan sumamente bien todo lo que por Él se hace, me dediqué a servir a este mundo traidor y a sus pasiones, que pagan tan sumamente mal.

2. Aborrece tu vida lejos de Dios. Tienes que exclamar: Yo los aborrezco, pensamientos inútiles, deseos dañosos, imaginaciones inconvenientes. Recuerdos de maldades, yo los odio y quiero alejarlos para siempre. Amistades pecaminosas, que se alejen siempre de mí y no les tenga simpatía sino total antipatía. Renuncio a las obras hechas solo por vanidad y orgullo, y detesto esas complacencias pecaminosas que tanto manchan y perjudican mi alma.

3. Conviértete a Dios. Señor: yo deseo que Tú seas de ahora en adelante el único objeto de mis deseos, propósitos, y pensamientos y acciones. Que nunca jamás me dedique a pensamientos, acciones, palabras o deseos que te desagraden. Que mi memoria se llene cada día del recuerdo de la mansedumbre, generosidad y bondad con que me has perdonado y ayudado. Que Tú seas siempre, Oh mi Dios, la alegría de mi corazón y el centro de mis afectos. Que toda diversión que me aleje de Ti, me sea desagradable y no la quiera volver a tener ni a desear.

CONCLUSIÓN: **1. Agradécele a Dios** que te ha creado para un fin tan excelente: conocerlo, amarlo y servirlo en esta vida y después amarlo para siempre en el cielo. Señor: que sí se cumpla en mí siempre este fin tan perfecto y admirable.

2. Ofrece: Te ofrezco Señor, mi pensamiento para pensar en Ti, mi corazón para amarte, mi voluntad para tratar de servirte y agradarte, y todos los afectos y buenos deseos de mi alma, para permanecer siempre en tu Santísima amistad.

3. Ruega: Oh Señor, por los méritos de la sangre de tu Hijo derramada en la cruz para salvarnos, concédeme la gracia de ser capaz de cumplir los buenos propósitos que he hecho en está meditación. *Amén*

_____ **Capítulo 11**

TERCERA MEDITACIÓN: DE LOS BENEFICIOS QUE HEMOS RECIBIDO DE DIOS

PREPARACIÓN: 1. Ponte en la presencia de Dios que te está viendo, oyendo y amando. 2. Pídele que te inspire buenas ideas.

CONSIDERACIÓN: 1. *Recuerda los favores corporales que Dios te ha dado.* Tu cuerpo con todas sus perfecciones, sus sentidos, tu cerebro, corazón, pulmones, manos, pies, etc. La salud que Él te ha concedido y conservado y compárala con la de otras personas que tú conoces y que padecen graves enfermedades. Dale gracias a Dios por el don admirable de la salud. Piensa en las comodidades materiales que el Señor te ha concedido: trabajo, alimentación, casa, personas que te ayudan, cualidades corporales, descanso etc., y compáralas con la de otras personas que carecen de ellas. Recuerda los bienes de fortuna que Dios te ha dado y comparte con otras personas que están sufriendo extrema pobreza y hasta miseria. Y por estos favores dále gracias a Nuestro Señor.

2. *Recuerda los favores intelectuales que Dios te ha concedido.* La inteligencia, la memoria, buen carácter, la nobleza de sentimientos, y piensa en cuantas personas carecen de esas cualidades o las tienen muy disminuidas y dale gracias al Creador. Piensa en los conocimientos que has adquirido, en los estudios que has hecho y los libros que has leído etc., recuerda a tantos y tantas que están en completa ignorancia y sin ninguna instrucción ni facilidades para instruirse. Dale gracias al señor por tantas bondades.

3. *Recuerda los favores espirituales.* Filotea, alma que amas a Dios, perteneces desde tus primeros años a la mejor religión del mundo, a la Iglesia Católica, y Dios ha permitido que te enseñaran la doctrina cristiana desde tu niñez. ¡Cuantas veces te ha perdonado el Señor tus faltas! ¡Cuántas veces te ha permitido recibir los santos Sacramentos! ¡Cuántas inspiraciones, buenas ideas y sabios consejos te han llegado! ¡De cuántas ocasiones de ruina y de perdición te ha librado la Bondad Divina!

¡Y cuántas ocasiones te ha brindado para orar, hacer el bien, practicar obras de misericordia y ganar premios para el cielo! Recuerda cuan bueno y generoso ha sido tu Dios contigo.

AFECTOS Y RESOLUCIONES

Maravíllate de la bondad de Dios. Repítele con el salmo 85: "Tú, Señor, eres bueno y clemente, rico en misericordias con los que te invocan. En el día del peligro te he llamado y siempre me has respondido".

2. Maravíllate de tu ingratitud. Dile con el salmo 8: *"Qué soy yo, Señor, para que te acuerdes de mi?" Mi* indignidad es grande. He despreciado tantos beneficios tuyos. Tú, tan exagerado en bondad hacía mí, y yo tan exagerado en ofenderte Señor! Perdóname.

3. Despierta tu gratitud. Con el salmo 61 dirás: *"Sólo en Dios descansa mi alma*, porque de Él viene *mi salvación".* Filotea, alma creyente, aparta y aleja tu cuerpo de ciertas maldades que tanto han disgustado a Dios y haz el fuerte propósito de escuchar y leer más la Palabra de Dios, frecuentar los sacramentos y hacer caso a los buenos consejos e inspiraciones que te invitan a portarte mejor de ahora en adelante.

Capítulo 12

CUARTA MEDITACIÓN: LOS PECADOS

PREPARACIÓN: **1.** *Piensa cuánto hace que comenzaste a pecar.* Desde que tienes uso de razón, y cuánto se han multiplicado tus pecados, y como todas las semanas los has ido aumentando: pecados contra Dios, contra tu prójimo, contra tu propia alma, de pensamiento, palabra y obra.

2. *Piensa en tus malas inclinaciones.* Y cómo las has seguido y les has dado gusto, en vez de rechazarlas y dominarlas. Y con estos dos puntos tienes para que puedas repetir las palabras del Salmo 39: *Mis culpas son mas numerosas que los cabellos de mi cabeza".*

3. *Piensa en tu falta de gratitud para con Dios* (Nota: Dicen que un santo en una visión contempló en el cielo una sección titulada PETICIONES, y allí miles y miles de ángeles y santos estaban muy ocupados atendiendo las peticiones de ayuda que hacen las personas de la tierra. Luego vio otra sección titulada: "DES-

PACHOS Y ENVÍOS" y en esa sección miles y miles de ángeles y santos estaban también ocupadísimos enviando a la tierra lo que la gente había pedido: salud, empleo, dinero, conversión, paciencia, paz, etc. Luego pasó a una tercera sección y en ésta solamente había un ángel, y sin nada qué hacer. Preguntó a San Pedro y este le respondió: "Esta es la sección del AGRADECIMIENTO por los favores recibidos de Dios. A esta sección casi no llegan mensajes, pues la gente se acuerda de pedir y pedir, pero cuando ya han conseguido lo que deseaban, se les olvida dar gracias a Nuestro Señor").

¿Qué tanta ha sido tu gratitud o tu ingratitud con Dios?, ¿Con tu pensamiento y tu memoria recuerdas los favores que Nuestro Señor te ha hecho y le das gracias? Recibes los sacramentos: ¿Le das gracias a Dios por ellos? ¿O los recibes sin preparación, sin acción de gracias, sin afecto, sin que se note ningún progreso en tu vida espiritual?

AFECTOS Y RESOLUCIONES

1. Humíllate por tu ingratitud. Señor: ¿es posible que después de haber recibido tantísimos favores de parte tuya, yo te corresponda pecando de palabra, de pensamiento y de obra? ¿Tan grande es mi ingratitud?

2. Pide perdón. Como el rey David, después de su pecado, como la Magdalena, como San Pedro después de sus negaciones, como el hijo pródigo, como el publicano del evangelio debes decir: *"Misericordia Señor que soy un pobre pecador. Señor: ¡Tú sabes que te amo!, ¡Perdóname Señor!"*.

3. Ház propósito de no seguir pecando. "Señor, que yo prefiera morir antes que pecar. Señor ya que hasta ahora he amado el pecado, concédeme que de ahora en adelante lo aborrezca y lo odie. Que me confiese de mis faltas y averigüe cuales son sus raíces, es decir, las causas por las cuales las he cometido, y trate de evitar esas causas. Quiero poner en práctica los remedios que en este libro y en la predicación y confesión iré recibiendo".

CONCLUSIONES: Dále gracias al Señor por haberte esperado pacientemente hasta hoy y haberte inspirado estas buenas resoluciones. Pídele que te conceda la gracia de poner en práctica tus buenas resoluciones. Pídele fuerza de voluntad para ser capaz de practicarlas.

Capítulo 13

QUINTA MEDITACIÓN: LA MUERTE

Preparación: **1.** Ponte en la presencia de Dios, que te está viendo, oyendo y amando. **2.** Pídele que te ayude y te ilumine. **3.** Imagínate que estás en el lecho, con grave enfermedad y sin esperanza alguna de librarte de la muerte que se aproxima.

CONSIDERACIONES: **1.** *Piensa en lo incierto e inseguro que es saber cuando será el día de tu muerte.* Alma mía: tendrás que salir de este cuerpo. ¿Cuándo será? ¿Dónde? ¿En que día, en qué mes, en qué año? ¿Será de día o será de noche? ¿Será de repente o después de larga enfermedad? ¿Tendré tiempo para confesarme, o no? ¿Habrá algún sacerdote junto a mí en este momento supremo? Yo he de morir yo no sé cuando, yo he de morir, yo no se donde, yo he de morir yo no sé como. Lo que sí es seguro es que moriré y que será en el momento que menos he imaginado. Y ¿Cómo será mi muerte?

2. Piensa en que la vida en el mundo se te acabará. Que entonces los placeres, las vanidades, los gustos mundanos desaparecerán como humo que se lleva el viento, como fantasmas. Entonces sí que veré claro que abandoné a Dios por dedicarme a lo que no valía la pena. En cambio lo que hice por dedicarme a una vida santa y a las obras buenas, me parecerá lo más deseable que existe. Y diré: "Ay de mí, ¿por qué no preferí lo bueno y que me hacía mucho bien, a lo malo que me traía tanto daño?". En el momento final sí que los pecados que nos parecían tan sin importancia nos parecerán horribles y asquerosos y grandes como montañas, y nuestra dedicación a las obras buenas nos parecerán muy pequeñitas.

3. *Piensa en las ansiosas despedidas que tendrás qué hacer.* Adiós a las riquezas, a las vanidades, a las compañías dañosas, a los placeres; adiós a los familiares y amigos, y adiós a tu propio cuerpo que dejarás amarillento, y empezando a descomponerse y pudrirse.

4. *Piensa en tu entierro y sepultura.* En el ataúd te velarán. Luego te llevarán al funeral al templo, y enseguida a enterrarte en un sepulcro, y de tí no quedará otro recuerdo que el pequeñísimo recuerdo que tu tienes de otros que se han muerto. Quizás logren decir: "Qué Dios lo perdone" ¡Oh muerte: cuan fuerte eres y cuan digna de que recordemos para que vivamos de la manera más digna y más conveniente para nuestra salvación!

AFECTOS Y RESOLUCIONES

1. Colócate en manos de Dios. "Padre, en tus manos encomiendo mi espíritu" (Sal 30) Señor: recíbeme bajo tu protección en aquel día definitivo para mi eternidad. Que en esa hora final alcance de tu bondad el perdón de todas mis maldades y tu premio eterno.

2. Fíjate en lo poco que vale lo mundano. ¿De qué le sirve a una persona ganar el mundo entero si se pierde a sí misma? (Mt 16, 26). Queridos familiares, amables amigos, permítanme que no les tenga mayor afecto que el de una sencilla amistad. Que no amarre mi corazón a ninguna criatura, porque a todos los tendré que dejar aquí a la hora de mi muerte.

3. Toma un buen propósito: Tengo que empezar a prepararme seriamente desde ahora para tener una buena y santa muerte. Ya desde ahora tengo que poner en paz mi conciencia y evitar los errores que me pueden ser fatales en esa hora final.

CONCLUSIONES. Dale gracias a Dios que todavía te concede tiempo para prepararte y te inspira estas buenas resoluciones. Ruégale que te conceda una santa muerte, por los méritos de Jesucristo y los ruegos de María Santísima y de los santos. *Padrenuestro, Avemaría, Gloria.*

_____ **Capítulo 14**

SEXTA MEDITACIÓN: EL JUICIO

Preparación: **1.** Ponte en la presencia de Dios que te ve y te oye. **2.** Pídele que te inspire y te ilumine.

CONSIDERACIÓN: Recuerda lo que dice el evangelio de San Lucas: "Habrá señales en el sol, en la luna y las estrellas; y en la tierra, angustia en las gentes asustadas por el estruendo del mar y de las olas, muriéndose la gente a causa del terror y de la ansiedad por las cosas que vendrán sobre el mundo, porque las fuerzas de los cielos serán sacudidas. Y entonces verán venir al Hijo del hombre en una nube con gran poder y majestad" (Lc 21, 25).

3. Entonces, según narra San Mateo, "Dios enviará a sus ángeles que separarán a las gentes, como un pastor separa las ovejas de las cabras; los que fueron buenos estarán a la derecha del Hijo del hombre, para salvarse, y los que fueron malos estarán a la izquierda, para condenarse" (Mt 25, 40)

4. Dice el profeta Daniel: Enseguida "se abrirán los libros donde está escrito lo que cada uno hizo" (Dn 7, 10). Los que están escritos en el Libro de la vida se salvarán; los que estaban muertos resucitarán, unos para la salvación eterna y otros para la eterna condenación. (Dn 12, 1). "Y los muertos serán juzgados según lo que esté escrito en el Libro de la Vida, según las obras que hayan hecho (Ap 20, 12)".

En aquel momento se sabrá como los malos despreciaron las llamadas que Dios les hizo para que se convirtieran y dejaran su vida de pecado y se salvaran, y como los buenos se arrepintieron a tiempo y empezaron una vida según el querer de Dios. Nada quedará oculto. Dios mío: cuanta vergüenza sentirán entonces quienes se dedicaron a la maldad, y qué alegría tan profunda sentirán quienes se dedicaron a amar y servir al buen Dios.

5. Pensemos ahora en la última escena de este juicio. Lo narra San Mateo en el capítulo 25. Dice así: "El Rey Celestial (Jesucristo) se volverá hacia los buenos que están a su derecha y les dirá: Venid benditos de mi Padre a gozar del Reino que os está preparado desde la creación del mundo" Y luego dirá a los malos que están a su izquierda: "Id malditos, al fuego eterno preparado, para el diablo y sus seguidores" (Mt 25, 41).

Pensemos en esa total diferencia: a los unos los llama "benditos" y les concede el Paraíso de felicidad eterna, a los otros los llama "malditos" y los sentencia al sufrimiento del infierno. ¿Qué té dirá a ti en aquel día el Divino Juez?

Afectos y Resoluciones: Alma mía: al pensar en estas verdades tan serias y conmovedoras, aborrece tus pecados, pues son ellos los que te pueden llevar a la condenación.

Quiero juzgarme severamente a mí mismo ahora, para que no me juzgue severamente el Divino Juez en aquel día final.

Conclusiones: Dále gracias a Dios que te concede un tiempo de gracia y de perdón y te permite arrepentirte y cambiar de vida de ahora en adelante. Pídele la gracia de perseverar en el bien hasta la muerte. *Padrenuestro, Avemaría, Gloria...*

_____ **Capítulo 15**

SÉPTIMA MEDITACIÓN: DE LAS PENAS DE LA OTRA VIDA

PREPARACIÓN: 1. Ponte en la presencia de Dios. **2.** Pídele que te inspire santas ideas. **3.** Imagínate algo de los castigos que te pueden suceder en la otra vida, por tus pecados.

CONSIDERACIONES: 1. Piensa en lo que le dijo Dios a Moisés: *"Yo perdono los pecados, pero no los dejo sin castigo"* (Ex 34, 9). Y aquello que anuncio el profeta Daniel: "Los *que hicieron el bien resucitarán para la vida eterna y los que hicieron el mal, resucitarán para eterna condenación"* (Dn 12, 2) y cómo Jesucristo repitió esa misma idea diciendo: "Llegará la hora en la que los que estén en los sepulcros oirán la voz del Hijo del hombre, y los que han hecho el bien resucitarán para la vida, y los que han hecho el mal resucitarán para la condenación" (Jn 5, 29). Qué fuertes sufrimientos recibirán quienes dedicaron su cuerpo al pecado, sus ojos a mirar lo dañoso, y su lengua a decir malas conversaciones.

2. El tormento más grande. La más grande de las penas en la eternidad será no poder ver ni amar a Dios. Es lo que se llama la "pena de daño". Narra la Sagrada Escritura que Absalón, después de cometer una falta grave recibió como castigo la pena de no poder ver el rostro de su padre David y después de un tiempo exclamó: "Esta pena es peor que la del destierro" (2Sm 14) Y ¿cuán grande será la tristeza de no poder ver el rostro de Dios en la eternidad, por habernos dedicado en ésta vida a hacer lo que a Él le disgustaba?

3. Piensa en lo duraderas que serán esas penas. Si una noche sin dormir se nos hace tan larga y unos días sufriendo fuertes dolores nos parecen interminables, ¿Cómo será de terrible estar en la eternidad separados de Dios? Jesús decía: "Mas vale entrar manco y tuerto al Reino de Dios, que ir con ambas manos y los dos ojos *al fuego que nunca se apaga, y donde el gusano roedor nunca muere*" (Mc 9, 34).

AFECTOS Y RESOLUCIONES

1. Recuerda las palabras del famoso Himno "Dies ire" compuesto el año mil y que se rezó por varios siglos en los funerales de difuntos. Dice así: –"Anunciaron la ira Divina – los profetas del Señor – Yo temo el Juicio severo del Divino Redentor – un libro será llevado donde figura – anotado todo lo que hay que juzgar. – Todo quedará patente cuando en el Trono se siente – el Rey del Juicio Final – Oh Dios Santo – el Uno y Trino – Llévanos por tu camino – a la Patria Celestial.

2. Recuerda que tus pecados te pueden llevar a recibir fuertes castigos en la eternidad. No te suceda lo que dice el salmo 35: *"El pecador se imagina que su pecado no será conocido ni aborrecido"*. Dile al Señor con el Himno de difuntos: –"¿Qué diré yo, miserable? – ¿quién me será favorable – si el justo tiene temor? – Justo Juez por tu clemencia – haz que logre tu indulgencia – haz que logre tu perdón". – Desde hoy mismo tengo que empezar a andar por el camino de la virtud que me conduzca hacia los premios eternos y no por el de los pecados que lleva hacia los castigos de la otra vida.

3. Qué esfuerzos voy a hacer por evitar tal y tal pecado y por no exponerme a las ocasiones de pecar?

CONCLUSIONES: Daré gracias al buen Dios porque me concede tiempo para enmendarme y así evitar que los castigos de la otra vida me lleguen fuertes y duraderos. Le suplicaré que me trate con inmensa misericordia en el día del Juicio y que no me castigue como merecen mis maldades. Pediré a Jesús que ruegue por mi al Padre Dios. María, Madre mía, ángeles y santos del cielo, rogad por mi. *Padrenuestro, Avemaría, Gloria...*

"PARA QUIENES HACEN EL MAL, TRISTEZA Y ANGUSTIA VENDRÁN"

(S. Biblia Rom. 2)

Capítulo 16

OCTAVA MEDITACIÓN: EL PARAÍSO

PREPARACIÓN: 1. Piensa que estás en la presencia de Dios que te ve y te oye. **2.** Pídele que te ilumine buenas y santas ideas.

CONSIDERACIONES. 1. Considera la belleza de una hermosa noche, con el cielo lleno de estrellas, y cuan bello es un luminoso día en medio de un paisaje de flores y frutos, con aguas cristalinas que corren alegremente y aves que cantan en los árboles y músicas agradables que se escuchan en los alrededores. Multiplica esto por mil, y todavía será nada en comparación con la hermosura del Paraíso eterno, que te espera.

2. Piensa lo felices que son los habitantes del Paraíso Celestial, donde según dice el Apocalipsis *"No habrá lágrimas ni llanto, ni fatigas ni sufrimientos,* y las paredes son de oro y sus puertas diamantes y sus ventanas esmeraldas, y los que allí viven reinarán por los siglos de los siglos"* (Ap 21). Pensaré en los millones y millones de ángeles, serafines, querubines, santos y santas que en el Paraíso, llenos de una impresionante hermosura y alegría, alaban a Dios día y noche. Con una belleza tan admirable que comparados con ellos, las criaturas de la tierra parece hormigas. Y me alegraré al pensar que un día podré estar junto a ellos cantando las maravillas de Dios.

3. Pensaré que el mayor gozo de los habitantes del cielo será el ver y amar a Dios, para siempre y gozar de su divina amistad. Que según afirma el profeta Isaías: *"Clamarán día y noche diciendo gozosos: Santo, Santo, Santo es el Señor Dios de los ejércitos, llenos están los cielos y la tierra de tu gloria" (Is 6, 3).* Allí amaremos y seremos amados. Y esa inmensa dicha no se acabará nunca. Jamás podremos pecar y nunca moriremos. Ninguna enfermedad nos llegará, ni tentaciones del enemigo de las almas. Y según dijo Jesús: *"Seremos como los ángeles del cielo"* (Mc 12).

AFECTOS Y RESOLUCIONES

1. Me alegraré, recordando lo que dice el Libro Santo. "Quienes sufrieron por Jesús y se esforzaron por evitar el pecado estarán delante del trono de Dios dándole culto día y noche y el

Omnipotente extenderá su manto sobre ellos. Y ya no tendrán hambre, ni sed, ni les molestará el sol, ni el calor, ni el frío. Y el Cordero de Dios los irá guiando hacía los manantiales de la Vida Eterna y Dios secará toda lagrima de sus ojos" (Ap 7).

2. Me reprenderé, recordando que por gozar de unos miserables y pasajeros placeres de esta vida y por darle gusto a mis pasiones y a mis malas inclinaciones me he expuesto tantas veces a perder los infinitos premios y gozos que me esperan en la eternidad. Y me diré: ¿Qué inteligencia es la mía que por conseguir unos pobres platos de lentejas en está vida estoy vendiendo mi derecho a poseer las bendiciones eternas de Dios en el cielo?

3. Me animaré pensando: "Cada día estoy 24 horas más cerca de la eternidad feliz que me espera". Recordaré la promesa de Jesús: "Cuando los traten mal, *alégrense porque grande será su premio en el Reino de los cielos*" (Mt 5). Quiero salir del Egipto de la esclavitud en que me tienen mis pecados, y empezar a caminar de hoy en adelante hacia la Tierra Prometida que es el cielo, donde me espera mi buen Dios, con los brazos abiertos para hacerme feliz por toda la eternidad.

CONCLUSIONES: Daré gracias a Jesús Nuestro Señor porque está cumpliendo aquello que prometió en el evangelio: "Me voy a prepararles un sitio y cuando les haya preparado un sitio, vendré y los llevaré conmigo, para que donde Yo estoy, estén también mis amigos" (Jn 14). Pediré a María Santísima y a los ángeles y los santos que me ayuden y amparen cada día para que yo logre llegar también a la Patria Eterna que me espera en el cielo.

Capítulo 17

NOVENA MEDITACIÓN:
SABER ELEGIR BIEN
ENTRE EL CIELO Y EL INFIERNO

PREPARACIÓN: 1. Ponte en la presencia de Dios, pensando que Él está viendo, oyendo y amando. **2.** Pídele humildemente que te inspire buenas ideas.

CONSIDERACIONES: En sus Ejercicios Espirituales San Ignacio aconseja que nos decidamos a escoger entre "dos banderas", como en un campo de batalla, o la del Paraíso o la del infierno. Imagínate que estás en un campo abierto y que se te presenta primero el Paraíso con todos los goces como lo recordamos en la meditación anterior, y luego el infierno con todos sus terribles sufrimientos, como lo describimos en la séptima meditación, ¿Cuál quieres escoger?

1. Piensa que el cielo y el infierno están ambos abiertos, ambos esperándote. Que ahora tienes que elegir entre el uno y el otro y que los efectos de tu elección durarán eternamente.

2. Dios desea que elijas el Paraíso, y tu ángel de la guarda quiere ayudarte a conseguirlo, pero la elección depende de tu libre voluntad.

3. Desde lo alto del cielo Jesucristo te está mirando y aguardando allá con los brazos abiertos y repitiendo: *"Venid a mí todos, y hallareis la paz para vuestras almas"*. La Virgen Santísima está interesadísima en que no desprecies la llamada que te hace su Divino Hijo, y Ella ruega cada día por tu salvación. Los miles y miles de santos del cielo te invitan a acompañarlos en la gloria eterna y te dicen: "Lo que tú eres, lo éramos nosotros. Lo que nosotros somos ahora, lo podrás también llegar a ser tú". Recuerda que los regalos de Dios producen muchísima mayor felicidad que los goces que ofrece el mundo.

ELECCIÓN ENTRE DOS OFERTAS

1. Oh infierno: te abomino, te aborrezco y tomo la firme resolución de preferir cualquier sufrimiento y sacrificio con tal de renunciar a los pecados que me pueden llevar a tan tremendo abismo.

2. Oh Paraíso eterno, suspiro por lograr conseguirte. Bendigo al buen Dios que me tiene preparadas tan grandes alegrías y satisfacciones santas para siempre. Gracias Señor por el cielo que me prometes. Haz que me esfuerce continuamente por conseguirlo. Oh, mi buen Jesús, mil gracias por lo muchísimo que has hecho y sigues haciendo por llevarme a la eterna salvación. María Santísima, ángeles y santos del cielo, guiadme, iluminadme fortalecedme para que no deje un solo día de esforzarme por conseguir mi eterna salvación y verme libre de la condenación eterna.

**Oh María, Madre mía,
oh consuelo del mortal.
Amparadme y guiadme
a la Patria Celestial.**

Capítulo 18

DÉCIMA MEDITACIÓN: CÓMO ELEGIR LA SANTIDAD

PREPARACIÓN: 1. Ponte en la presencia de Dios que te está viendo y oyendo. **2.** Pídele humildemente que te ilumine buenas ideas.

CONSIDERACIONES: 1. *El campo enemigo.* Imagínate estar en un campo muy espacioso lleno de gente mundana. Todos buscan solamente riquezas, honores, vanidades, placeres y maldades y son dirigidos y aconsejados por los espíritus malos que los llevan a tratarse mal unos a otros y a vivir llenos de envidias, rencores, faltas de respeto y discordias. Su vida es amarga y triste.

2. El campo amigo. Ahora imagínate estar en un bellísimo e inmenso campo lleno de gente buena y piadosa que rodea a Nuestro Señor Jesucristo. Todos están rebosantes de santa alegría. Visten trajes blanquísimos, señal del esfuerzo que han hecho por conservar su alma libre de pecados graves. Allí están los santos, las almas santas antiguas y actuales. Qué gran caridad y estimación de unos para con otros. Mujeres que se han ganado el cielo atendiendo muy bien a su marido y a sus hijos. Trabajadores que se consiguen un altísimo puesto en el Paraíso haciendo bien y exactamente sus deberes de cada día por amor a Dios y caridad con el prójimo. Enfermos que han pagado sus pecados sufriendo con paciencia. Jesucristo los mira a todos con gran cariño y les concede enormes premios en el cielo.

3. *Invitación.* Piensa que tú estás en medio de estos dos campos. Tienes que sentir temor de irte hacia el campo del pecado y del demonio al cual te quieren llevar tus pecados y malas inclinaciones. Jesús y María, los ángeles y los santos te invitan con cariño a pasarte al campo de los que salvan sus almas dedicándose a la santidad y a las buenas obras.

4. *Elección.* Renuncio definitivamente a estar en el campo de los que siguen los consejos y malas insinuaciones del enemigo de las almas. Odio todo lo que sea pecado y malas costumbres. Elijo a Jesucristo como Rey y jefe de mi vida y me propongo seguir sus mandamientos y sus santos ejemplos hasta el último momento de mi existencia. Oh Señora y Madre mía, María Santísima: te elijo y hoy para siempre como

Dueña y Reina de mi alma y te pido que jamás me desampares. Ángel de mi guarda, San Miguel, San Gabriel y San Rafael arcángeles, defendedme de los enemigos de mi alma. Santos de mi devoción: interceded por mí.

¿Qué quiero mi Jesús? Quiero quererte.
Quiero cuanto hay en mí, del todo darte.
Sin tener más placer que el agradarte.
Sin tener más temor que el ofenderte.

Capítulo 19

CÓMO HACER LA CONFESIÓN

Filotea, alma que amas a Dios: después de éstas meditaciones, que ojalá las vuelvas a leer otros días, te recomiendo que te propongas hacer una confesión mejor que las que has hecho en la vida pasada.

Sacar remedio del mal. Algunas serpientes son muy venenosas, pero del veneno de esas serpientes se pueden sacar medicinas muy provechosas para evitar la muerte de quienes sean mordidos por otras culebras venenosas. Así sucede con el pecado. Es muy dañoso, pero del recuerdo arrepentido de él, y de la confesión humilde de nuestras culpas, podremos sacar provecho y librarnos de muchos males y obtener remedio para evitar futuras caídas.

Como la pecadora. Dice el evangelio de San Lucas que estando Jesús comiendo en casa de un fariseo llegó una pecadora y llorando le lavaba los pies con sus lágrimas, los secaba con sus cabellos y los ungía con finísimo perfume (Lc 7). Y sucedió que el fariseo Simón solamente se fijaba en que esa mujer había sido una gran pecadora, y por eso la despreciaba, pero Jesús se fijó en que lloraba sus pecados y le besaba los pies y los ungía con un perfume muy costoso, y le dijo una frase hermosísima que ojalá la siga diciendo a cada uno de nosotros todos los días de nuestra vida: *"Tus pecados te quedan perdonados"*. Algo parecido a ésto nos sucede a nosotros cuando nos confesamos bien arrepentidos. Jesús ya no se sigue fijando en las maldades que hemos hecho, sino en lo arrepentidos que estamos y en los buenos propósitos que hacemos de enmendarnos, y quiere repetir lo que dijo respecto a la pecadora: *"Se le perdona mucho, por que demuestra mucho amor". Tu fe te ha salvado. Vete en paz* (Lc 7, 49).

Buena representación: **Cuando estés delante de tu confesor diciéndole tus pecados imagínate que estás junto a Jesús crucificado el cual derrama sobre tu cabeza la sangre que sale de sus manos y de su corazón y te borra tus maldades, y por los méritos de su Pasión y Muerte, borra todas las maldades. San Pablo dice:** *"Jesús colocó en la cruz las facturas de la deudas de nuestros pecados y con su sangre borró esas facturas y nos perdonó"* **(Col 2, 14).**

Confiesa claramente tus pecados al sacerdote, imaginándote que los estás diciendo al mismo Jesucristo. Y escucha los consejos del confesor, recordando lo que anunció el Salvador a los sacerdotes: "El *que a vosotros escucha, a Mí me escucha".*

Después de la confesión debes tener la firme resolución de empezar una nueva vida de mayor santidad que la que has llevado hasta ahora. Para eso te aconsejo la resolución que viene a continuación en el capítulo siguiente.

Capítulo 20

DECLARACIÓN DEL PROPÓSITO
DE DEDICARSE A SERVIR A DIOS

Te aconsejo que leas y medites la siguiente declaración y la recites con el mayor sentimiento y atención que te sean posibles.

Declaro en la presencia de Dios y de sus ángeles y santos que me admiro de la gran misericordia de Nuestro Señor para conmigo, pobre criatura, al crearme, al conservarme la vida, al concederme todo lo que he ido necesitando, y al librarme de tantísimos beneficios.

Me admira sobremanera la impresionante amabilidad y bondad de mi buen Dios que ha tenido paciencia con mis imperfecciones, me ha inspirado tantas buenas ideas, me ha invitado amigablemente a la enmienda y ha esperado con tanta paciencia a que yo me arrepienta y desea que esto sea en este mismo año del... Y aunque con ingratitud e infidelidad he ido retrasando la fecha de mi conversión y no he sido fiel a sus gracias y llamadas y lo he seguido ofendiendo, Dios sigue demostrando conmigo su infinita misericordia.

Quiero recordar que en el santo bautismo me fue concedida la gracia de ser hijo(a) de Dios; hermano(a) de Jesucristo y templo del Espíritu Santo, pero que después he sido infiel a las promesas de fidelidad que mis padres y padrinos hicieron en mi nombre el día en que me bautizaron.

Reconozco con profundo agradecimiento que por mis pecados sufrió Nuestro Señor Jesucristo su dolorosa Pasión y Muerte;

Y dirigiéndome a la infinita misericordia de Nuestro Señor le pido humildemente perdón por todas mis culpas y le suplico me conceda la gracia de no ofenderlo más, y hacer penitencia de mis muchas faltas. Reafirmo las promesas del bautismo y declaro que creo en Dios Padre, Hijo y Espíritu Santo, en la Iglesia Católica, en el perdón de los pecados y la vida eterna. Renuncio a Satanás y a todas mis malas tentaciones.

Quiero decidirme a servir a Dios con todo mi corazón y todas las fuerzas de mi espíritu y evitar todo lo que vaya contra la Divina Voluntad. Deseo ser fiel a mis buenos propósitos y si algunas veces vuelvo a caer en mis pecados, arrepentirme, pedir perdón al Señor y seguir luchando por serle fiel hasta la muerte, pidiendo fuerzas al Espíritu Santo para lograr cumplir mis buenas resoluciones.

Quiero ratificar y reafirmar esta resoluciones delante de la Iglesia Militante, es decir, de los que en la tierra luchamos por se fieles a nuestra fe.

Ruego humildemente al Padre, el Hijo y al Espíritu Santo me concedan la gracia de perseverar en mis buenos propósitos, y ya que éstas santas resoluciones han sido inspiradas por el mismo Dios, le suplico me conceda la gracia de cumplirlos fielmente. Amén. Viva Jesús.

Capítulo 21

CONCLUSIÓN PARA ESTA PRIMERA PURIFICACIÓN

Recuerda Filotea, alma que amas a Dios, que cuando el sacerdote pronuncia las palabras de la absolución: "Yo te absuelvo de tus pecados, en el nombre del Padre y del Hijo y del Espíritu Santo", el mismo Dios en persona te perdona tus faltas, si tienes verdadero arrepentimiento, y enseguida recobras su divina amistad.

Ojalá vuelvas a leer la declaración o propósito de enmienda que te presenté en el capítulo anterior y te propongas firmemente que después de la confesión vas a demostrar que sí en verdad te esfuerzas por conseguir tu conversión y el progreso en la santidad. Pero como tus malas inclinaciones pueden encontrar en tu alma fuertes aficiones al pecado que te pueden llevar a traicionar tus buenos propósitos te recomiendo que leas con toda atención los buenos consejos que te voy a dar enseguida.

Capítulo  22

DE LO IMPORTANTE QUE ES LIBRARSE DE LAS AFICIONES O INCLINACIONES HACIA LOS PECADOS VENIALES

Cuanto mayor es la luz del día, más se ven y se notan las manchas de nuestro rostro y de nuestros vestidos. Algo parecido sucede en el alma: cuantas mayores luces e inspiraciones nos concede Dios, tanto más vemos los pecados, inclinaciones, defectos e imperfecciones que nos impiden subir hacia la santidad, y lo necesario que es luchar contra estas faltas y tratar de librarnos de ellas.

Descubrirás pues, Filotea, alma creyente, que además de los pecados graves que ya confesaste y de los cuales te has arrepentido, hay en tu alma todavía dañosas inclinaciones o aficiones o afectos hacia los pecados veniales. No te pedimos que evites todos los pecados veniales, lo cual es casi imposible, sino que tengas cuidado para no tener afición o afecto hacia ellos. Así por ejemplo, no te pedimos que nunca jamás digas alguna pequeña mentira, sino que no sientas afecto y gusto por decirlas.

El pecado venial disgusta a Dios, y el sentir afecto hacia el pecado venial es sentir gusto por algo que le disgusta a Nuestro Señor ¿puede ser posible que un alma que ama a Dios, siga sintiendo afecto y gusto por lo que le disgusta Nuestro a Creador? El afecto o gusto por el pecado venial es contrario a la santidad e impide mucho llegar a conseguirla. Los pecados veniales abren las puertas a las tentaciones y llevan hacia los mortales.

Cuando los ratones o las moscas se acercan a un plato de leche y comen un poco y luego se van, no le hacen mucho daño, pero si se quedan ahí y se ahogan, echan a pique todo.

Así sucede con los pecados veniales: cuando llegan al alma y luego se van: no le hacen gran daño, pero si estos se quedan en el alma, por el afecto y gusto que se siente hacia ellos, afectan muy seriamente la ascensión hacia la santidad.

Las arañas no matan enseguida a las abejas, pero con sus telarañas las enredan de tal manera que no las dejan volar. Así sucede con el pecado venial: no mata al alma, pero la enreda tan dañosamente que le impide subir hacia la perfección. Y esto se repite aun peor cuando sentimos afecto hacia el pecado venial. Por eso hay que hacer como las abejas cuando sienten que las arañas quieren entrar en su colmena, se apresuran a alejarlas. Por ejemplo, que nos gusta decir ciertas palabras mal sonantes o indebidas, o algunas mentiras por vanidad, o chistes no demasiado santos o pequeños comentarios contra otras personas, o perder tiempo en cosas inútiles o ser algo exagerados en demostraciones de afecto, etc. Pues si no nos apresuramos a ir echando fuera esos pecados veniales, ellos pueden infectar la colmena de nuestra santidad y dejarnos sin progresar en la santidad. ¿Por qué no combatir con fuerza lo que sabemos que le es desagradable al Buen Dios?

Capítulo 23

COSAS INÚTILES Y PELIGROSAS

Los juegos de azar, los bailes, los lujos en el vestir, el ver algunas representaciones mundanas, el frecuentar ciertas fiestas, el mostrarnos demasiado afectuosos, etc., pueden ser cosas que de por sí son malas, pero sí son peligrosas, y mucho más el aficionarse y sentir afecto hacia ellas.

Por eso te digo, Filotea, alma que amas a Dios, que aunque se permite jugar, bailar, adornarse, ver representaciones teatrales, asistir a fiestas, demostrar cariño sentimental, etc., no por eso el sentir afición y afecto y especial gusto por esto, deja de ser perjudicial para la santidad y especialmente dañoso y peligroso. Quizás no sea malo hacerlo, pero sí es dañoso el aficionarse y sentir afecto por todo esto que no es provechoso para la santidad.

¿Para qué llenar de cizaña y malas hierbas nuestro campo si ellas impiden crecer debidamente al buen trigo? Las impresiones mundanas que todas estas cosas producen, le impiden al alma cultivar las buenas ideas y aspiraciones hacia la santidad.

Los antiguos maestros de mortificación decían que lo que lleva a la embriaguez es la primera copa de trago o el primer vaso de cerveza... todo los demás vendrá después por añadidura. Por eso aconsejaban no tomar la primera copa ni el primer vaso de bebidas embriagantes, por el peligro de no ser luego capaz de detenerse en el camino hacia la embriaguez. Algo parecido hay que hacer con lo que no es provechoso para el alma.

El cóndor y otras aves rapaces cuando se comen una gran presa quedan tan pesados que ya no son capaces por cierto tiempo de levantar vuelo, y ahí es donde aprovechan los cazadores para apresarlos. Así le sucede al alma: si se llena de estas materialidades, no puede levantar vuelo hacia Dios. Los niños corren velozmente tras de una mariposa para lograr capturarla. Los mayores sabemos que ese obtener ese animal vale muy poca cosa, pero como son niños aceptamos que se entusiasmen por semejante nadería. Pero sería cosa ridícula y lamentable ver a una persona ya mayor vivir corriendo tras de un animalejo que nace y muere en pocas horas. Y ¿Qué decir de quienes se llenan de afecto por cosas que no nos traen provecho para el alma, sino peligros? Por eso te repito, Filotea, alma creyente, que es necesario que te vayas librando de todo afecto a las cosas, inútiles y peligrosas, pues ésta afición o gusto por ella, aunque no siempre nos lleva a cometer faltas graves, sí nos detiene dañosamente en el camino hacia la santidad.

"DONDE ESTÁ TU TESORO, ALLÍ ESTÁ TU CORAZÓN"

(Jesucristo Lc 12, 34)

"DIME QUÉ AMAS Y TE DIRÉ QUÉ ERES"

(San Agustín)

Capítulo 24

CÓMO PURIFICAR LAS MALAS INCLINACIONES

Filotea, alma que amas a Dios: todos tenemos ciertas inclinaciones naturales que no son de por sí pecados, pero que se llaman imperfecciones porque nos ocasionan imperfección, debilidad espiritual y nos hacen cometer faltas. Por ejemplo, San Jerónimo cuenta que su discípula santa Paulina tenía inclinación a entristecerse demasiado por las penas que le sucedían y así cuando murieron su esposo y sus hijos casi se muere ella de tanta tristeza. Aquello era una imperfección, pero no pecado, porque no le era posible no sentirlo y sucedía contra su voluntad.

Algunas imperfecciones. Algunas personas son opuestas a aceptar las opiniones ajenas, y otras son inclinadas a la ira y el mal genio, o al sentimentalismo exagerado al amar. Es difícil encontrar personas a las cuales no se les pueda señalar algún defecto. Y aunque quizá esos defectos no sean pecado, sin embargo, es necesario corregirlos y hacer lo contrario a ellos. Y conviene, Filotea, alma creyente, que te esfuerces por remediarlos. Si una fruta amarga se puede volver dulce sumergiéndola por un buen tiempo entre miel, ¿por qué no tratar también de que nuestros defectos se conviertan en cualidades?

Dos noticias. *No* hay un modo de comportarse tan bueno y virtuoso que no pueda dañarse si acepta costumbres viciosas; ni hay tampoco un modo de ser, tan arisco y tan malo que con la gracia y ayuda de Dios y con el propio esfuerzo constante y perseverante, no pueda volverse bueno y vencedor de sus malas inclinaciones.

En la siguiente parte del libro, la que va a empezar enseguida, te voy a dar una serie de avisos acerca de cómo lograr alejar del alma los pecados veniales e ir venciendo y dominando las malas inclinaciones y liberándose de las aficiones inconvenientes. Ojalá Dios te conceda la gracia de practicar los consejos que vas a recibir a continuación.

SEGUNDA PARTE

CONSEJOS Y AVISOS PARA ELEVAR EL ALMA HACIA DIOS POR MEDIO DE LA ORACIÓN Y FORTALECERLA POR MEDIO DE LOS SACRAMENTOS

Capítulo 1

LO ÚTIL Y MUY NECESARIA QUE ES LA ORACIÓN

1. La oración coloca nuestra frente a la luz de Dios y expone nuestra voluntad ante el fuego de su amor. Ninguna otra cosa puede alejar de nuestra mente tantas ignorancias ni alejar de nuestra voluntad tantas malas aficiones, como la oración. Ella es para nuestra alma el agua que le hace reverdecer y florecer en buenos deseos, y la purifica de imperfecciones y apaga la sed de las pasiones.

2. *Lo mejor.* Te aconsejo ante todo la oración mental, la meditación, y especialisimamente acerca de la Pasión y Muerte de Nuestro Señor Jesucristo. Meditando frecuentemente en el modo cómo Jesús sufrió, iremos aprendiendo como comportarnos frente al dolor y a las ofensas e injusticias. Y como Él es la luz del mundo, llenará de iluminaciones nuestra alma.

Esta meditación en la Pasión de Cristo es como el árbol que en mitad de camino de la vida nos refresca con su sombra cuando nos quiere sofocar el bochorno del mediodía. Es como el pozo de Jacob en el cual nos podemos refrescar en medio del cansancio del viaje.

La imitación. Así como los niños de tanto oír a sus madres repetir palabras, van aprendiendo poco a poco a decirlas también ellos, de la misma manera nosotros, de tanto pensar y meditar, en el modo como Nuestro Divino Salvador obraba, pensaba, hablaba y sufría iremos aprendiendo poco a poco a hablar, obrar, pensar y sufrir como Él.

Como el espejo. Así como un vidrio no puede convertirse en espejo que refleje nuestro rostro, si no lo recubren con estaño por detrás, de igual modo nosotros no podríamos contemplar y ver cual es el verdadero modo de proceder y actuar, si no colocamos en nuestra meditación diaria el modo de vivir, pensar y hablar de nuestro Salvador.

Como el pan. Jesús es el Pan bajado del cielo, y así como el pan tiene la ventaja de que se puede emplear con toda clase de comidas, así la vida de Jesús nos resulta siempre apropiada para meditarla, sea cual sea el tema del cual queramos pensar y meditar.

¿Y qué autores? Me preguntarás: ¿En qué autores me conviene más leer la vida de Nuestro Señor? Ante todo en aquellos autores que tengan una S. detrás de su nombre, es decir, los Santos. Por ejemplo, San Agustín, San Gregorio, San Buenaventura, Santa Teresa, etc., y además aquellos autores actuales cuya doctrina ha sido aceptada como segura y buena por la Santa Iglesia Católica, y que sean adaptados a nuestras capacidades intelectuales.

El mejor tiempo. Para hacer la meditación, el tiempo más aconsejado es el de las primeras horas del día, por la mañana, porque la mente está más despejada y descansada. La duración, que no sea más de una hora cada vez, para no agotarse por el cansancio mental.

El mejor sitio. Para poder meditar en calma, silencio y paz, el sitio más conveniente es el templo o la capilla, porque en el hogar es muy difícil recogerse pues continuamente están llamando y solicitando y distrayendo y no dejan libre este tiempo.

¿Cómo empezar? Lo primero ponerse en la presencia de Dios. Pensar que Nuestro Señor nos está viendo y oyendo, y nos acompaña y nos ama y quiere ayudarnos. Luego encomendarse con algunas oraciones: un Padrenuestro, un Ave María y Gloria., y si es posible el himno "Ven Creador Espíritu" u otra invocación al Espíritu Santo, que es el que nos va a iluminar y guiar durante la meditación. No hay que afanarse por decir muchas oraciones, sino recitar despacio las pocas que se dicen, tratando de pensar en lo que decimos.

Una excelente meditación. Un modo óptimo de hacer meditación es ir rezando el Santo Rosario meditando en sus misterios, es decir, pensando en lo que sucedió a Jesús o a María en el hecho que se recuerda en ese Misterio. También se pueden rezar las Letanías.

¿Y si viene una idea espiritual fervorosa? Puede suceder que mientras estás rezando estas oraciones te llega un pensamiento que te llena de fervor. No te preocupes por seguir diciendo las oraciones. Dedícate con paz a pensar en esa idea porque te puede hacer bien.

¿Y si un día no hay oportunidad para meditar? Puede suceder que algún día por ocupaciones o distracciones se pasa sin poder dedicarse a meditar. Hay entonces que reemplazar la meditación por frecuentes oraciones, jaculatorias, y leer alguna página de un libro religioso, hacer alguna pequeña penitencia, y planear mejor el día siguiente para que no nos vaya a pasar sin un rato de meditación que mucho bien nos hace.

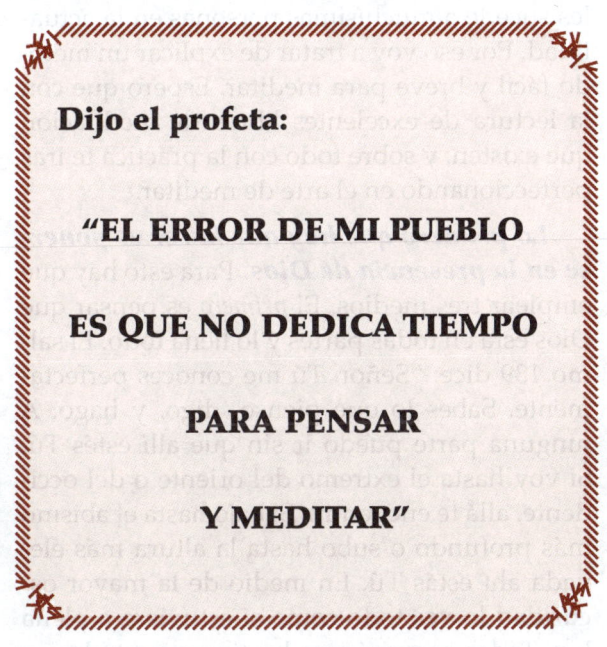

Dijo el profeta:

"EL ERROR DE MI PUEBLO

ES QUE NO DEDICA TIEMPO

PARA PENSAR

Y MEDITAR"

Capítulo 2

BREVE MÉTODO PARA MEDITAR

1. *La presencia de Dios*. Puede suceder, Filotea, alma que amas a Dios, que no sepas como hacer la oración mental o meditación. Eso les sucede a muchísimas personas en la actualidad. Por eso voy a tratar de explicar un método fácil y breve para meditar. Espero que con la lectura de excelentes libros de meditación que existen, y sobre todo con la práctica te irás perfeccionando en el arte de meditar.

Lo primero que hay que hacer es ponerse en la presencia de Dios. Para esto hay que emplear tres medios. El *primero* es pensar que Dios está en todas partes y lo llena todo. El salmo 139 dice: "Señor, Tú me conoces perfectamente. Sabes lo que pienso, digo, y hago. A ninguna parte puedo ir sin que allí estés Tú. Si voy hasta el extremo del oriente o del occidente, allá te encuentro. Si bajo hasta el abismo más profundo o subo hasta la altura más elevada ahí estás Tú. En medio de la mayor oscuridad lo ves todo como si estuviera a plena luz. Todas mis acciones las tienes anotadas en tu libro. Tu conoces mis sentimientos, por eso te pido que si ves que me estoy desviando, me vuelvas al buen camino.

Así como un ave a donde quiera que vuele allí encuentra el aire, así nosotros, donde quiera que estemos, ahí está Dios rodeándonos y acompañándonos. Esto lo sabe mucha gente, pero lo grave es que no se detienen a pensar en una verdad tan importante.

Un peligro. Filotea, alma creyente, recuerda que para nosotros existe un grave mal, y es que como no vemos a Dios con estos ojos, fácilmente nos olvidamos de Él, y obramos como si Dios estuviera bien lejos de nosotros y no nos estuviera viendo y oyendo.

Por eso al principio de la meditación debemos esforzarnos en pensar que sí está cerca, que nos observa y nos ama y nos quiere guiar.

Como Jacob. Cuando Jacob en sueños vio una escala que llegaba hasta el cielo y por allí subían y bajaban los ángeles, hasta donde él estaba, lleno de impresión exclamó: Qué sagrado es este sitio. Dios está aquí y yo no *lo sabía* (Gn 28). Eso mismo podemos decir del sitio donde hacemos la meditación. Jacob al decir aquello quiso significar que se le había olvidado que Dios estaba presente allí, y quería volver a recordarlo. Es lo que tenemos que repetir en cada meditación. Filotea, alma que amas a Dios, dile a tu corazón en la meditación: "Dios está aquí, en mi corazón y en mi alma; me rodea y me acompaña".

El segundo medio para ponerse en presencia de Dios es pensar que Él está en nuestro corazón. Jesús decía *"Si alguno me ama, vendremos a Él* (Mi Padre, el Espíritu Santo y Yo) *y haremos en él nuestra morada"*. Y San Pablo añadía: "En Dios vivimos, nos movemos y existimos" (Hch 17, 28). Al pensar en esto trataremos de sentir una gran reverencia hacia el buen Dios que vive en nuestro corazón.

El tercer medio: Es pensar que Nuestro Señor nos está mirando desde el cielo. *"Dios observa desde el cielo a los buenos y a los malos, y dará a cada uno según haya sido su conducta"*, dice el *Libro de la Sabiduría* en la Biblia.

Cuarto medio: Pensar que está en presencia de un gran personaje, por que sí lo estoy. En cada meditación podemos emplear alguno de estos cuatro métodos para recordar la presencia de Dios. Esto será de mucho provecho.

Capítulo 3

SEGUNDO PUNTO DE LA PREPARACIÓN A LA MEDITACIÓN: LA INVOCACIÓN

Al pensar que estoy en la presencia de Dios me reconozco persona indigna de estar ante tan soberana majestad, pero al mismo tiempo siento confianza porque tengo la seguridad de que la divina misericordia de Nuestro Señor me comprende, me ama y me quiere ayudar.

Luego le pediré la gracia de iluminarme buenas ideas en esta meditación, y puedo repetir algunas de estas frases de los salmos: *"Oh Señor, crea en mí un corazón puro, renuévame por dentro con espíritu firme y no apartes de mí tu santo espíritu" (Sal* 50) Dios mío déjame contemplar tu rostro y considerar tus maravillas. Dame entendimiento y entenderé tu ley y la cumpliré con todo el corazón. Todo mi ser es tuyo, Infúndeme tu Espíritu (Sal 118).

También puede ser útil invocar al ángel de la guarda y a los santos de nuestra devoción.

Si meditamos en la Pasión y Muerte de Jesús, invocar a la Madre Dolorosísima y a San

Juan que estuvieron allí presentes para que nos obtengan la gracia de meditar con verdadero amor en este de la buena muerte, que tuvo el consuelo de morir acompañado por Jesús, por José y María. Y algo parecido podremos hacer con otros temas espirituales.

_____ **Capítulo 4**

TERCER PUNTO DE LA MEDITACIÓN: COMPOSICIÓN DEL LUGAR

Este tercer punto consiste en imaginarse estar allí presente en el sitio donde ocurrieron los hechos que vamos a meditar. Por ejemplo la Anunciación del Ángel a la Virgen María... o el Nacimiento de Jesús, o la Coronación de Espinas... o la Ascensión de Jesús al cielo etc. Si se trata de meditar en un sermón de Jesús, imaginarse estar allí junto al lago de Genesaret mientras Él predica desde la barca, y escuchar lo que dice... pensar en qué tono de voz lo dice, con qué rostro amable o severo, con qué entonación, alegre o triste, según el tema etc.

Algunos dirán que esto es demasiado elemental y que es mejor dedicarse a pensamientos elevados, pero es que aquí tratamos de iniciar a la santidad a personas sencillas que no han caminado todavía mucho por el camino de la contemplación. Por eso, procedemos sencillamente, no sea que por querer saltar a muy altos escalones desde el principio, no logremos llegar a las alturas por habernos fatigado antes de tiempo.

Capítulo 5

LA SEGUNDA PARTE DE LA MEDITACIÓN: LAS CONSIDERACIONES O REFLEXIONES

Se trata de llenarse de reflexiones e ideas para levantar el corazón a Dios y hacia las cosas divinas. La diferencia entre la meditación y el estudio consiste en que en la meditación hacemos reflexiones y tenemos pensamientos para adquirir mayor amor de Dios y progresar en virtudes, mientras que en el estudio esas reflexiones y aprendizajes se hacen es para volverse más sabios o aprender a escribir, hablar mejor o poder solucionar problemas económicos o de otras clases.

Habiendo determinado en qué tema vamos a meditar, detengámonos a pensar en esto. Por ejemplo, queremos meditar en el Sermón de la Montaña. Nos imaginamos estar allí en el Monte de las Bienaventuranzas sentados en el prado alrededor de Jesús y escuchando sus palabras... las vamos recordando (leyéndolas) y las saboreamos y meditamos. Mientras sintamos gusto en una frase quedémonos allí. Cuando ya no nos llama tanto la atención, pasemos a la siguiente, sin afanes.

Capítulo 6

TERCERA PARTE DE LA MEDITACIÓN: PROPÓSITOS Y RESOLUCIONES

Buenos efectos. La meditación produce buenos movimientos en la voluntad y en la parte afectiva de nuestra alma como por ejemplo, amor hacia Dios, caridad hacia el prójimo, deseo de conseguir el Paraíso eterno; el deseo de ayudar a salvar las almas de los demás y de imitar la vida y las virtudes de Jesucristo; el temor de ofender a Dios, la alegría de ser sus amigos y de tenerlo contento; el temor al Juicio que nos espera al final de la vida y a las penas de la eternidad; la tristeza por nuestra mala vida pasada. Etc.

Dar importancia a esto. En pensar y meditar en estas cosas debemos emplear el mayor tiempo posible, porque de estas meditaciones vamos a sacar muy buenas resoluciones para el cambio de nuestra vida.

Ayudas. Para profundizar en esto ayuda mucho leer libros que traten del amor a Dios, la caridad y el buen trato hacia los demás, de la Muerte, el Juicio, el infierno y el cielo; de las virtudes por ejemplo, la castidad, la humildad, la fe, etc. Y ojalá algún libro que trate acerca de la oración. Estas lecturas ayudan mucho a progresar en santidad.

No *quedarse solo en afectos.* Filotea, alma que amas a Dios, no debes quedarte solamente con estos afectos en la meditación, sino convertirlos en buenos propósitos y resoluciones de empezar a ser mejor de ahora en adelante. Así por ejemplo, estás meditando en la primera palabra de Jesús en la cruz: *"Padre, perdónalos porque no saben lo que hacen.* Pues te preguntas: ¿Por cuáles personas que me han ofendido voy a rezar de ahora en adelante? O meditas en aquellas palabras del Sermón de la Montaña: *"Quien viva enojado con otros, merece* *ser llevado al* Juicio" (Mt 5). Al meditar en esto, haces un propósito: de ahora en adelante es necesario que deje de vivir enojándome por todo y armando conflictos por cualquier cosa. Tengo qué pedirle mucho a Nuestro Señor: "Jesús manso y humilde de corazón, haz nuestro corazón semejante al tuyo".

Y así irás corrigiéndote poco a poco, pero cada vez un poco más, lo cual nunca lo lograrías si te contentarás solamente con pensar y meditar pero sin hacer resoluciones y propósitos prácticos de ir mejorando cada día con tus comportamientos.

Capítulo 7

CONCLUSIÓN DE LA MEDITACIÓN: EL RAMILLETE

Al terminar la meditación, ante todo le damos gracias a Dios por las buenas ideas que nos inspiró es este rato de reflexión, y le pedimos el favor de poner en práctica las resoluciones tomadas.

Le ofrecemos los buenos propósitos que hemos hecho y le suplicamos que por los méritos de Jesucristo nos conceda buena voluntad y fuerza para poder cumplir y practicar lo que nos hemos propuesto. Luego recogemos como en un ramillete de flores espirituales las mejores tres o cuatro ideas que se nos han ocurrido en esta meditación, para volver a recordarlas durante el día. Podemos terminar rezando el Padrenuestro, Avemaría, Gloria, y Ángel de mi guarda mi dulce compañía, u otra oración que nos guste.

Capítulo 8

ALGUNOS AVISOS MUY PROVECHOSOS ACERCA DE LA MEDITACIÓN

Ante todo es necesario, Filotea, alma que amas a Dios, que al salir de la meditación tengas bien grabados en la memoria los buenos propósitos que hiciste, para que te esfuerces por practicarlos durante el día. Este es el mayor fruto de la meditación, sin el cual ella se puede volver bastante inútil.

Un peligro. Si hacemos propósitos de enmienda pero luego ni los recordamos ni los practicamos, corremos el peligro de llenarnos de vanidad, pensando que ya somos los buenos que nos propusimos ser, y en realidad no lo somos. Así por ejemplo, me he propuesto atraer a algunas personas a nuestra santa religión.

Tengo que preguntarme durante el día ¿he hecho o dicho algo por atraerlas a la práctica de la religión? ¿He rezado por ellas?, porque no basta con haberme propuesto hacerlo, sino que es necesario hacerlo.

Ojalá guardes un poco de silencio después de la meditación para que puedas ir rumiando los propósitos que hiciste. Deberías hacer como quien lleva en sus manos una bandeja con finísimos vasos de vidrio y va por un camino pedregoso, anda con mucho cuidado no sea que se le caigan los vasos y se rompan. Así con tus propósitos, llévalos con especial cuidado para que los logres conservar y cumplir.

Cada cual en su oficio. La santidad la puede ir consiguiendo cada persona en su profesión y oficio: el abogado en su abogacía y el médico en su consultorio, el negociante en su negocio y el labrador en su campo; el estudiante cumpliendo sus deberes de estudio y la madre de familia cuidando y atendiendo su hogar, el religioso en su comunidad y el personal de servicio en sus oficios humildes. Todos ofreciendo cada labor a Dios y ganándose así día por día el premio para el cielo.

Los afectos. Si durante la meditación nos vienen afectos especiales hacia Dios y su Reino y sus virtudes, démosles rienda suelta y dejémoslos que nos invadan, sin amarrarnos a un método rígido de hacer meditación, pues estos afectos nos irán llevando a tomar provechosas resoluciones.

El coloquio. A veces conviene entablar coloquios o amables conversaciones con Dios, con nuestro corazón y hasta con los seres inanimados, para animarnos a amar y servir más y mejor a Nuestro Señor. Así lo hacía el salmista rey de David, y exclamaba: "Alaba alma mía al Señor y no olvides sus beneficios... Oh Dios cuán grande eres, qué admirable es tu nombre Señor". Pecadores ¿por qué olvidáis al Dios que tanto os ha amado y no cumplís sus mandamientos ...? Mares y ríos bendecid al Señor...

> **"Vientos, mares y ríos,**
> **fieras, peces y aves,**
> **seres humanos**
> **y ángeles del cielo:**
> **Bendecid a nuestro Dios"**
>
> **(S. Biblia Dn 3)**

Capítulo 9

CUANDO EN LA MEDITACIÓN
NO SE SIENTE NINGÚN FERVOR

Sucede a veces que vamos a hacer la meditación y no sentimos el más mínimo fervor, sino aridez espiritual. No nos inquietemos por esto, sino aprovechemos para decir algunas oraciones vocales y reconocer que no somos dignos de que Nuestro Señor nos conceda el fervor y la devoción. Besar el crucifijo si lo tenemos a la mano y decirle las palabras que le dijo Jacob la noche de la aparición: *"No te dejaré mientras no me bendigas"* (Gn 32) o las que la Cananea le dijo a Jesús: *"Si Señor, no merezco que me concedas este favor, pero también a los perritos se les lanzan las migajas que dejan los hijos"* (Mt 15, 27).

Ayuda a despertar el fervor el leer páginas de algún buen libro, fácil de entender. Y seguir pidiéndole al Señor que nos conceda un poco de fervor para poder meditar. Hay personas que tienen que ir muchísimas veces a la oficina del jefe, sin ser atendidas pero al fin logran una audiencia. Así tenemos que hacer nosotros. Insistir, e insistir en la oración hasta que Dios se digne concedernos sus inspiraciones. Y si no le parece concederlas por ahora, por lo menos estaremos allí corporalmente en su presencia, y en su bondad sabrá premiarnos esta perseverancia. Lo importante es no desistir de tratar de orar y meditar.

Capítulo 10

EJERCICIOS PIADOSOS PARA CADA MAÑANA

1. Al levantarnos hagamos la señal de la cruz; digamos: "Jesús, José y María, os doy el corazón y el alma mía". Demos gracias al Señor por esta noche que hemos pasado y por habernos permitido llegar hasta este nuevo día. Pedir perdón por cualquier pecado cometido.

2. Considerar que este día se nos concede para ganarnos con él un premio en la eternidad, y proponernos pasarlo de la mejor manera posible.

3. Hacer *el examen de previsión*, es decir, prever qué ocasiones tendremos en este día para servir mejor a Dios y qué tentaciones se nos podrán presentar para ofenderlo por ejemplo, cólera, pereza, mal genio, murmuración, amistades dañosas etc., y planear cómo vamos a proceder para evitar lo que ofende a Nuestro Señor. Pero no basta con hacer propósitos de evitar lo dañoso, sino que hay que pensar qué medios podremos emplear para no cometer lo que nos hace daño y hacer lo que nos hace provecho. Por ejemplo, ¿voy a tratar con una persona muy colérica? ¿Qué palabras amables y que silencios deberé emplear al tratarla? ¿Voy a visitar un enfermo? ¿Qué palabras consoladoras le deberé decir? ¿Cuál será la mejor hora y la más oportuna para visitarlo? etc.

4. Hacer un acto de humildad reconociendo que por nuestra sola cuenta no podemos de ninguna manera hacer el bien ni evitar el mal en este día, si la bondad de Nuestro Señor no viene en nuestra ayuda. Por eso suplicarle que nos proteja, ilumine y ayude. Decirle por ejemplo: "Señor, Tú sabes que sin tu ayuda no podré poner en practica ninguno de mis buenos propósitos, ni evitar el ofenderte. Padre Celestial; por los méritos de Jesucristo concédeme la gracia de que mi vida y mi conducta te sean agradables hoy y siempre. Amen".

5. Luego le diremos alguna oración a la Santísima Virgen y al Ángel de la guarda y a los santos de nuestra devoción para que nos protejan es este día y todos los días de nuestra vida.

Capítulo 11

PRÁCTICAS RELIGIOSAS PARA LA NOCHE. EL EXAMEN DE CONCIENCIA

Ojalá que no dejemos ningún día de hacer estas encomendaciones al principio de la jornada. Nos traerán muy buenas bendiciones del cielo.

Ojalá cada noche hiciéramos alguna breve lectura de un libro espiritual que nos enfervorice y nos recuerde los propósitos de progresar en santidad que hicimos en la meditación de la mañana.

Luego hagamos de la siguiente manera *el examen de conciencia:*

1. Dar gracias a Dios por los favores que nos concedió en este día.

2. Recordar cómo me he comportado en ese día. Con qué personas traté y cómo las traté.

Qué oficios hice y cómo los hice. Cómo fueron hoy mis palabras y pensamientos.

3. Si hice algo hoy de bueno dar gracias a Nuestro Señor. Si algo dije, hice o pensé que le pueda haber disgustado a Dios, pedirle perdón, y hacer un propósito práctico de evitar eso que no conviene.

4. Encomendarme a la Virgen María y al Ángel de la guarda y a mis santos, y en paz con Dios disponerme a pasar santamente el descanso de esta noche.

Capítulo 12

LA CELDA O REFUGIO ESPIRITUAL

Así como las aves buscan nidos donde estar tranquilamente, y los ganados se refugian a la sombra refrescante de los árboles en las horas de calor, así debes tener cada día, Filotea, alma que amas a Dios, ciertos momentos en los cuales buscas la celda de refugio espiritual, es decir, algunos breves ratos en los que no estás sino para Dios y para tu alma, y dirás pequeñas oraciones como, por ejemplo: "Dios mío,

¿Por qué Tú piensas siempre en mí, y yo pienso tan poquitas veces en Ti? Señor Tú eres mi refugio y mi salvación", etc.

Retiro en medio de la multitud. Esfuérzate Filotea, por retirarte varias veces durante el día a ese refugio o celda espiritual en el fondo de tu alma, donde trates con Dios y pienses en algo espiritual. No importa que estés en medio de mucha gente y con mucha conversación. Esta soledad mental no la puede impedir el gentío que te rodea, pues ellos pueden acercarse al cuerpo, pero no a los pensamientos de tu mente. Era lo que hacía el santo salmista que exclamaba: *"A Ti Señor levanto mis ojos, a Ti, que habitas en el cielo. Como están los ojos de la esclava fijos en las manos de su señora, así están nuestros ojos en el Señor Dios nuestro, esperando su misericordia* (Sal 122).

La celda de Santa Catalina. Los papás de Santa Catalina le destruyeron la celda o pequeña pieza a donde se retiraba a rezar varias veces cada día, y entonces ella se propuso fabricarse una capilla interior en su alma, a donde podía retirarse a cualquier hora del día, por mas acompañada y ocupada que estuviera, y dedicarse a hablar con Nuestro Señor.

Retírate pues de vez en cuando a esa celda o capilla del interior de tu alma y háblale a tu Dios y déjale que Él te hable. Dile con el salmo 101: *"Señor en este momento quiero estar en soledad como un búho en un edifico en ruinas, como una lechuza en la soledad del monte, como ave sin pareja en el tejado, y así hablarte en paz y tranquilidad".*

Un sitio donde encontrarte. Alguien escribió a un personaje muy espiritual diciéndole: ¿Cuál es el sitio más seguro para poderlo encontrar? Y su respuesta fue: "El sitio en donde con más frecuencia estoy es en las cinco heridas de Jesús. Allí me retiro frecuentemente a meditar. Cuando quiera encontrarme, allá estaré". – ¡Verdad que era un personaje bien espiritual!

Capítulo 13

LAS JACULATORIAS O FRECUENTES COMUNICACIONES CON DIOS

Filotea, alma que amas a Dios, tienes que acordarte de Nuestro Señor muchas veces al día y decirle que lo amas, que lo admiras, que le das las gracias, le pides perdón y le suplicas su poderosa ayuda. Esas pequeñas oraciones se llaman jaculatorias (palabra que viene de "jácula" que era una flecha que se enviaba a lo lejos con un mensaje escrito). Son pequeñas flechas con mensajes de amor a Dios que los antiguos monjes repetían muchas veces cada día, y que San Agustín recomendaba a su discípula Proba como un medio muy bueno para progresar en santidad.

Método fácil. Las jaculatorias tienen la ventaja de que se pueden decir en medio de las ocupaciones más absorbentes y rodeados de multitud de gentes, pues no es necesario ni siquiera mover los labios; basta dirigirlas desde la mente hacia nuestro Dios, o hacia los ángeles o la Virgen María o los santos. Son como esas bebidas refrescantes que el caminante toma durante el camino, que no lo demoran casi ni le impiden proseguir su viaje, pero sí lo llenan de fuerza y frescor.

Cuáles jaculatorias decir. No hace falta ceñirse obligatoriamente a algunas jaculatorias especiales. Basta ir repitiendo las que más nos gusten. Ya sea a Dios Padre, a Jesucristo, al Espíritu Santo, a María Santísima, al Ángel de la guarda, o a los santos.

San Francisco de Asís repetía: "Mi Dios y mi todo" "Conózcate a Ti, Señor, conózcame a mí" – San Bernardino de Siena repetía mil y mil veces "Jesús, Jesús, Jesús", porque este nombre santo encierra en sí mismo todo lo que de bello y santo pueda existir. San Pedro dijo a Jesús: "Señor, tú sabes que te amo" – Los apóstoles le suplicaban: "Señor, auméntanos la fe". El rey David exclamaba: "Misericordia Señor por tu bondad, por tu inmensa compasión borra mi culpa" – La jaculatoria del publicano del evangelio era: "Perdón Señor, que soy un pecador" y al decir ésto obtuvo ser santificado (Lc 18).

Los cantos religiosos que se entonan en los templos son muy aptos también para recitarlos en medio del trabajo, si se dicen con devoción. San Jerónimo narra que los antiguos campesinos cantaban salmos mientras trabajaban en el campo.

Como los enamorados. Así como los que están enamorados no pierden ocasión de dirigir mensajes de amor y admiración a la persona amada, así los que estamos enamorados de Dios, debemos aprovechar cuanta ocasión se nos presente para decirle desde el fondo de nuestra alma que lo amamos, que le damos gracias, lo admiramos, le pedimos perdón y le suplicamos su ayuda y protección. San Agustín al ver las bellezas de la creación elevaba su espíritu a alabar al Creador de toda belleza. San Antonio al pasear por los campos florecidos empezaba a cantar y a invitar a las flores y a las aves a acompañarlo en las alabanzas al buen Dios.

San Gregorio Nacianceno en una ocasión en la que estaba muy angustiado por muchos problemas se fue a pasear junto al mar y vio que las olas traían caracoles y algas y las dejaban en las arenas y que luego volvían y se las llevaban otra vez, pero que a las rocas no las lograba mover de donde estaban y se puso a pensar: "Así pasa a las almas. Si son flojas y sin fe, las olas de las tristezas y de la tentaciones las llevan y las traen, pero si están firmes en la fe, no se dejan conmover, y entonó entonces el bello salmo 68 que dice: *"Dios mío sálvame que me llega el agua al cuello; me estoy hundiendo en un barrizal profundo y no tengo donde afirmar el pie. Me arrastra la corriente. Vuélvete hacía mí y respóndeme con la bondad de tu gracia"*. Esto le trajo la paz.

DE LOS OBJETOS MATERIALES SACAR PENSAMIENTOS ESPIRITUALES

San Fulgencio, al ver una reunión de grandes mandatarios del mundo, llenos de lujos y elegancia, pensaba: "Dios mío, si en esta tierra estas gentes tan llenas de vanidad ostentan tanto lujo y elegancia, ¿cómo será en el banquete celestial donde estaremos junto a Ti para siempre en la gloria?

San Anselmo, arzobispo, al ver que una liebre perseguida por los perros corrió a refugiarse junto a él, pensaba: "Así le sucede al alma perseguida por los enemigos de la salvación. Solamente se libra de la muerte si se refugia junto a Cristo Jesús que la defiende".

La carta del emperador. Constantino el emperador escribió una carta a San Antonio abad. Los demás monjes se admiraban de este honor recibido por su superior, pero San Antonio exclamó: "Mas bien deberíamos admirarnos de que Dios Nuestro Señor, dueño de todo lo que existe, nos haya escrito esa carta suya que se llama la Biblia, y nos haya enviado a su propio Hijo Jesucristo, a explicárnosla".

La rosa y las espinas. San Basilio al contemplar una hermosa rosa, pero rodeada de espinas, decía: "Así sucede en este mundo: junto a la hermosura de la rosa, están la punzadas de las espinas. Después de la salud llega la enfermedad, después del matrimonio la viudez, después de los honores, las humillaciones. Solamente en el cielo tendremos rosas sin espinas".

Las estrellas y las olas. Una persona muy espiritual, estando una noche de pie junto a un pozo cristalino, veía allí reflejadas las estrellas del cielo y decía: "Así como aquí veo las estrellas debajo de mis pies, allá en el Paraíso estaré sobre las mismas estrellas del cielo". Y viendo un día el tumulto de las olas en un mar embravecido exclamaba: "Mi alma no tendrá reposo y tranquilidad sino cuando llegue al mar de la tranquilidad, junto a Dios en el cielo.

Los árboles floridos y los polluelos. Santa Francisca Romana al ver árboles llenos de flores o de frutos, exclamaba: ¿por qué mi alma no produce más flores de santidad y más frutos de obras buenas?–, y al ver a los pollitos refugiarse bajo las alas de la gallina en tiempo de peligro repetía las palabras del salmo 17: *"Señor: bajo la sombra de tus alas, escóndeme"*.

Girasol y pensamientos. Un alma piadosa al ver que la flor del girasol va girando durante el día según sea la dirección del sol, rezaba así: "Señor: ¿cuándo será que mi voluntad siga siempre la dirección de Tu Santísima Voluntad?, y al ver en el jardín unas de esas flores llamadas "pensamientos", que son hermosas pero no tienen aroma decía: "Así son mis pensamientos: hermosos, pero con el defecto de que no los llevo a la práctica".

Dos actitudes. La gente materialista se vale de las criaturas para alejarse de Dios, pero las personas espirituales se valen de las criaturas para acercarse más a Dios, y cumplen lo que decía San Gregorio Nacianceno: "Me he acostumbrado a orientar todas las cosas hacia mi provecho espiritual".

NOTA: Estos tres últimos detalles de los capítulos anteriores: formarse una celda espiritual, llenar el día de pequeñas jaculatorias y elevar el pensamiento de las cosas materiales a lo espiritual, son de tan grande importancia en la vida de santidad que pueden reemplazar a otras oraciones, pero si se dejan de practicar será muy difícil reemplazarlas por otra devociones. Sin estos ejercicios no se puede obtener la vida contemplativa y será muy defectuosa la vida activa. Por eso, se recomienda a cada persona que trate de cumplirlas y no las descuide ni deje de practicarlas.

Capítulo 14

LA SANTA MISA
Y CÓMO PARTICIPAR EN ELLA

1. El sol de todas las practicas de piedad es la Santa Misa. Ellas es el centro de toda la religión católica. La misa es el corazón de la devoción, el alma de la piedad, el exceso más grande de la Bondad Divina por medio de la cual Dios se acerca totalmente a nosotros y nos llena de gracias y favores.

2. La oración que se hace por medio de la Santa Misa tiene un poder irresistible para obtener gracias y favores de Dios, pues la hacemos ofreciéndole a su propio Hijo. Esas oraciones son como una columna de humo aromático que sube al cielo a traernos ayudas de Nuestro Señor. O como dice el Apocalipsis: *"Sube al cielo, guiado por los ángeles el humo aromático que representa las oraciones de los fieles"* (Ap 8, 4).

3. Procuremos asistir lo más frecuentemente posible, y ojalá todos los días, al Santo Sacrificio de la Misa. Ella vale más que todas las demás oraciones juntas. Tiene las cuatro cualidades de la verdadera oración: adora a Dios, le da gracias, le pide perdón y le suplica favores. Asistir a ella vale como si hubiéramos estado con los santos apóstoles en la última Cena de Nuestro Señor.

En cada misa están presentes muchos ángeles del cielo acompañando al Señor, y la presencia de ellos siempre nos trae bienes espirituales. Qué dicha tan grande poder participar en este santo sacrificio, el mejor de todos los sacrificios que le podemos ofrecer a la divinidad.

4. Si algún día no podemos asistir a la Santa Misa vayamos con el espíritu hacia algún templo y unámonos mentalmente con las personas que allá están participando de la Eucaristía, y desde el sitio donde estemos adoremos al Señor y unámonos a su ofrecimiento en el santo sacrificio.

Capítulo 15

OTRAS PRÁCTICAS DE PIEDAD

Los salmos. San Agustín en su bello libro de "Las confesiones" narra lo mucho que él lloraba de emoción y consuelo al oír cantar los salmos en las reuniones que San Ambrosio hacía con sus fieles en el templo de Milán. Después del Padrenuestro y el Avemaría, las oraciones más bellas que existen son los salmos. Ellos consuelan, animan y conmueven. Los salmos sirven para adorar a Dios, para darle gracias por sus beneficios, para pedirle perdón por nuestros pecados y encomendarle los favores que necesitamos. Y si se rezan en público con otras personas adquieren mayor poder de impetración. Siempre que podamos participar en oraciones que se hacen en público con los fieles, ojalá lo hagamos, porque Jesús prometió: *"Donde dos o más se reúnan en mi nombre yo estaré allí en medio de ellos y responderé su oración"*.

Pertenecer a alguna asociación piadosa. Uno de los métodos más prácticos y eficaces para mantenerse en el fervor y la devoción es pertenecer a alguna asociación religiosa (en las parroquias las hay). Esto trae grandes bendiciones y ayudas de Dios.

Capítulo 16

LA DEVOCIÓN A LOS ÁNGELES Y A LOS SANTOS

Los ángeles son grandes amigos de Dios y están siempre ante su santísima presencia. Ellos nos pueden conseguir admirables favores del cielo y librarnos de muchos peligros del alma y del cuerpo. El Padre Fabro, el sacerdote de confianza de San Ignacio de Loyola, contaba que al llegar a cada pueblo o barrio saludaba a los ángeles de los que allí estaban y que en su vida diaria vio y sintió palpablemente las ayudas tan impresionantes de esos ángeles de Dios.

Especial cariño debemos tener a nuestro Ángel de la guarda y como decía San Bernardo, sentir mucho respeto por la presencia de él a todas horas junto a nosotros y encomendarnos a su protección, seguros de que no dejará nunca de ayudarnos y defendernos. No olvidemos darle gracias por sus continuos favores. Algunas personas cuando quieren entenderse bien con alguien, se encomiendan a su propio Ángel de la Guarda y al Ángel Custodio de la otra persona, para que los dos se pongan de acuerdo. Y logran efectos admirables.

La devoción a los ángeles y a los santos

La devoción a los santos nos hace un gran bien. A nosotros nos puede suceder como a los pequeños ruiseñores que de tanto oír cantar a sus padres aprenden también ellos a cantar hermosamente. De tanto leer la vidas de los santos iremos aprendiendo a imitar sus ejemplos que son provechosísimos. Ellos por su gran amistad con Dios y por su total cercanía al trono de la divinidad lograrán conseguirnos favores que ni siquiera habíamos imaginado que lograríamos obtener.

Honremos con especialísimo amor a la Virgen María. Acudamos a Ella con el cariño de los hijos más cariñosos a la madre más bondadosa. Tengamos en Ella una confianza total. A cualquier hora y siempre, invoquémosla, sabiendo que jamás se ha oído decir que alguno haya recurrido a Ella sin obtener su protección y su ayuda. Y esforcémonos por imitar sus virtudes: su amor a Jesús, su humildad, su pureza inmaculada, su espíritu de servicio hacia los necesitados y su enorme fe.

Escojamos a algunos santos para invocarlos más e imitarlos con mayor esmero.

Estudiemos su vida y veamos en qué los podemos imitar. Y si llevamos el nombre de algún santo, tengámosle especial devoción.

Capítulo 17

CÓMO SE HA DE OÍR Y LEER
LA PALABRA DE DIOS

Filotea, alma que amas a Dios, ojalá tengas un gran cariño y aprecio, por escuchar y leer la Palabra de Dios. Nada te hará tanto provecho quizás en la vida como ella. Esfuérzate por imitar a la Santísima Virgen de la cual dice el evangelio que *"meditaba la palabra, en su corazón"* (Lc 2, 51) Jesús 'nos sigue repitiendo la palabras del Apocalipsis: *"He aquí que estoy a la puerta y llamo. Si alguien atiende a mi llamada entraré en su casó y cenaré con él"* (Ap 3, 20).

Tres pasos. Así como para un matrimonio se necesita dar tres pasos:

1. Hacer la propuesta de matrimonio. ***2.*** Recibir esa propuesta. ***3.*** Que acepten y den el sí.

De la misma manera hay tres pasos en la palabra de Dios:

1. La propuesta de Dios.

2. Oír nosotros esa propuesta.

3. Responder afirmativamente a lo que Él nos propone.

Como la tentación. Así como en la tentación hay tres pasos:

1. El mal pensamiento. 2. La aceptación de ese mal pensamiento. ***3.*** El cometer el pecado. Así respecto de la Palabra de Dios hay otros tres pasos pero para el bien.

1. El buen pensamiento. 2. El que aceptemos ese buen pensamiento. ***3.*** El que pongamos en practica eso que nos ha sido aconsejado por Nuestro Señor.

Quien escucha la Palabra de Dios y la pone en práctica es como casa edificada sobre roca: no la derrumban las tormentas de la vida.

(Mt 7)

Capítulo 18

CÓMO SE HAN DE RECIBIR LAS INSPIRACIONES

Un disgusto para Dios. Sucede que si Dios nos habla por medio de su Palabra pero nosotros no le queremos escuchar ni poner en práctica lo que nos manda y nos enseña, puede disgustarse y repetirnos lo que en el salmo 94 dijo a los israelitas: "Durante 40 años esa gente me desagradó y dije: *"Este es un pueblo de corazón extraviado que no quiere entrar por mi camino, por eso no entrarán en mi descanso"*. Así como un novio se disgusta cuando después de haber dado todas las demostraciones de afecto y aprecio a la novia, ésta se niega a aceptar su petición de matrimonio, de la misma manera Nuestro Dios se disgusta si no aceptamos lo que nos manda y lo que nos pide en su santa Palabra.

Sentir gusto por escuchar y leer la Palabra de Dios y por recibir inspiraciones de lo alto, es un verdadero regalo del cielo, y hay que pedirlo muchas veces. En esto se cumplirá lo que dijo Jesús: *"Quien pide recibe y quien busca encuentra"*. Pero no basta con sentir ese gusto por la Palabra de Dios y por recibir inspiraciones, sino que es necesario esforzarse por practicar, porque a quien lee o escucha o recibe inspiraciones, pero no pone en practica lo que se le dijo, puede sucederle como a quien edificó su casa sobre arena, y creció el río y sopló el viento y la casa se derrumbó porque estaba edificada sobre arena (Mt 7, 27).

Filotea, alma creyente, cuando escuches o leas la Palabra de Dios o recibas inspiraciones o buenas ideas para la santidad, acepta todo esto como embajadores de Dios que viene a proponerte entablar con Él una santa amistad para obtener la gloria eterna. Pero recuerda que no basta con recibir mensajes sino que es necesario esforzarse por llevarlos a la práctica, pues de otra manera se quedarían solamente con hojas pero sin producir frutos. Si pones en práctica lo escuchado o leído, entonces sí el edificio de tu santidad será como una casa edificada sobre roca, que por más que brame el viento o crezca el río, no se derrumba, porque está sobre roca (Mt 7, 25).

Capítulo 19

EL SACRAMENTO
DE LA CONFESIÓN

Nuestro Señor ha dejado a su Iglesia el sacramento de la penitencia o de la confesión o de la reconciliación, para que por medio de él quedemos purificados de nuestros pecados, cuantas veces estemos manchados. No permitas que tu alma se quede por mucho tiempo manchada por el pecado, teniendo a la mano un medio tan fácil de purificarte de tus maldades. Si te has infectado con alguna sustancia de olor muy fétido, te apresuras a lavarte y quitarte ese olor desagradable antes de presentarte a seguir tratando con las demás personas. Lo mismo deberías hacer respecto a tu alma, alejar de ella lo más pronto posible por medio de la confesión, la fetidez del pecado.

Un nuevo favor. En la confesión no solamente recibes el perdón de tus pecados sino nuevas fuerzas para evitarlos y un gran asco por cometerlos. Además al confesarte practicas las virtudes de la humildad, de la obediencia, del arrepentimiento y del amor a Dios.

Una condición clave. Ante todo es necesario que sientas un verdadero disgusto y asco y aversión por los pecados que confiesas. Hay personas que se confiesan de pecados veniales, pero sin sentir antipatía por ellos ni hacer propósitos serios de evitarlos y los siguen cometiendo toda su vida y así se quedan sin progresar en santidad. Es un engaño confesarse de un pecado sin querer dejar de cometerlo. Así, por ejemplo, confiesas de que dices pequeñas mentiras. Pues convéncete de que toda mentira proviene del demonio y no agrada a Dios. Así las irás evitando.

Si has dicho algunas palabras groseras arrepiéntete y piensa que el Divino Maestro ha dicho: *"De toda palabra indebida que diga una persona, tendrá qué dar cuenta el día del Juicio"* (Mt 12, 36) y haz el propósito de no volverlas a decir, porque sería un engaño evidente confesarte de algún pecado sin querer dejar de seguir cometiendo, pues precisamente uno de los fines de la confesión es el conseguirnos evitar los pecados que confesamos.

Averiguar las causas. No te contentes con confesar los pecados, sino dedícate a averiguar por qué causas es que los cometes. Por ejemplo, si dices mentiras, ¿por qué las dices? ¿será por orgullo? Te llegan malos pensamientos. ¿Será

135

porque no dominas tus ojos y miras imágenes que no te convienen? En cuanto a los pensamientos conviene aclarar si se dejaron por bastante tiempo en la mente, porque eso agrava su culpa. Si hemos sentido cólera contra otras personas y les hemos tratado mal, conviene decir si será porque les sentimos antipatía. Si hemos negado favores, examinar si será porque no sentimos triz de simpatía por esa persona que pide la ayuda o el favor.

Y no olvides rezar por tu confesor. Porque tu oración puede obtener que Él te comprenda mejor y te aconseje los remedios que te puedan ayudar a corregirte de tus faltas y defectos, y te ayude a obtener verdadero arrepentimiento y propósitos serios de enmienda.

Capítulo 20

LA FRECUENTE COMUNIÓN

Cuentan de Mitrídates rey de Persia, que habiendo conocido un antídoto contra los venenos se tomaba de vez en cuando un poco de este antiveneno, y resultó que cuando quiso suicidarse para no caer en manos de los romanos, por mas que tomó veneno no logró que le hiciera efecto, porque el antídoto lo había hecho resistente ante los venenos.

Jesucristo nos dejó un remedio formidable para evitar la muerte espiritual y poder vivir eternamente: es la comunión con su Cuerpo y con su Sangre. El recibir frecuentemente y con las debidas disposiciones. Este antídoto espiritual nos va concediendo fuerza especiales para no ser envenenados por malos afectos y malas inclinaciones.

El árbol de la vida. En la mitad del Paraíso terrenal existía el árbol de la vida, para que quien comiera de sus frutos no muriera, y ahora en la Santa Iglesia Católica existe la Sagrada Eucaristía para que no muramos espiritualmente. Ciertas frutas se conservan por bastante tiempo sin dañarse si están en la refrigeración, y así a nuestros corazones, aunque débiles y frágiles, la Sagrada Comunión los puede preservar de la corrupción del pecado.

Grave imprudencia. Qué tristeza tendrán las personas que se condenen al recordar que murieron de hambre espiritual teniendo a la mano el mejor y más provechoso alimento espiritual, que era la Sagrada Comunión.

¿Quiénes deben comulgar? Deben comulgar *los débiles* para volverse fuertes. *Los fuertes* para no dejar de serlo. *Los enfermos* para alcanzar la salud. *Los sanos* para no enfermarse. Los que tienen pocas ocupaciones, porque tienen facilidades para ello. Los que tienen muchas ocupaciones y preocupaciones porque tienen más necesidad de comulgar, pues quien está más fatigado necesita alimentos espirituales más sustanciosos.

Si te preguntan por qué comulgas responderás. Comulgo para purificarme de mis pecados. Comulgo para librarme de mis imperfecciones. Comulgo para tener consuelo en mis tristezas. Comulgo para tener fortaleza en mis debilidades.

Y con qué frecuencia comulgar? San Agustín decía que el no reprochaba a quien comulga frecuentemente si lo hace en gracia de Dios (es decir, sin tener pecado mortal en el alma) y con las debidas disposiciones y la debida preparación y acción de gracias cada vez. Quien desea comulgar frecuentemente debe luchar sin descanso contra sus malas inclinaciones.

> # SEÑOR NO SOY DIGNO DE QUE ENTRES EN MI ALMA, PERO UNA PALABRA TUYA BASTARÁ PARA SALVARME

Capítulo 21

CÓMO SE HA DE COMULGAR

Ojalá desde la noche anterior pienses y recuerdes que vas a recibir a Jesús en la comunión. Haz un acto de contrición pidiendo perdón al Señor por tus faltas. Recita con todo el fervor el "Señor no soy digno de que entres en mi casa, pero una palabra tuya bastará para sanarme" – Pídele a Jesús que te prepare bien para recibirlo, y después de que lo has recibido dale gracias, díle que lo amas, cuéntale lo que necesitas.

Al recibir la comunión levanta suficientemente la cabeza, para que el sacerdote no tenga dificultad al darte la santa Hostia. Piensa en aquellas palabras de Santo Tomas en el canto "Panis angelicus" Oh: Milagro admirable, la criatura pobre y miserable recibe en alimento al Dios y Señor de todo lo que existe"- Bendice por ello al Señor que nos dio a cómer pan de ángeles.

Después de comulgar esfuérzate por comportarte en ese día de tal manera que Jesús quede contento de haber venido a tu alma.

La comunión espiritual. Cuando no puedas recibir a Jesús en la Santa Hostia haz la comunión espiritual que consiste en desear que Jesús venga espiritualmente a visitarte. Puedes decir, por ejemplo: "Jesús mío, creo firmemente que estás presente en la sagrada Eucaristía con tu Cuerpo, tu Sangre, y tu Alma y tu Divinidad. Deseo ardientemente recibirte, pero ya que no puedo hacerlo ahora sacramentalmente, te pido que vengas espiritualmente a mi corazón.

Y como si ya hubieras venido, te alabo y te bendigo y te pido que no te apartes nunca de mí. Amen".

Tu principal intención al comulgar debe ser crecer en el amor hacia Dios y serle cada día más agradable a Él. Si te reprenden porque comulgas muy frecuentemente diles que comulgas para aprender a amar más a Dios y para aprender a comulgar bien, puesto que es casi imposible aprender a hacer bien una acción sin ejercitarse en hacerla muchas veces.

TERCERA PARTE

AVISOS NECESARIOS PARA ADQUIRIR LAS VIRTUDES

Capítulo 1

SABER ELEGIR BIEN CUÁLES VIRTUDES VAMOS A PRACTICAR

La reina de las abejas no se posa en un sitio si no va acompañada de todo su pequeño enjambre. Así le sucede a la reina de las virtudes, la caridad: no toma posesión del alma si no la acompañan otras virtudes.

La caridad va haciendo crecer las demás virtudes y las va ejercitando para que se vuelvan más fuertes, pero obra como un gran capitán que no va ejercitando a sus soldados a toda hora, sino que va despacio haciéndolos fuertes, pero poco a poco.

El salmo primero dice que la persona virtuosa es como un árbol plantado junto a una fuente de agua; produce fruto a su tiempo, y sus hojas no se marchitan. Y esto le sucede a esa persona porque la virtud de la caridad, es decir, del amor a Dios y del prójimo, le va proporcionando fuerzas y energías continuamente para producir frutos de santidad, y para no desanimarse.

Oportunidad. La música festiva es muy agradable y atractiva, pero si se entona de una manera inoportuna, por ejemplo, en un funeral o entierro, puede causar desagrado. Así sucede con ciertas virtudes. Es necesario saber cuales son las mejores oportunidades para ejercitarles, no sea que en vez de ser simpáticas para los demás, resulten antipáticas. Llorar de tristeza en una reunión festiva o reír a carcajadas en una reunión de duelo sería algo totalmente inoportuno. Por eso San Pablo aconseja: *"Lloren con los que lloran, y rían con los que ríen sanamente"* (Rm 12, 15) y añade: "La caridad es paciente, benigna, generosa, prudente y condescendiente" (1Co 13).

Existen algunas virtudes que sí se pueden ejercitar en toda clase de ocasiones, y otras que conviene dejarlas para ocasiones especiales. Así, por ejemplo, la amabilidad, la paciencia, la castidad, la humildad, conviene practicarlas en toda ocasión y en todas partes, pero los actos heroicos de valor, la proclamación solemne de nuestra fe y los hechos extraordinarios de generosidad, hay que reservarlos para ciertas ocasiones especiales.

En la vida ordinaria de cada día hay que practicar las virtudes ordinarias, y en los momentos extraordinarios, las virtudes extraordinarias.

Las virtudes preferidas. En la vida de cada día debemos practicar las virtudes que estén más de acuerdo con nuestra profesión, oficio y estado. Así, por ejemplo, Santa Paula deseaba practicar la virtud extraordinaria de las grandes penitencias, pero su maestro San Jerónimo le insistía en que en vez de eso lo que debía practicar cada día como buena religiosa era la virtud de la obediencia a sus superiores.

Muy buena es la virtud de la limosna, pero los doce Apóstoles se dieron cuenta que ellos no podían abandonar su deber primerísimo y santísimo de predicar, por dedicarse a repartir limosnas, y entonces encargaron a los diáconos ese oficio y ellos se consagraron por completo a predicar y a celebrar la Eucaristía (Hch 2, 6).

Cada persona, según su oficio, profesión y estado necesita practicar de preferencia algunas virtudes más que otras. Distintas son las virtudes que más debe practicar un obispo o un sacerdote, que las tiene que practicar un soldado, un obrero o un empleado. Distinta es la virtud que más debe practicar una monjita de un convento a la que tiene que preferir una madre de familia. Cada cual tiene que preferir aquellas virtudes que más se necesitan en su oficio y profesión.

No fijarse en las apariencias. Debemos preferir no las virtudes que más brillan y aparecen, sino las que más nos llevan a la santidad y a agradar a Dios. Veamos la diferencia entre una estrella o un astro (por ejemplo Venus) y un cometa. Ante nuestros ojos el cometa por estar mucho más cerca de nosotros, aparece mucho más grande y brillante que las lejanísimas estrellas, pero en realidad ellas son inmensamente más grandes que él. Así sucede con las virtudes: hay algunas que aparecen más brillantes y atractivas, y otras en cambio se ven menos luminosas e impresionantes. Pero sucede con frecuencia que las que menos brillan, valen más. Así, por ejemplo, brilla más dar limosna (y esto es muy bueno y hay que hacerlo) y en cambio brilla menos dedicarse a tratar de que otra persona ame más a Dios y sea más virtuosa. Pero esto puede ser mejor que lo anterior. Hacer penitencias en el comer y en el dormir etc., es algo que aparece como bueno, y en verdad lo es. Pero dedicarse a ser amable, paciente, humilde y condescendiente en todo lo bueno, es algo que atrae menos y brilla menos. Esfuérzate, Filotea, alma que amas a Dios, en practicar las virtudes que menos brillan y aparecen pero que más te pueden llevar a la santidad y a ser agradable a Dios.

Una visión. San Juan el Limosnero, que vivió hace muchos siglos, tuvo una visión en la cual veía una hermosísima reina llena de luz y resplandores. Ella le dijo: "Yo soy la virtud de la misericordia hacia los pobres. Si te dedicas a practicar lo que yo te aconsejo, llegarás muy alto en santidad". Desde entonces el santo se dedicó a preferir esta virtud a todas las demás y a ayudar con limosnas y buenos consejos a los pobres y necesitados y llegó a una gran santidad. San Eulogio de Alejandría, elegía como preferida, la virtud de ayudar y atender a enfermos pobres y abandonados, y el gran San

Antonio le informó que este era el mejor modo de lograr irse al cielo.

Las virtudes preferidas por algunos santos. Para *San Luis* rey de Francia su virtud preferida era la de visitar hospitales de pobres y llevarles ayudas. Para *San Francisco de Asís*, la virtud que más prefería era la pobreza. *Santo Domingo de Guzmán* escogió como virtud de preferencia el dedicarse al estudio y a la predicación, *San Ignacio de Loyola*, la de predicar Ejercicios Espirituales, *San Gregorio Magno* (como Abraham) practicar mucho la virtud de atender muy bien a los viajeros y peregrinos. Tobias el de la Biblia, se dedicaba a sepultar muertos pobres y abandonados. *Santa Isabel de Hungría, San Camilo* y *San Juan de Dios* dedicaban su tiempo libre a fundar hospitales para pobres. *Santa Catalina* se dedicaba a dar consejos de santidad a sacerdotes y laicos. Pensemos ¿qué virtud será la que Dios más desea que practiquemos y prefiramos?

Una virtud muy útil y necesaria. Cuando nos lleguen tentaciones o malas inclinaciones, esforcémonos por practicar las virtudes contrarias a esas tentaciones ¿Nos llega la tentación de la tristeza? Recordemos tantas cosas buenas que nos suceden y demos gracias a Dios y estemos alegres. ¿Hemos sido duros y ásperos en el trato con los demás? Dediquémonos a ser amables y bondadosos. ¿Nos vienen recuerdos de impureza? Dediquemos el tiempo a recordar bellas historias de la Biblia que nos llenan la mente de ideas buenas y amables. ¿Sentimos impaciencia por las cosas desagradables que nos suceden? Digamos como el Santo Job: "Dios me lo dio, Dios me lo quitó. Bendito sea Dios" y tratemos de que se pueda decir de cada uno de nosotros en esos casos lo que de ese santo dice la Sagrada Escritura: "En todo ese tiempo de angustia, Job no pecó con su lengua". Virtud utilísima: la que es contraria a las tentaciones que nos llegan.

Capítulo 2

ALGO QUE EN LOS PRINCIPIANTES PUEDE SER VIRTUD, PERO EN LOS ADELANTADOS YA NO LO ES

San Agustín decía que ciertos comportamientos son dignos de alabanza en los principiantes en la vida de perfección, pero que a los que ya están adelantados ya no se les puede felicitar si los siguen teniendo. Así, por ejemplo, el *temor exagerado de disgustar a Dios,* es algo muy útil en quienes acaban de dejar su vida de pecado, y es señal de que su conciencia es sensible a todo aquello que le pueda hacer daño al alma. Pero si después de bastante tiempo de estar trabajando por conseguir la virtud, todavía se sigue teniendo este miedo exagerado (que hasta se puede convertir en escrúpulo o error de ver pecado donde no lo hay) entonces ya esto es digno de reproche, porque en la persona virtuosa el temor debe ir siendo reemplazado por el amor.

El ejemplo de San Bernardo. Este gran santo (del año 1111) al principio de su sacerdocio era sumamente riguroso con los que buscaban su dirección espiritual. En la confesión reprendía fuertemente cualquier falta cometida. A sus aprendices de santidad les aconsejaba ideales tan altos que ellos tendían a desanimarse en seguir trabajando por la perfección. Pero como apenas eran los inicios de su vida sacerdotal aquello era una cualidad que demostraba cuan grande era el deseo de este sacerdote de que las almas volaran rápido hacia la santidad.

Una corrección. Más le sucedió que en una visión Nuestro Señor le hizo la corrección que ya había hecho al riguroso profeta Elías en el Monte Oreb cuando llegó un ventarrón y allí no estaba Dios. Luego vino un terremoto y allí tampoco estaba Dios, y finalmente sopló una suave brisa, y ahí sí estaba Dios (1R 19) Desde entonces San Bernardo se convenció de que con quienes tienen enfermedades del alma hay que ser tan comprensivos como con quienes tienen enfermedades del cuerpo, y se volvió mucho más suave, más paciente, y tan bondadoso que pudo repetir las palabras de San Pablo: *"Me hice débil para comprender a los débiles, para salvarlos a todos" (1* Co 9). Si San Bernardo hubiera seguido ya después de mucho tiempo siendo tan intransigente como lo era al principio, ya esto no había sido en él una cualidad sino un defecto.

Santa Paula. Cuenta San Jerónimo que su discípula Santa Paula cuando era joven no lograba aceptar la muerte de sus seres queridos y cuando esto sucedía sentía que se moría de pesar. Y además se dedicaba a penitencias exageradas que le dañaban su salud. Esto en una persona principiante se logra comprender. Lo grave sería que después de mucho tiempo siguiera con esos mismos comportamientos, porque entonces ya sería digno de reproche este proceder. La fiebre en quien está empezando a sentir una enfermedad es buena señal de que su cuerpo está reaccionando contra la enfermedad. Pero si esa fiebre continuara por mucho tiempo, eso ya sería una mala señal de que algo grave pasa por allí.

Filotea, alma creyente, no nos desanimemos porque al principio practicamos las virtudes muy imperfectamente. Que esto les sucedió también a los santos y a las santas.

Pero tratemos de que vaya mejorando nuestro modo de comportarnos. Jesús decía que hay que ser prudentes como las serpientes, es decir, saber evitar a tiempo lo que nos pueda traer daños, y consultar a sacerdotes y personas bien instruidas para no equivocarnos en el camino de la perfección.

Un engaño. Existen ciertas cosas que no son virtudes sino equivocaciones. Por ejemplo, imaginarse que se están recibiendo mensajes celestiales. "Me habló la Virgen, me dijo Dios en sueños" etc. Esto no sucede sino a grandes santos y santas. ¿Vamos a imaginar que nosotros pertenecemos a ese grupo tan especial? Probablemente no.

Contentémonos con ser gente de bien, pero personas ordinarias, sin nada de extraordinario o especial. Personas que buscan conseguir la santidad en la vida ordinaria de cada día, cumpliendo bien nuestro deber por amor de Dios y por caridad hacia el prójimo, pero sin ninguna rareza especial.

LAS PEQUEÑAS VIRTUDES

Ejercitémonos cada día en las pequeñas virtudes, como son la paciencia, la mansedumbre, la amabilidad, el dominar los sentimientos de corazón, la humildad, la castidad, la dulzura en el trato con el prójimo y la paciencia en aguantar los defectos de los demás y en el fervor en la oración.

Filotea, alma que amas a Dios, ejercítate siempre en practicar esas virtudes sencillas y pequeñas que tienen poca apariencia pero le agradan tanto a Dios: el prestar servicios a los pobres y a los enfermos, el obedecer, el manifestarnos siempre de buen genio, el vivir en santa alegría, el independizarse de tantas vanidades que ofrece el mundo etc. Lo demás, lo que es espectacular y vistoso, dejémoslo que no es para nosotros. Ya tendremos ocasión en la otra vida de oír mensajes celestiales y tener actividades admirables.

Santidad en los oficios de cada día.

A Saúl lo llamó Dios para ser rey de Israel, cuando estaba buscando unas burras que se le habían perdido. A *David* cuando cuidaba las ovejas de su rebaño. A *Rebeca* mientras les daba de beber a los camellos del enviado de Abraham. A *Ruth* mientras recogía espigas por el campo. Así a nosotros: será en la vida ordinaria donde Dios nos irá hablando e instruyendo, sin necesidad de revelaciones celestiales o hechos extraordinarios. No nos suceda como a algunas personas que *se han imaginado ser ángeles, cuando a duras penas eran simples criaturas humanas.* En sus declaraciones son admirables y en sus actuaciones son despreciables. No busquemos caminos extraordinarios para llegar a la santidad. Vayamos por el camino sencillo de cumplir bien los deberes de cada día con amor a Dios y con caridad hacia el prójimo y, si somos humildes, Dios nos levantará hasta obtener buenas realizaciones.

> **Quienes son fieles en las cosas pequeñas, lo serán también en las grandes.**
> **Quienes son infieles en las cosas pequeñas, lo serán también en las grandes.**
> **(Lc 16, 10)**

Capítulo 3

LA VIRTUD DE LA PACIENCIA

La Carta a los Hebreos, en la Santa Biblia, dice: "Necesitamos paciencia en los sufrimientos, para cumplir así la voluntad de Dios y conseguir los premios que Él nos ha prometido" (Hb 10, 36). Y Jesús decía: "Con vuestra paciencia salvaréis vuestras almas" (Lc 21, 19) Santo Tomás enseña: "La paciencia es la virtud mediante la cual, ante la presencia del mal y de lo que nos disgusta, no nos dejamos vencer por la tristeza". Cuanto mayor sea nuestra paciencia, más grande será nuestra perfección.

Un ejemplo admirable. Ante todo, acordémonos de la paciencia de nuestro Divino Salvador. Insultado, no respondía a los insultos. Mientras lo herían y le inventaban toda clase de calumnias, se callaba. Mientras lo crucificaban rezaba por sus verdugos.

Imitemos a Jesucristo aceptando con la mayor mansedumbre que podamos, las penas y aflicciones y contrariedades que nos vayan llegando.

Los sufrimientos no vistosos. No limitemos nuestra paciencia únicamente a sufrimientos virtuosos. Hay quienes solamente aceptan sufrimientos honrosos, por ejemplo, ser heridos en la guerra por defender la patria, ser insultados por defender públicamente nuestra santa religión, quedarse pobres por no colaborar con un gran robo etc. Esas personas lo que aman no son los sufrimientos, sino la gloria y el honor que esos sufrimientos pueden traer.

Quien verdaderamente es paciente y ama a Dios, acepta los sufrimientos que no traen gloria sino humillación. Por ejemplo, ser reprendidos ásperamente delante de los demás, que nos inventen lo que no hemos hecho, ser despreciados o ignorados o dejados a un lado por amigos, compañeros, y hasta por familiares. San Carlos, gran arzobispo de Milán, soportó por mucho tiempo los ataques injustos que un orador le lanzaba en sus discursos. San Camilo, aguantaba con paciencia la burlas y desprecios de sus compañeros que se oponían a que él, que no tenía cualidades especiales, se atreviera a fundar una comunidad para atender enfermos.

Diferencia. Así como es mucho más dolorosa la picadura de una avispa que la de un mosquito, también nos resultan más dolorosas las incomprensiones y los ataques de las personas de las cuales podríamos esperar comprensión y alabanza. Y sucede frecuentemente que personas, por lo demás muy buenas, resultan persiguiendo e incomprendiendo a otras, injustamente, solamente porque tienen distintas opiniones y diversos modos de ver las cosas. Y esto hace sufrir fuertemente, pero también sirve para ganar muchos premios para la eternidad y crecer en la humildad. Santa Teresa decía que las incomprensiones son como un par de tijeras con las cuales Dios corta los lazos que nos amarran a la tierra, al "qué dirán" las criaturas, y nos permiten elevar el espíritu hacia el cielo y fijarnos solamente en lo que opina nuestro Dios.

Las consecuencias. Hay que ser pacientes no solo con las contrariedades que nos llegan sino con las consecuencias que se derivan de esas contrariedades. Porque hay personas que dicen: "Yo si acepto ser pobre, pero lo que no acepto son las consecuencias de esta pobreza, el no poder darle una educación refinada a mis hijos y el no tener en mi casa las comodidades que desearía tener"– Otro dice: "Yo si acepto que hablen mal de mí, con tal de que nadie les crea lo que dicen". Algunas personas se quejan no tanto por estar enfermas sino porque no pueden ganar dinero a causa de esa enfermedad, o porque quienes les atienden no lo hacen de la mejor manera. Pidamos, Filotea, alma que amas a Dios, que seamos capaces de soportar con paciencia no solo los males que nos llegan, sino todas las consecuencias que de esos males se derivan. Así nuestro premio en el cielo será mayor.

La técnica. Cuando nos lleguen las dificultades y los problemas, lo que tenemos que hacer es tratar lo más posible de alejarlos y de resolverlos. Pero si no se logran alejar ni resolver, aceptar con paciencia y calma que así sea. "Si no es posible que se aleje de mí este caliz de amargura, hágase tu santa voluntad, Oh Padre" decía Jesús en Getsemaní.

Y enseguida el Padre Celestial le envió un ángel que lo consoló, y le fue concedido un gran valor y una admirable paciencia para sufrir el resto de sufrimientos que le iban a llegar.

En caso de alguna acusación. El gran escritor, San Gregorio Papa (año 600) decía: "Cuando te hacen alguna acusación, si en verdad cometiste la falta de que te acusan, reconoce tu culpa y pide humildemente perdón, proponiéndote no volver a cometerla. Pero si la acusación es falsa responderás mansamente, y en honor a la verdad y al buen ejemplo que debes dar, niega claramente y declara que eso no lo has hecho ni dicho. Pero si a pesar de tus declaraciones siguen acusándote, no te llenes de cólera ni sigas insistiendo en que eso no es cierto. Ya hiciste lo que debías hacer en cuanto a la verdad y en cuanto a defender tu buen nombre; ahora recibe con humildad esas acusaciones, y deja en manos de Dios que Él vaya solucionando este problema poco a poco. Así no perderás la paz de tu alma ni la mansedumbre de tu espíritu". Recuerda que Dios sabe muy bien cuánta cantidad de buena fama necesitas, y Él no permitirá que te quiten más fama de la que te hace falta.

Quejarse lo menos posible. Quien vive quejándose de las cosas desagradables que le suceden, casi siempre comete pecado de impaciencia pues el amor propio nos hace ver la ofensa mucho más grande de lo que en realidad son. Y sobre todo te aconsejo que no compartas tus quejas con otras personas porque esto puede producir en ellas indignación y pensamientos en contra de quién te ofendió. Si consideras necesario quejarte con alguien para descansar tú ánimo o remediar la ofensa, hazlo con personas sumamente prudentes, calmadas y piadosas que no se dediquen luego a divulgar el asunto. De otra manera, en vez de calmar tu corazón, lo que harás será alborotar el avispero y aumentar tus inquietudes e impaciencias y en vez de sacarte una espina que te duele, te conseguirás que se te claven otras tantas quizás más dolorosas que la primera.

Un refrán popular dice: "Quien tiene paciencia, por nada se queja, pero quién no tiene paciencia, se queja por nada". Y San Buenaventura añade: "las personas impacientes llenan el ambiente de quejas, murmuraciones y rencores".

Por lo que no está en nuestra manos transformar y cambiar ¿para qué preocuparnos? Si la solución de ciertas actuaciones no está en nuestras manos ¿qué conseguimos con quemar energías inútilmente quejándonos, protestando y murmurando?

No exagerar. Hay quienes cuando les llega la enfermedad, o están tristes o alguien les ha ofendido, no se ocupan sino en quejarse y hacerse las víctimas. Desean que todos les tengan compasión, pero al mismo tiempo les consideren personas de mucho aguante y de gran paciencia. Ésto es una paciencia bastante falsa o de segunda clase, y ahí puede haber un poco de vanidad. Quién sabe si a esa clase de gentecita habría que repetirle lo que decía San Pablo: "Tienen de qué gloriarse y enorgullecerse, pero no delante de Dios" (Rm 4, 2) Quién verdaderamente tiene paciencia no vive lamentándose de sus males, ni buscando que otros le consuelen y le tengan compasión. Cuenta con verdad y sencillez lo que está sufriendo pero sin lamentarse ni exagerar. Y si le demuestran compasión acepta que le compadezcan, pero sin que exageren lo que está sufriendo, y si exageran les corrige inmediatamente esa exageración. Así sufre con sencillez, con paciencia y sin quejarse.

En las contradicciones que nos llegan en la búsqueda de la santidad, recordemos lo que decía Jesús: "La mujer cuando va a dar a luz sufre fuertes dolores, pero después de que ha nacido el niño se olvida de sus dolores y se alegra de que le ha nacido un nuevo ser humano al mundo" (Jn 16, 21).

Así nos sucederá en la vida. Por un poco de sufrimiento ahora, nos esperan grandes alegrías en el futuro.

Cuando te enfermes. Ofrécele frecuentemente tus sufrimientos a Dios. Dile al Señor que unes tus sufrimientos a los de Jesucristo para que Él los santifique. Pídele a Dios que te conceda la paciencia. "Señor: ya que me aumentas el dolor, auméntame también el valor" decía el Papa San Pío V en su enfermedad. Obedécele al médico las recetas y prescripciones que él te dé. Al tomarte las medicinas acuérdate de la hiel y el vinagre que ofrecieron a Jesús cuando lo crucificaron. Acepta que se haga en todo la voluntad de Dios. Si Él quiere sanarte, dale gracias, y si Él ha dispuesto que ya tienes qué morir, acepta también su santísima voluntad. Dile con el salmo 142: "Enséñame Señor a cumplir tu voluntad, ya que Tú eres mi Dios".

Piensa en Jesús crucificado. Pocos pensamientos te conseguirán tanta paciencia en el sufrir como el recordar lo que Jesús sufrió: insultos, tristezas, humillaciones, bofetadas, terribles azotes, corona de espinas, salivazos, burlas, llevar una pesadísima cruz.

Sed espantosa, asfixia, abandono, soledad, desangramiento... y compara tus sufrimientos con los de Él. Verás que no hay comparación ente lo que tú sufres y lo muchísimo que sufrió nuestro amado Redentor. Pensar en su Pasión y Muerte te puede fortalecer en tus sufrimientos y conseguirte paciencia en el sufrir.

Piensa en lo que otros han sufrido y sufren. Existen personas cuyos dolores no se suavizan con ninguna medicina. Muchos están abandonados y sin quien los atienda y ayude. Cuantos hay que no encuentran consuelo de ninguna clase etc., y verás que tus sufrimientos son tolerables, comparados con los de esas personas.

Capítulo 4

LA HUMILDAD EN LO EXTERIOR

El profeta Eliseo le dijo a una viuda: "Pídale prestadas a su vecinas todas las vasijas vacías que tengan y serán llenadas de aceite" (2R 4) y el milagro se obró. Algo parecido sucede en nuestras almas: para que puedan ser llenadas con el aceite de la santidad, tienen que estar vacías de orgullo y de vanagloria o vanidad.

Dicen que el cernícalo es un ave que aleja a las aves de rapiña que le quieren hacer daño, dando unos chillidos que los asustan. Así deberíamos hacer con el demonio cuando nos quiere hacer pecar de orgullo y vanidad, dar unas fuertes voces interiores pidiendo al cielo la humildad. Si le preguntamos a María y a muchos santos que están muy altos en el cielo, ¿por qué han logrado llegar hasta allá? -Nos responderán: "Por la humildad". Pero si preguntamos también a muchas personas que están en la condenación eterna: ¿por qué han descendido a estos abismos? Nos podrán responder también: "Por el orgullo y la falta de humildad".

LA VANAGLORIA

Llamamos vanidad o vanagloria el vivir atribuyéndonos a nosotros mismos los honores que nos vienen por cualidades o buenas obras que Dios nos ha regalado, y el andar buscando más las alabanzas y honores de las criaturas que las alabanzas y bendiciones de Dios. Así, por ejemplo, enorgullecerse de que proviene de una familia muy importante. El sentir vanidad porque tiene belleza y esbeltez de cuerpo, o tiene cualidades deportivas, o porque usa vestidos lujosos, y joyas, o porque su coche es elegante. Pero ¿quién no ve que esto es una locura? Eso que enorgullece no viene de uno mismo. Viene de una familia, de un coche, de unos vestidos, de unas joyas, de unas cualidades que se recibieron.

Cuántos y cuántas sienten vanagloria porque tienen un rostro hermoso, un cabello ensortijado o un bigote o un cabello impresionante; o porque saben bailar muy bien o su sonrisa es impactante o porque tienen cualidades musicales. Ninguna de estas cosas se las fabricaron por sí mismos, fueron regalos gratuitos de la Divina Providencia.

Hay personitas que por un poco de ciencia que adquirieron ya se sienten superiores a los demás, y desearían que todos asistieran a sus charlas y los tuvieran por maestros. Todo esto es, como dice el autor sagrado: "Vanidad de vanidades, y solo vanidad" (Qo 1).

Una prueba. Dicen que para conocer cual bálsamo o ungüento es el auténtico y verdadero, hay que echarlo entre agua. Y si se va al fondo, es auténtico. Algo parecido hay que hacer con las personas: si van al fondo, si lo que buscan no es aparecer ante los demás, ni conseguir elogios ni felicitaciones pasajeras, sino agradar a Dios y hacer el mayor bien posible a los demás, su santidad es auténtica. Pero si se quedan flotando entre los deseos de que les feliciten y les estimen y les aplaudan y aprecien, su santidad no es verdadera.

Existen frutas muy hermosas en el exterior, pero por dentro están llenas de gusanos. Así sucede con las personas llenas de orgullo, y vanidad. Por fuera aparecen agradables y de atractiva virtud, pero por dentro están llenas de vanagloria. El nardo es una flor que exhala sus mejores aromas cuando alguien la pisa. Algo parecido nos sucede en la santidad. Cuanto más machacamos el orgullo por medio de la humildad, mayores buenos olores de santidad producen.

Los honores. Si estamos obsesionados por los puestos, por las atenciones, por los títulos, además de que nos exponemos a muchas críticas de la gente, nuestra actitud se vuelve despreciable, porque los honores son estimables cuando se ofrecen y conceden a los demás, pero se vuelven despreciables cuando se buscan y se piden. Y nos puede pasar como al *pavo real,* que al extender todas sus hermosas plumas para aparecer elegante, deja ver su monstruoso y feo esqueleto; o como las flores que en su jardín son muy hermosas, pero si se manosean se vuelven feas y se marchitan. Nos puede pasar como *la mandrágora,* una planta que si se huele desde lejos resulta agradable su olor para el olfato, pero si se huele fuertemente y desde cerca, produce borrachera y mareos. Así pasa con los honores: son agradables para quienes los aceptan y reciben desde cierta distancia, pero a quienes se dedican a buscarlos con afán y a acercarlos mucho a ellos, les producen mareos de vanagloria y borrachera de orgullo, y hasta de desilusión.

Detalles que no valen. Quienes buscan la virtud merecen aprecio porque lo que pretenden es amar a Dios y al prójimo y vencerse a sí mismos. Pero quienes lo que buscan es la vanagloria, se hacen despreciables. Las personas de ánimo noble y elevado no se detienen a pensar si les saludaron con cortesía, si les dieron las gracias por sus favores, si les concedieron un puesto de honor, etc. Estos detalles no les parecen tan importantes, sino que lo que buscan es que Dios quede contento y poder hacer a los demás el mayor bien posible. Pero la gente vanidosa sí vive pendiente de esto que vale tan poca cosa. ¿Qué tal que pudiendo llenarnos nuestros bolsillos de perlas finas, solamente buscáramos llenarlos de pequeños caracoles que nada valen en el mercado? En vez de tratar de conseguir virtudes que van a tener tanto premio en la eternidad, dedicarse a buscar pequeños honores que se desvanecen como desaparece el humo.

No rechazar todos los honores. No es necesario ni inconveniente rechazar todos los honores y las muestras de aprecio y cariño que nos dan los demás. Todo ello puede ser señal o de afecto y hasta de gratitud. Los colonos que regresaban de América a Europa después de varios años de esfuerzos y de trabajos, no solamente llevaban oro y plata para aumentar sus riquezas, sino también micos y papagayos, para distracción. Así podemos hacer nosotros. No solo buscar el oro y la plata que son las virtudes y lo que mucho agrada a Dios sino aceptar también aquellas alabanzas, honores y felicitaciones que por causa de nuestro cargo o de la buena voluntad de los demás nos ofrecen. Rechazarlas del todo sería como una señal de desprecio. Pero en el fondo del alma repetiremos las frases del salmo 115: "No a nosotros Señor, no a nosotros sino a tu nombre, sean dados la gloria y el honor".

Capítulo 5

LA HUMILDAD ES LA VERDAD

Existen personas que no se atreven ni siquiera a pensar en los dones y favores y cualidades que Dios les ha dado, por temor al orgullo y a la vanagloria. Esto es una equivocación, Santa Teresa repetía que "la humildad es la verdad. ¿Por que negar las cualidades y los éxitos que Nuestro Señor nos ha regalado? No andaremos pregonando esto ni hablando de ese tema, pero tampoco podemos negar que el Creador haya sido tan supremamente generoso con nosotros. Eso seria una ingratitud y una mentira. Santo Tomás decía que *un provechoso camino para adquirir amor de Dios es recordar los muchos favores que Él nos ha dado* y que nos sigue concediendo. Así que cuanto más reconozcamos que hemos recibido favores, cualidades y éxitos de Nuestro Señor, tanto más lo amaremos, y como los beneficios recibidos personalmente impresionan más que los que se reciben en grupo, por eso es conveniente que recordemos frecuentemente cuántos beneficios hemos recibido del Creador. Quizá nada pueda ayudarnos tanto a crecer en el amor hacia Dios como el recordar lo inmensamente bueno y generoso que Él ha sido con nosotros, y pocas cosas pueden llevarnos a conseguir la humildad como el recordar lo ingratos y desagradecidos y malos que hemos sido con nuestro más grande Bienhechor.

Recordemos lo que Dios ha hecho a favor nuestro y lo que nosotros hemos hecho hacia Dios y en contra de Él.

Esto nos llevará a sentir más y más amor y gratitud hacía el buen Dios y más humildad y arrepentimiento ante nuestros malos comportamientos.

Y ¿no hay peligro? Alguien preguntará: ¿No habrá peligro para mi humildad en el dedicarme a pensar en las cualidades, ayudas, favores y éxitos que Nuestro Señor me ha concedido? No, si reconocemos que todo, todo, es regalo suyo y nada de esto lo hemos fabricado nosotros o conseguido por nuestro sólo esfuerzo. De nosotros mismos no tenemos sino nuestros pecados. Lo bueno, que también es mucho, lo tenemos todo recibido del Creador. Somos como un burrito cargado con bultos de oro. Sigue siendo burro, pero la carga que le han puesto es valiosísima.

San Pablo decía: ¿Qué tienes tú que no lo hayas recibido? Y si lo has recibido, ¿de qué te enorgulleces? (1Co 4, 7)

¿Y si nos llega el orgullo? Pues entonces no recordemos únicamente los favores y cualidades que hemos recibido de Dios sino nuestras incontables faltas, debilidades y culpas. Esto nos llevará a la humildad. En cada triunfo recuerda un momento de debilidad que has tenido. Así no te enorgullecerás. Recordemos lo mal que hemos procedido cuando Dios no ha estado con nosotros y entonces sí que nos convenceremos de que sin su ayuda nada bueno podemos hacer ni conseguir.

El ejemplo de la Virgen. María Santísima cuando Isabel la felicitó por su fe y por las grandes ayudas que había recibido del cielo, exclamó: "Mi alma glorifica al Señor, porque el poderoso ha hecho obras grandes por mí" (Lc 1) Reconoce que sí ha recibido grandes regalos de Dios, pero que todo es obsequio de su bondad.

La humildad de garabato. A veces decimos que no somos nada, que nada valemos, pero no tenemos ni triz de ganas de que nos crean eso que decimos. ¿Qué tal que lo creyeran y lo publicaran? Fingimos escondemos para que nos busquen y nos pregunten. Nos dan ganas de sentarnos en el último puesto de la mesa, pero para que nos llamen y nos coloquen en los primeros puestos. La verdadera humildad no emplea artimañas. La persona humilde no se dedica a hablar de sí misma ni siquiera para humillarse y decir que no vale nada. No demos a entender que queremos ser los últimos si nos estamos muriendo de ganas de ser los primeros. Eso sería mera hipocresía, humildad de garabato.

Las exageraciones. A veces podemos ofrecer los primeros sitios y lugares a personas que sabemos que no los van a aceptar, pero ya nuestro ofrecimiento es una señal de aprecio y una muestra de honor. Otras veces decimos palabras algo exageradas al alabar a otros y reconocer sus méritos, pero puede ser que esto forme parte del modo que tiene la gente de demostrar su gentileza ante los demás. Como lo hacemos por demostrar el aprecio y la estimación hacia los demás, puede tolerarse esa exageración. Claro está que lo ideal sería que las palabras de nuestros labios concordaran con los buenos pensamientos de nuestro corazón. Cuanto mejor pensemos de las demás personas, mejor podremos decirles palabras de felicitación.

Detalles de la persona humilde. Quien tiene humildad prefiere que otros digan que no vale nada y que es miserable, antes de decirlo personalmente. Y si sabe que otros lo dicen no se disgusta, pues reconoce que vale poco y es poca cosa en santidad. Repite lo que afirmaba aquella santa: "Menos mal que critican de mí lo que no es tan escandaloso ¿Qué tal que supieran la totalidad de mis pecados?".

Peligros de una falsa humildad. Algunas personas dicen que no hacen meditación porque eso es propio de almas muy inteligentes y muy espirituales. Con esa falsa humildad y ese creerse menos de lo que son en realidad, se pierden los grandes premios y progresos que van a conseguir con la meditación. Verdad que no lograrán meditar tan profundamente como Santo Tomás de Aquino, pero sí lo lograran hacer como un sencillo aldeano, y ese también le gusta a Dios.

Otros dicen que no comulgan porque no se sienten con el alma totalmente limpia. Pero entonces ¿Para quiénes dejó Jesús su santa comunión? ¿Para los santos? Y dónde, sino en el cielo los va a encontrar? –Comulgamos porque somos enfermos del alma y Jesús en la Eucaristía es nuestro mejor médico. Si queremos enmendarnos, y confesamos nuestros pecados y hacemos propósitos de empezar a ser mejores, eso ya es un gran paso para poder comulgar.

Hay quienes dicen que nunca aspiran a la santidad, porque se sienten tan débiles de voluntad y con tan malas inclinaciones que no esperan poder conseguirla. Pero el cielo está lleno de santos y santas que eran tan débiles y de malas inclinaciones como nosotros y lograron conseguir la santidad. Tenemos que repetir las palabras que dijo San Agustín al convertirse: "Si éstos y éstas pudieron, ¿por qué yo no voy a poder lograrlo?".

Hasta hay personas que no prestan sus grandes cualidades para obras de apostolado porque tienen temor de llenarse de orgullo. Eso es esconder el talento y dejarse dominar por la pereza. San Pablo puso a disposición del apostolado sus impresionantes cualidades de poder de convicción y de habilidad para ganarse la voluntad de las personas. San Agustín su amabilidad y su enorme capacidad de predicar y de escribir. Santa Teresa su don de gentes y sus habilidades para enseñar a orar y meditar. Y esto no les trajo un dañoso orgullo sino unas bendiciones inmensas del cielo. No escondamos nuestros talentos. Pongámoslos a trabajar.

La humildad es la verdad

La negación de Acab. El profeta Isaías le dijo al malvado rey Acab: "Pida una señal en el cielo, por difícil que sea, y le será concedida" – Y el impío rey respondió: *"Yo no pediré ninguna señal del cielo porque no quiero poner a prueba el poder de Dios" (Is.* 7, 11). Aparenta tener un gran respeto hacia Dios pero lo que pasa es que por la falsa humildad no se atreve a pedir favores especiales del cielo. Se le olvidó que cuando Nuestro Señor quiere obsequiarnos sus favores especiales lo mejor que podemos hacer es recibirlos.

Si Jesús dijo: *"Sean perfectos como mi Padre Celestial es perfecto"* (Mt 5, 48) ¿por qué no aspirar también nosotros a ir consiguiendo poco a poco la perfección?

Diferencias. Quien tiene el alma llena de orgullo y de vanidad no se atreve a intentar obras especiales de apostolado y de santidad por miedo a fracasar. En cambio, quien tiene humildad verdadera se arriesga a emprender obras difíciles, y cuánto más débil se siente, más confía en Dios y llega hasta el atrevimiento y la osadía y temeridad o extrema valentía sabiendo que a Dios le gusta demostrar su inmenso poder en personas llenas de miseria y debilidad y que donde más abunda la pobreza de medios humanos, más logrará brillar el poder divino en sus intervenciones. Esa es verdadera humildad: esperar obtener mucho con medios humanos muy pobres, pero con ayudas divinas muy poderosas, que llegan, si se piden con le y si son convenientes, y se procede de acuerdo con el Director Espiritual.

La humildad y la sabiduría. Aparentar saber lo que uno no sabe y dárselas de sabio sin serlo, es falta de humildad, engaño y mentira. Aún en aquello que sí sabemos, no debemos querer aparecer como sabios, pero tampoco aparecer como ignorantes de lo que sí sabemos. La caridad pide que comuniquemos nuestros buenos conocimientos a los demás para instruirlos y hasta para hacerles la vida más feliz. Es verdad que las virtudes que tenemos no hay que ir publicándolas y exponiéndolas, porque eso sería orgullo y vanidad, pero la ciencia que poseemos no debemos ocultarla, pues ella puede ser útil para los demás. El Libro Santo dice que una Sabiduría que se esconde y no se pone al servicio de los otros resulta casi inútil, que es como si no se tuviera.

No hay que pretender pasar por sabios siendo ignorantes ni pasar por ignorantes estando bien instruidos. Recordemos: "La humildad es la verdad". Puede ser que algunos santos por extrema humildad hayan ocultado su saber para ser tenidos por locos e ignorantes, pero esto es un heroísmo que no se hizo para nosotros. Jamás presumiremos de sabios ni de muy instruidos, pero lo poco que sabemos trataremos de ponerlo al servicio de quienes puedan necesitar de nuestras instrucciones.

Capítulo 6

LA HUMILDAD HACE AMAR EL PROPIO DESPRECIO

Un grado muy adelantado de la humildad es amar el ser despreciado y tenido por nada. La palabra humildad viene del latín "humilitas", es decir, tierra húmeda, barro del suelo, algo que es despreciado. La Virgen María en su cántico dijo: "Dios *ha mirado la humildad o pequeñez de su esclava*" (Lc 1). Porque se creyó pequeña, poca cosa, por eso la prefirió Nuestro Señor a todas las demás mujeres del mundo.

Diferencia. Hay distinción entre la humildad y el reconocimiento de que somos nada o somos poca cosa. La humildad es no sólo reconocer que somos poco y podemos poco, sino aceptar con gusto esta pobreza y debilidad, y así reconocer mejor la grandeza y el poder de Dios y las cualidades y superioridad del prójimo. Y esto no por falta de ánimo o de aprecio a sí mismo, sino por respeto al Creador y aprecio a los demás seres humanos.

Para San Ignacio de Loyola la verdadera humildad consiste en persuadirse y convencerse de que somos viles y despreciables y aceptar que nos traten como tales.

San Agustín decía: "Si quieres gozar de paz tienes que ser humilde. Cuanto más se abaja el ser humano humillándose, tanto más se le acerca Dios bajando hacia él a ayudarle. Los mares reciben el agua de todos los ríos porque se mantienen más bajos que ellos".

No buscar aparecer. Hay humillaciones que nos pueden hacer aparecer como personas heroicas y llenas de virtud. Éstas traen honores. Por ejemplo, ser insultados en público por practicar nuestra santa religión. Pero hay otras humillaciones que no nos hacen brillar, y éstas sí que son más provechosas. No se consigue humildad sin recibir humillaciones. Por eso a Jesucristo y a todos los santos y santas les ha permitido Dios que les llegaran tantas y tan grandes humillaciones. San Ignacio decía: "Si en el sitio donde estoy no me humillan, me vestiría de loco para irme por las calles y que me humillaran" –Las humillaciones bien aceptadas, aumentan la humildad.

Amar las virtudes humildes. Existen virtudes brillantes como el heroísmo, una gran generosidad, una valentía admirable, una prudencia impresionante, etc. Pero existen otras que son poco apreciadas y hasta despreciadas por la gente del mundo como la sencillez, la humildad, la paciencia y la mansedumbre. Entre los actos de una misma virtud, unos son estimados por la gente del mundo y otros despreciados. Así, por ejemplo, de la virtud de la caridad provienen el dar limosna y el perdonar las ofensas. El mundo aprecia a quienes dan limosna pero muchas veces desprecia a quienes saben perdonar las ofensas que han recibido. La virtud de la modestia que consiste en moderar nuestras actividades externas para que se conserven dentro de la ley de Dios, es una virtud bastante despreciada en el mundo. Así por ejemplo si una persona joven no se dedica a estar en bailaderos, en tomatas, en espectáculos atrevidos, y en reuniones donde la castidad corre fuertes peligros, la tildan de mojigata, de exagerada, de anticuada, etc. Así que al practicar esta virtud estamos al mismo tiempo aumentando nuestra humildad. Doble ganancia.

Otros desprecios. Atender a un enfermo pobre y repugnante, o maleducado y desagradecido. El resbalar en plena calle y caer, ante las risas de los demás. El cometer errores, el pasar por descortés, por olvido (no por mala voluntad), el llevar vestidos bastante viejos y usados, el tener que pedir préstamos en dineros u objetos, etc. Son humillaciones que si se aceptan por amor de Dios, aumentan fuertemente la humildad y nos hacen crecer en santidad.

¿Y hasta el pecado? Te diré aun algo más, Filotea, alma que amas a Dios. Hasta de ciertas faltas podemos conseguir un aumento de humildad. ¿Que estallamos en fuerte cólera y dijimos palabras ofensivas? Pues pedimos perdón a Dios y al prójimo, pero aceptamos esta humillación como algo muy provechoso para disminuir nuestro orgullo y crecer en humildad. ¿Que por nuestra debilidad o mala inclinación dimos escándalo a alguien? Nos arrepentimos, haremos serio propósito de no volver a recaer en esto, nos alejaremos de las ocasiones de pecar, trataremos de reparar el escándalo pero mientras tanto aceptaremos esta fuerte humillación que trae nuestro mal proceder, para crecer en humildad y convencernos de que sin la ayuda especial de Dios lo único que somos capaces de hacer es ofenderlo y ser malos. Así hasta de los males podremos sacar bienes.

¿Cuáles serán las mejores humillaciones? Las mejores serán las que nos vienen sin haberlas buscado nosotros, o por nuestras debilidades o por cumplir nuestros deberes o por otras circunstancias. Estas humillaciones nos llegan no porque nosotros las escogimos, sino porque Dios permitió que nos llegaran, para nuestro mayor bien, y Él sabe mejor que nosotros qué es lo que más nos conviene. Además, las mejores humillaciones son las más grandes y las que más hieren y le llevan la contraria a nuestro orgullo y amor propio, que siempre retoñan por más que los poden y sólo con las humillaciones se logra podarlos y no dejarlos crecer.

Capítulo 7

CÓMO CONSERVAR LA BUENA FAMA PRACTICANDO LA HUMILDAD

Alabanza honor y gloria no se dan a una persona por un comportamiento ordinario, sino porque tiene virtudes y cualidades especiales. Por medio de la alabanza buscamos infundir en otros la admiración por alguien, y por la honra testimoniamos que nosotros admiramos a esa persona. Si se juntan muchas alabanzas y honras, entonces se dice que se le está dando gloria. Como la humildad no nos permite pensar que somos superiores a los demás, por lo tanto no nos dedicamos a buscar gloria o alabanzas de los demás.

Necesidad de la buena fama. Todos tenemos necesidad de buena fama, de buen nombre o prestigio; de la buena estimación que los demás tengan de nosotros. La verdadera humildad no se opone a que deseemos y busquemos tener buena fama, pues la caridad exige que nos preocupemos por tenerla. "Críate buena fama y échate a dormir", decían los antiguos, para significar lo importante que es tener estimación de los otros.

Como las hojas. Al árbol le sirven las hojas y le ayudan en la producción de buenos frutos; así la buena fama ayuda a cada cual a aparecer mejor ante los que le rodean y a producir con más facilidad los frutos de buenas obras.

No exagerar. Así como hay que ser muy cuidadosos para no hacer ni decir nada que pueda perjudicar nuestra buena fama de personas que cumplen bien sus deberes para con Dios y con el prójimo, así debemos tener cuidado para no ser exagerados y quisquillosos en andar a toda hora tratando de aparecer muy buenos, porque nos podría suceder lo que Jesús les decía a los fariseos: "¿Cómo van a poder creer si lo que buscan es la gloria y la alabanza que vienen de los demás?" (Jn 5). Y el evangelista añade: "Es que preferían recibir gloria y alabanza de los hombres, que recibir gloria y alabanza de Dios" (Jn 12, 43).

Así como quienes toman demasiados remedios ante cualquier enfermedad, les sucede que terminan intoxicándose y enfermándose todavía más, así sucede que quienes viven con demasiada preocupación por conservar muy buena fama, se vuelven neurasténicos, ner-

viosos e insoportables y lo que consiguen es la
antipatía y las murmuraciones de las otras personas.

***¿Qué hacer cuando nos injurian y ca-
lumnian?*** En vez de llenarnos de resentimien-
tos, de amargura y de deseos de venganza, lo
mejor que podemos hacer cuando somos inju-
riados, humillados y calumniados es no darle
tanta importancia a esto. Conviene en un agua-
cero cuando no tenemos con qué librarnos de
que nos caiga la lluvia, tratar de obtener que
no nos penetre el agua por la nuca. Así en los
momentos en que recibimos ofensas. Si les res-
tamos importancia pierden fuerzas. Decía San
Agustín: "El perro bravo, amarrado a un pos-
te, no te logrará morder si no te acercas demasiado". No le concedas tanta importancia a eso
que dicen contra ti. También a Jesús y a los santos les inventaron calumnias y los humillaron,
pero en vez de rebelarse contra esto, lo que
hicieron fue ofrecer todo a Dios por la salvación de las almas y rezar por la conversión de
sus perseguidores. Y cuanto más nos semeje-
mos a Jesucristo en esta tierra, más cerca estaremos de Él en la gloria eterna. San Pablo dice:
"Dios nos predestinó a ser lo más semejantes
posible a su Hijo Jesucristo" (Rm 8, 29).

Cuidado con el demasiado miedo. Filotea, alma creyente, debes tener cuidado para no sentir demasiado temor a perder tu buena fama, porque eso puede ser una señal de que en verdad la santidad de tu vida es poco segura. Los que tienen una casa demasiado débil y mal construida o de materiales muy frágiles, le tienen pavor a cualquier huracán o ventarrón. Pero quienes tienen su casa bien construida y con materiales fuertes, no se asustan aunque sientan zumbar fuertemente el viento. ¿No será que tienes miedo a las pedradas, porque tu techo es de vidrio? ¿Por qué vivir pendientes de lo que digan contra nuestra buena fama las personas que viven sumergidas en el pecado? Hagamos nuestras las palabras del Apóstol: "No *me preocupo por el modo como seré juzgado por la gente. Mi juez es el Señor Dios"* (1Co 4, 3).

No hay que ser idólatras de la buena fama. Recordemos que los árboles cuando los podan adquieren más fuerza en sus raíces y producen después mayores frutos. Cuando la gente con sus murmuraciones poda nuestra buena fama, ya se encargará el buen Dios de hacer que ella vuelva a aparecer, no sólo tan hermosa como antes sino más agradable y atractiva. Lo grave, gravísimo sería que con nuestros malos comportamientos destruyéramos la buena fama que teníamos; porque entonces si podrá suceder como cuando a un pastizal le echan aceites muy espesos como el alquitrán. La vegetación queda quemada y ya no vuelve a renacer.

Hagamos lo posible y lo imposible por tener un comportamiento tan bueno cada día, que por nuestra culpa no vayamos a perder jamás la buena fama que necesitamos tener. Recordemos: las amistades peligrosas, las conversaciones indebidas, los comportamientos irresponsables alejan la buena fama. Pero si por cumplir bien nuestros deberes de creyentes hay lenguas mordaces que se dedican a denigrar contra nosotros, dejemos que los perros le ladren a la luna, y nosotros sigamos tranquilos adelante, que estas murmuraciones serán una poda que le dan a nuestra fama, pero Dios hará que luego ella retoñe con más vigor y mayor hermosura.

Tengamos siempre nuestros ojos puestos en Cristo Crucificado. *"Él se humilló hasta la muerte de cruz, y por eso Dios lo elevó sobre todo nombre"* (Flp 2). Él será el protector de nuestra buena fama y si permite que la perdamos temporalmente será para devolvérnosla mejor y para hacernos progresar en humildad, de la cual un gramo vale más que mil kilos de honras y honores. Si otros perseveran en injuriarnos, perseveremos en ser humildes y así colocando nuestra fama en manos de Dios, no podremos tenerla mejor asegurada.

_____ **Capítulo 8**

MANSEDUMBRE CON EL PRÓJIMO Y REMEDIOS CONTRA LA IRA

El santo crisma con el cual se unge a quienes reciben el Sacramento de la Confirmación y a quienes se les concede la ordenación sacerdotal, está compuesto de aceite de oliva y de un perfume llamado bálsamo. Los santos dicen que estos dos componentes simbolizan las dos cualidades en las cuales Jesús desea que lo imitemos a Él, cuando nos dice: *"Aprended de mí que soy manso y humilde de corazón"* (Mt 11, 29).

La humildad nos enseña a proceder de la manera debida respecto a Dios, y la mansedumbre nos enseña cómo debemos comportarnos con el prójimo. San Bernardo decía: "La caridad llega a ser perfecta cuando es, no solamente paciente, sino cuando ademas es mansa y amable".

Mansedumbre en las obras. Filotea, alma que amas a Dios, ten cuidado de que tu mansedumbre la tengas en tus afectos y sentimientos interiores, y no solamente en las palabras, y en las actuaciones exteriores, porque una de las más dañosas estrategias del enemigo de las almas es hacer que nuestra mansedumbre se quede en las palabras y en las actuaciones exteriores, mientras que en nuestros afectos y sentimientos internos no somos mansos y humildes. Entonces pensamos ser humildes y mansos y no lo somos.

Existen personas que en el exterior aparecen muy ceremoniosas y educadas, pero apenas reciben una ofensa o humillación, enseguida estallan. Cuentan que quienes toman ciertos antivenenos, cuando los muerde una serpiente venenosa no se hinchan ni se mueren, con tal de que el antiveneno sea auténtico. Así les sucede a muchas personas: si han adquirido humildad y mansedumbre no se dejan envenenar por la cólera y el fastidio cuando reciben injurias y humillaciones. Pero en cambio, si cuando nos ofenden o nos humillan nos llenamos de esa hinchazón que se llama ira y disgusto, eso significa que nuestra mansedumbre y humildad no son auténticas ni verdaderas, sino solo aparentes.

Cuando el Patriarca José en Egipto despidió a sus hermanos para que fueran a Canaan a llevar toda su familia, les dió esta recomendación: *"Viajen sin disgustarse entre sí y sin pelear por el camino"* (Gn 45, 24). Lo mismo te recomiendo a ti. Filotea, alma que amas a Dios viajemos por el camino de ésta vida sin pelearnos, sin disgustarnos unos con otros, sino caminando como buenos compañeros y amables hermanos, dulce y amigablemente, recordando que es mejor que digan de nosotros que no nos enojamos nunca a que digan que solamente nos enojamos por ofensas muy grandes. Recordemos siempre lo que enseñaba el Apóstol Santiago: *"La ira del ser humano no lleva a hacer lo que Dios más le agrada"* (St 1, 20).

Con lo suave aplacar lo violento. Hay que corregir lo malo, y educar debidamente a las personas que tenemos bajo nuestra responsabilidad pero suavemente y en paz. Dicen que nada aplaca tanto a un elefante enfurecido como colocarle junto a él a un corderito cubierto de blanca lana e inofensivo y amable. Y en las batallas algo que detiene las balas para que no penetren en el cuerpo es la lana. De la misma manera la ira de una persona se aplaca con la mansedumbre de quien le trata. Por eso afirma el libro de los Proverbios: *"Una palabra ofensiva hace estallar la ira, pero las palabras amables logran calmarla"*. Una corrección acompañada por la pasión de la ira pierde mucho de su efecto, pero si va acompañada de mansedumbre y amabilidad puede obtener muy buenos resultados.

Los jefes de las naciones hacen mucho bien a los pueblos cuando llegan en son de paz con sus ministros y colaboradores a llevar ayudas y auxilios. Pero cuando llegan en son de guerra, los males y daños que hacen sus soldados son muy grandes. Algo parecido sucede con las correcciones: si se hacen con mansedumbre producen gran bien, pero si se hacen con ira pueden hacer más mal que bien. Por eso San Agustín recomendaba que es preferible no dejar que la ira entre en nuestra alma, aunque sea pequeña, porque cuando está dentro se hincha y ya es muy difícil sacarla. San Pablo nos manda: *"Que no se oculte el sol antes de dejar de estar enojados con los otros"* (Ef 4, 26) Ésto es para enseñarnos que tengamos cuidado con los enojos y rencores porque siempre vamos a creer que sí tenemos razón para estar disgustados, y nuestro disgusto puede convertirse en odio y rencor.

Es mejor vivir sin encolerizarse que querer encolerizarse con moderación. Cuando por nuestra debilidad e imperfección nos llegue la ira, lo mejor es tratar de alejarla lo más pronto posible y no permitirle que se quede en nuestro espíritu pues ella se puede adueñar de todo el ánimo porque le sucede como a la serpiente, que fácilmente logra meter todo el cuerpo allí donde ha logrado meter la cabeza.

¿Cómo rechazar y alejar la ira? Filotea, alma creyente, cuando estalles en ira debes reaccionar no de modo áspero e impetuoso sino suavemente, sin encolerizarte porque te has encolerizado, porque si te llenas de disgusto por haberte disgustado te va a suceder como a ciertas personas que les mandan a que pongan silencio en un grupo y con sus gritos de "silencio, silencio", lo que hacen es aumentar el ruido.

Ante todo debes *pedirle a Nuestro Señor que calme tu cólera* (Decir: "Jesús manso y humilde de corazón haz nuestro corazón semejante al tuyo, Dios mío dáme paciencia"). Pídele a Jesús que calme la tempestad de tu ánimo, como calmaba las tempestades del Mar de Galilea. Y *callar*, porque las palabras que se dicen en momentos de cólera, quizá (y sin quizá) no le agradan a Nuestro Señor, pero si nos callamos nos parecemos a Jesús de quién varias veces dice el Evangelio que se callaba. Lo insultaban y se callaba. Lo golpeaban y se callaba. Le inventaban calumnias y se callaba. Si te callas en un momento de cólera evitarás después muchas horas de angustia, pero si hablas cuando estás con ira, te entristecerás después por haber dicho lo que no debías decir.

Y reparar la falta tratando después con mansedumbre y bondad a la persona que trataste ásperamente en tus momentos de cólera. Las heridas frescas que todavía no se han infectado son más fáciles de curar que las que ya se dejaron infectar por no curarlas a tiempo.

Prevenir. Cuando estás en paz y tranquilidad tienes que ir preparando tu ánimo para saber cómo proceder en momentos de contradicción o de recibir ofensas, para planear las actuaciones que más conviene tener en esos casos.

Tener suavidad con todos. El libro de los Proverbios critica la actuación de ciertas personas que en la calle y en la reunión sí son muy amables, bien educadas y parecen mansos corderos, pero al entrar a su casa parecen leones embravecidos. La caridad debe empezar en casa y es a los más próximos a los que mejor debemos tratar con suavidad. Que se pueda repetir de nuestra persona lo que dice el Cantar de los Cantares: *"De sus labios destila dulzura"* (Ct 4, 11). Pero dulzura no sólo con los de fuera sino también con los dentro, no sea que afuera parezcamos ángeles y dentro de casa unos demonios llenos de ira.

Es mejor que digan de ti que no te encolerizas nunca, y no que digan que solamente te encolerizas justamente.

Capítulo 9

LA SUAVIDAD
PARA CON NOSOTROS MISMOS

El primer prójimo con el cual tenemos que tener paciencia somos nosotros mismos. Es necesario no vivir disgustándonos ásperamente contra nuestras imperfecciones y modos de obrar. Sobre todo tratar de no disgustarnos con un modo agrio y colérico por los errores, que cometemos. Hay quienes después de que se encolerizan se vuelven a encolerizar por haberse encolerizado. Y esta segunda ira atrae una tercera y así en serie continua. Y todo este disgustarnos por ser débiles, imperfectos y defectuosos se debe a nuestro orgullo y vanidad que se alborotan al ver que no somos perfectos.

Con suavidad. Es necesario tener hacia nuestros defectos, errores e imperfecciones un arrepentimiento sosegado y firme a la manera de un juez que cuando dicta sentencia en calma y con moderación es mucho más justo que cuando procede con ira y precipitación. Si castigamos nuestros defectos y errores con ira, con agriedad e impaciencia, lo que conseguimos es aumentar nuestra cólera y el mal genio. Pero si nos arrepentimos calmadamente y nos proponemos con constancia irnos convirtiendo y mejorando en el modo de obrar, nuestros progresos serán mucho mayores.

Como los buenos educadores. Cuando los papás o educadores corrigen a las personas que tienen bajo su responsabilidad, si lo hacen con calma, con mansedumbre y bondad, obtendrán mayor fruto que si corrigen con ira, brusquedad y aspereza. Así le sucederá a nuestra alma. Le diremos "has caído otra vez. Tu debilidad es pavorosa. Por tu sola cuenta no lograrás nunca enmendarte. Pero ánimo Dios te va a ayudar. Pídele perdón suplícale su poderosa ayuda, y sigue luchando alma mía. No te canses nunca de luchar por ser mejor, que poco a poco con la ayuda del Señor, lograrás vencer a los enemigos de tu salvación aunque sean más grandes y peligrosos que un Goliat, si no te cansas de luchar y de rezar".

Dar importancia a todas las faltas. Algunas personas sienten muchísimo cuando cometen una falta contra la castidad porque estiman fuertemente esa virtud, pero en cambio cuando murmuran y critican, casi no sienten remordimiento. Otras en cambio si murmuran sienten mucho esa falta porque estiman mucho la caridad, pero cuando cometen faltas contra la castidad casi no sienten arrepentimiento. Es necesario aborrecer todas las faltas, porque todas son ofensas al Dios santísimo que tanto nos ama y nos ayuda.

Doble modo de proceder. Supongamos que cometí un pecado de orgullo, una falta en cuanto a la vanidad. Esto me duele bastante porque amo la humildad ¿Cómo debo proceder? Hay dos maneras. La primera: encolerizarme y decirle a mi alma: "Miserable, después de tantos propósitos de enmienda, otra vez caíste. ¿No te da vergüenza? Imprudente, traidora, infiel a Dios" –Pero hay otra manera mucho mejor para proceder. Es decirme a mi mismo: "Pobre corazón mío, ¡mira; otra vez hemos caído en el foso que tantas veces habíamos querido evitar. Pobre de mí! Qué grande es mi debilidad! Dios tenga misericordia de mí. Que el Señor tenga piedad de esta pobre alma tan inclinada al mal y tan pecadora". *"Señor, sí llevas cuentas de los pecados, ¿quién podrá resistir? Pero de Ti proviene la misericordia y el perdón abundante"* (Sal 129). Que ésta falta me sirva para progresar en la humildad y convencerme de que por mi sola cuenta, sin la ayuda de Dios, nada lograré jamás. "Dios mío, vén en mi auxilio. Señor date prisa en socorrerme (Sal 69).

Después de esto, ahora a estar más precavidos para evitar esta falta en lo futuro. Huir de las ocasiones de pecar, pedir el auxilio divino y seguir luchando, que al fin un día triunfaremos. Además me conviene pedir consejo a mi director espiritual o a mi confesor que me ayudaran a vencer.

Medida más fuerte. Si a pesar de esto, alguien siente que su corazón no se conmueve y su voluntad no se mueve fuertemente a luchar contra el pecado, trate de pensar en los castigos que trae el pecado y en el disgusto que le proporciona a nuestro Señor. Recuerde aquella enseñanza del salmo 35: *"La equivocación del pecador está en creer que su pecado no sera conocido ni aborrecido". O* en el anuncio que Dios le hizo a Moisés en el Sinaí: "Yo *perdono el pecado pero no lo dejo sin castigo"* (Ex 34) O aquellas terribles palabras de Jesús: *"Quien comete pecado se* vuelve esclavo del pecado" (Jn 8, 34) o lo que decía San Pablo: *"Para todo el que hace el mal, tristeza y angustia vendrán"* (Rm 2).

No espantarse. Cuando cayeres en alguna falta, arrepiéntete, humillate grandemente delante de Dios, reconociendo tu miseria y debilidad, pero no te espantes de tu caída, pues no es cosa de admiración ver que la enfermedad es enferma, la debilidad débil y la miseria miserable. Eso sí, tienes que aborrecer con toda tu alma la ofensa que Dios ha recibido por tu falta y con gran ánimo y mucha confianza vuelve a emprender otra vez el camino hacia las altura de la santidad.

Capítulo 10

ESMERARSE
PERO SIN AFANARSE

Es algo muy distinto dedicarse con esmero y diligencia a lo que tenemos qué hacer, que vivir llenos de afanes y angustias. Los ángeles custodios que cuidan de nosotros se esmeran por ayudarnos y defendernos, pero sin afanarse ni angustiarse, porque entonces ya no serían felices. Así debemos hacer nosotros: dedicarnos con todo el interés y la consagración a lo que tenemos qué hacer, pero con paz y tranquilidad de espíritu.

Así pues, Filotea, alma que amas a Dios, esfuérzate por demostrar responsabilidad y diligencia en todo lo que tienes qué hacer, porque Dios que te confió estas labores quiere que las hagas bien hechas, pero en cuanto sea posible no te obsesiones ni angusties por lo que tienes qué hacer; no empieces tus obras con angustia o afán, ni las realices con precipitaciones y sustos, porque todo esto daña el sistema nervioso y te impide hacer bien lo que tienes que hacer. Jesús nos sigue diciendo lo que le dijo a una persona que se afanaba: "Marta, Marta, te afanas por muchas cosas, y una sola es necesaria" (Lc 10, 41).

Con calma. Los ríos que corren por las llanuras avanzan lentamente y con calma y permiten la navegación de grandes embarcaciones. Las lluvias que caen suavemente llenan de verdor y de cosechas los campos. En cambio los torrentes que corren impetuosos arrastran con cuanto se encuentran y las lluvias que caen en medio de vendavales violentos hacen muchos estragos. De la misma manera las obras que se hacen despacio y con calma tienen un buen fin, pero lo que se hace precipitadamente y con afán, suele quedar mal hecho. Salomón decía: *"Para el precipitado, todo son pérdidas"* y los campesinos repiten: "Quien va despacio, llega lejos"

Los zánganos. En una colmena los zánganos hacen más ruido, pero las que fabrican la miel son las abejas. Así en la vida, quienes viven con mucho ruido de preocupaciones obtienen menos que quienes viven en el silencio de la paz y de la tranquilidad.

Los mosquitos. En tiempos de calor los mosquitos nos molestan bastante, no porque sean grandes sino porque son muchos y muy insistentes en picar. Así pasa con las preocupaciones. Aunque no sean muy grandes, si son muchas y muy frecuentes y les permitimos que se nos acerquen continuamente, nos van a quitar la paz y la tranquilidad.

Un secreto. Para poder hacer mucho sin cansarse ni agotarse, hay un secreto: ir atendiendo con calma a los asuntos que tenemos qué hacer, uno por uno, uno después de otro (y no dos al tiempo) porque si los queremos atender todos al tiempo lo que vamos a conseguir será agotarnos, ponernos nerviosos y hacerlo todo de cualquier manera y sin la debida atención y con pocos resultados.

Agarrarse de la mano de Dios. El gran secreto de los santos fue vivir siempre confiando en la Divina Providencia, es decir, en el cuidado amoroso que Dios tiene de cada uno de nosotros, y confiarle a Él todos los proyectos, planes y actividades. Si colocas toda tu confianza en Dios, puedes tener la plena seguridad de que los resultados que vendrán serán los más provechosos para ti, aunque a veces te parezca lo contrario.

Como los niños. ¿Has visto que los niños cuando van de la mano de sus padres, mientras con una mano se agarran de los papás, con la otra van recogiendo flores o dulces u otras cosas? Haz tú otro tanto. Mientras con una mano vas por el mundo tratando de obtener lo bueno que deseas, con la otra mano agárrate fuerte a la mano del Padre celestial, elevando frecuentes oraciones para ver si lo que haces le agradará a Él. No vayas a cometer el error de soltarte de su mano, pensando que si te dedicas con las dos manos a obrar, vas a conseguir mayores éxitos. Lo único que lograrías dejando de comunicarte con Dios, sería caer de narices por el suelo.

Filotea, alma que amas a Dios, te recomiendo que cuando las ocupaciones que haces no sean demasiado exigentes, mires más a Dios que a lo que tienes qué hacer, y cuando las ocupaciones sean muy absorbentes te dediques a ellas con toda tu atención y toda tu alma, pero elevando de vez en cuando una oración a nuestro Señor para pedirle que te ilumine y te ayude. Tienes qué saber hacer como los marineros cuando van en alta mar: ellos miran de vez en cuando hacia la Estrella Polar para ver si van viajando en la dirección debida. Mira a tu Dios con tu oración, para que te guíe, y así tu trabajo estará lleno de consuelos.

Hacer la comparación. De vez en cuando debes hacer una comparación entre lo breve y pasajera que es esta vida y lo duradera que será la eternidad; entre lo poco que valen los bienes de esta tierra y lo muchísimo que valen los bienes que vamos a tener en el cielo. Filotea, alma creyente, piensa en lo exageradamente que nos preocupamos por lo que es de esta vida y va a durar tan poquito tiempo, y en lo demasiado poco que pensamos en lo que hacemos para conseguirnos la vida futura del cielo que nunca se acaba. Reflexiona de vez en cuando en la eternidad que te espera. Recuerda lo que decía el antiguo profeta: *"Piensa en lo que te espera al final de la vida, y así evitarás muchos pecados"*.

Haz que el pensamiento de la eternidad invada tu vida y tu obrar.

Capítulo 11

LA VIRTUD DE LA OBEDIENCIA

Hay dos clases de obediencia, la una necesaria y la otra voluntaria. La obediencia *necesaria* es la que debemos tener con las autoridades eclesiásticas, civiles, militares, o del sitio donde trabajamos. Es también la obediencia a los padres de familia y superiores religiosos.

A quienes obedecer. Es necesario obedecer al Papa, a los obispos, a los párrocos y a los superiores del sitio donde trabajamos o vivimos. También debemos obedecer a las autoridades civiles y militares en todo lo que no vaya contra la ley de Dios o la moral. La obediencia a padre y madre es recomendadísima en la Santa Biblia y Dios ha prometido admirables premios a quienes obedecen y tratan bien a sus padres (Ef 6, 1–Col 3, 20, etc.). El Apóstol San Pablo recomienda: *"Sean obedientes a las autoridades, pues no hay autoridad que no venga de Dios"* (Rm 13, 1).

En cuanto a los papás y a los superiores, si queremos progresar en perfección debemos hacerles caso no solamente en lo que nos mandan, sino en las cosas buenas que nos aconsejan. Y cuanto más difícil sea lo que nos mandan o nos aconsejan, tanto mayor premio vamos a tener si les obedecemos.

Cómo obedecer. Debes obedecer de buena gana, sin protestar; obedecer prontamente y con alegría, y sobretodo por amor a Jesucristo que por nosotros se hizo obediente hasta la muerte y muerte de cruz. La Sagrada Escritura recomienda: "Obedezcan a sus superiores, pues ellos tienen que dar cuenta de ustedes. *Pero obedezcan de tan buena voluntad* que puedan cumplir sus obligaciones con alegría y no entre lágrimas y sollozos" (Hb 13, 7).

Tratemos de ceder a las opiniones de los superiores en lo que no sea malo, sin ser discutidores ni tercos. Y aún más, acomodémonos de buena gana a los deseos y gustos *de los inferiores* cuando sean razonables, sin imponer nuestros gustos o pareceres, si con darles a ellos gusto no disgustamos a Dios.

LA OBEDIENCIA VOLUNTARIA

Es la que tenemos por nuestra propia voluntad sin que nadie nos obligue a ello. Por ejemplo, la obediencia al confesor o al director espiritual. Santa Teresa obedecía siempre a su director espiritual aun en cosas muy difíciles y esto le trajo enormes progresos espirituales. Hay discípulos que obedecen a sus maestros en cosas que no son obligatorias, pero que son buenas. También existen esposas que obedecen a sus maridos en temas que no son de obligación obedecer pero que sí agradan a Dios. Esto es un sacrificio y ya un autor antiguo había escrito "Quienes son obedientes, cantarán victorias".

Excelencias. Santo Tomás decía que la obediencia cuesta mucho, pero que por eso mismo consigue muchos premios de Dios. La obediencia nos asemeja a Jesucristo, que en todo fue obediente a José y María. Obediente a las leyes civiles y a los mandatos de Dios. La obediencia aumenta nuestra personalidad pues nos ayuda a vencemos a nosotros mismos y a cumplir lo que decía Jesús: *"Si alguien quiere seguirme, que se domine a sí mismo"* (Lc 9, 23).

Capítulo 12

LA NECESIDAD DE LA CASTIDAD

La castidad es la más pura flor de las virtudes y nos hace semejantes a los ángeles. Nada es hermoso sin limpieza y la castidad es la limpieza del alma.

Castidad viene del latín "castigare", es decir, dominar el cuerpo. Se le llama también *honestidad*, del latín "honos" que significa honor. Saber conservar el propio honor y respetar el de los demás. Otro nombre que se le da es *"integridad"*, del latín "íntegro", es decir, lo que está completo, lo que no le falta nada. Su contrario es "corrupción" de "corrupto", es decir, lo que está desecho, destruido. La castidad vuelve muy hermosa el alma y conserva sano el cuerpo. Tener castidad es tener un gran respeto al propio cuerpo y al cuerpo de los demás. Fuera del matrimonio no está permitido ningún placer sexual.

Grados de castidad. Lo primero que hay que hacer es abstenerse de todo placer sexual, fuera del matrimonio.

Lo segundo. Es ser moderados y muy respetuosos en los placeres sexuales dentro del matrimonio sin permitirse excesos indebidos.

Lo tercero. Moderar las imaginaciones, las miradas, y el trato hacia los demás, de manera que no haya nada que manche nuestra alma o disguste a nuestro Señor.

No empezar. En esto como en cualquier otro pecado, el secreto está en no empezar. Mientras no se empieza a pecar, las pasiones están frenadas y dominadas. Pero apenas se empieza, comienzan ellas a tiranizar y a esclavizar a la voluntad. Cada estímulo satisfecho produce un deseo de volverlo a satisfacer. Santo Tomás dice que uno de los peores castigos de la impureza es que cada pecado impuro produce deseo y facilidad de repetirlo.

Los casados. Aunque el cuerpo del uno pertenece al otro, sin embargo, los casados deben tener cuidado para no ser exagerados en placeres sexuales y sobre todo para no dedicarse a imaginaciones y deseos pecaminosos. Santa Catalina en una visión observó que en las llamas de la eternidad había muchas personas casadas, por haber sido infieles a su matrimonio. Recordemos la promesa de Jesús: *"Dichosos los puros, porque ellos verán a Dios"* (Mt 5). Pero tengamos también temor de que si somos impuros no lograremos ver a Dios en la eternidad. Puros de corazón son los que no le tienen afecto al pecado impuro y procuran estar lejos de los peligros y evitar toda clase de impureza.

Excelencia. El Apocalipsis dice que en el cielo las personas que siguen más de cerca al Cordero o Hijo de Dios, son las que no mancharon su alma con impurezas (Ap 14, 4) Jesús decía que existen personas que se conservan puras, por el reino de los cielos (Mt 19, 12). Y San Pablo enumera como frutos maravillosos del Espíritu Santo la castidad, la modestia, y la continencia o dominio de sí mismo (Ga 4).

Si miramos el santoral, o las vidas de los santos, veremos que los mayores ejemplos de santidad están entre las personas que se mantuvieron castas. El sentido común de la gente reconoce en todas partes y edades que la castidad es señal de nobleza y superioridad.

La castidad exige muchísimo más valor que la impureza. Mantenerse puros es un excelente modo de dar gracias a Dios por sus beneficios.

La castidad es un acumular fuerzas para subir más alto en santidad.

Hay que insistir en los valores de la castidad, porque nadie ama lo que no aprecia. Cuanto más un alma sea pura en pensamientos, palabras, obras y deseos, mayores serán las gracias y ayudas que recibirá del cielo y mejor su puesto en la eternidad.

> ## "DICHOSOS LOS PUROS DE CORAZÓN, PORQUE VERÁN A DIOS".
>
> **(Mt 5)**

Capítulo 13

REMEDIOS PARA CONSERVAR LA CASTIDAD

Filotea, alma que amas a Dios, en cuanto a la castidad si que hay que cumplir lo que aconsejó Jesús en el Huerto de Getsemani: *"Estar alerta y orar, para no caer en tentación, porque el espíritu está pronto pero la carne es débil"* (Mc 14, 38).

Con la lujuria, o deseo de goces sensuales, sucede como con el fuego: una pequeña chispa si no se apaga a tiempo, puede convertirse en un incendio que acaba con todo.

Ante todo conservar la distancia. Un gran santo exclamaba: "Lo que más temo es que mis discípulos dejen que las personas jóvenes se les acerquen demasiado". Es que con los cuerpos humanos sucede como con *los vidrios:* estos no se pueden transportar tocándose los unos con los otros porque se quiebran. Debe haber distancia entre ellos. Algo parecido sucede con *las frutas:* aunque estén en buen estado, si están maduras se dañan si se tocan las unas con las otras. También *el agua fresca,* si es tocada por el cuerpo de un animal empieza a perder su frescura. Por eso un gran remedio es CONSERVAR LA DISTANCIA. Quién juega con el fuego se quema. Quién se acerca demasiado al precipicio sufre vértigo y se va al abismo. Si te acercas demasiado pierdes el equilibrio. La belleza es fuego y cuchillo afilado. El fuego no te quema, ni el cuchillo te corta, si no te acercas demasiado.

Por eso Filotea, alma creyente, no toques, ni permitas que nadie te toque innecesariamente ni siquiera por juego, pues aunque algunas de esas acciones no sean pecado grave, sin embargo van debilitando la castidad y la van marchitando hasta llevarla a la ruina. Un alma santa daba este consejo: "Para conservar la castidad, llama a tu Dios y a la Virgen y conserva la distancia".

Cuidado con el corazón. Decía Jesús que de los sentimientos del corazón nacen los pecados (Mc 7, 21). Por eso hay que tener un especial cuidado con los deseos, las imaginaciones, los pensamientos y las miradas. San Pablo recomendaba que la fornicación ni siquiera debe ser nombrada ente nosotros (la fornicación es un acto sexual entre personas que no son casadas entre sí).

Las abejas tienen horror a tocar cuerpos muertos. Así nosotros deberíamos tener horror a tocar cuerpos ajenos a los cuales la impureza les causa la muerte espiritual.

Cuidado con la vista y los pensamientos. Decía Jesús: *"Las ventanas del alma son los ojos. Y si por esas ventanas dejas entrar al enemigo, mancharás tu alma"* (Lc 11, 34) y añadía: *"Quién mira a otra persona con mal deseo, ya pecó en su corazón"* (Mt 5, 28). Por eso el santo Job afirmaba: *"Yo hice un pacto con mis ojos, para no fijar mi mirada en personas jóvenes, y así conservar mi castidad"* (Jb 31).

La conclusión de un anciano. Cuenta el historiador Casiano que el gran San Basilio (año 373), famoso formador de religiosos, decía a sus discípulos, suspirando de tristeza: "En mi cuerpo sí soy virgen (no he cometido ningún acto sexual) pero en mi espíritu quizás no lo soy (a causa de mis miradas, pensamientos y deseos)". Cuántas personas tienen que repetir algo parecido: han logrado no hacer actos sexuales, pero a sus pensamientos, miradas y deseos no han logrado dominarlos suficientemente, y esto, según decía Jesús mancha el alma (Mt 15, 20).

Las malas amistades. Los campesinos dicen que las cabras cuando muerden ciertas plantas las marchitan, porque su saliva es destructora. Algo parecido sucede con ciertas amistades: su lengua destruye la vida espiritual de quienes les tratan y les escuchan. De su lengua si se puede repetir lo que dice el libro de los *Proverbios*: Es un puñal de doble filo. Con el uno mata el alma de quién habla y con el otro hiere el alma de quien escucha.

San Pablo afirma: "Las malas conversaciones corrompen las buenas costumbres" (1Co 15, 33).

En resumen: 1. Aléjate del trato con personas que puedan ser un peligro para tu castidad. Aléjate de ellas como te alejarías del más contagioso de los apestados.

2. Ora mucho. Recuerda lo que decía el Salvador: "Ciertos espíritus impuros no se alejan sino con la oración" (Mc 9, 29).

3. Huye de las ocasiones. San Jerónimo insistía en esto: en la castidad triunfan los cobardes, los que huyen de las ocasiones de pecar. Si te expones a la ocasión de pecar, terminarás pecando. Quién se expone al peligro, en él perece.

4. El gran remedio es pensar en Jesús Crucificado. El meditar en la pasión y muerte del Redentor aleja tentaciones y aumenta el valor para rechazar los ataques de la impureza.

5. Recibe con frecuencia la Sagrada Comunión. Junto al ser más puro que existe que es Jesucristo, tu alma se irá volviendo cada vez más pura y más fuerte para vencer las tentaciones.

6. Te recomiendo que dediques tiempo a las buenas lecturas. En el cerebro no puede haber sino una sola idea cada vez. Si llenas tu mente de buenas ideas, ya no habrá sitio allí para las ideas impuras.

7. Ten una gran devoción a la Virgen Santísima. Ella es una Virgen que virginiza a sus devotos. Su poder para obtenemos de su Divino Hijo el don de la castidad es inmenso. Dile de vez en cuando: "Oh María, por tu pureza te pido, el don de la castidad".

_____ Capítulo 14

CÓMO TENER POBREZA EN EL ESPÍRITU

Grave noticia. Jesús decía: *"Cuán difícil es que un rico entre al Reino de los cielos. Es más fácil que un camello pase por el ojo de una aguja, que un rico entre al Reino de los cielos"* (Mt 19, 23). Y San Pablo añade: "Los que tienen exagerado deseo de enriquecerse pueden caer en muchas codicias muy dañosas, porque *la raíz de todos los males es el afán exagerado por tener dinero"* (1Tm 6, 10).

Ejemplo sublime. El máximo ejemplo de pobreza es esta tierra ha sido la Vida de Jesucristo. El nació pobrísimo en una cueva y fue recostado en un pesebre o canoa de echar pasto a los animales. Vivió pobremente ganándose el pan con el sudor de su frente.

En su vida pública aguantó hambre y sed, y decía que no tenía ni una piedra para recostar la cabeza. Murió supremamente pobre en una cruz, despojado de todo, y su sepultura se la tuvieron que ofrecer de limosna. Y decía: "Dichosos los pobres en el espíritu, porque de ellos es el reino de los cielos". Pero ay de los que tienen muchos bienes, porque ahora están saciados, pero después estarán sin nada (Lc 6).

Distinción. Se llama pobre en el espíritu quien tiene su corazón despegado de las riquezas, y aunque las tenga vive desprendido de ellas, y las va repartiendo con generosidad y no vive pendiente de los bienes materiales como si fueran lo mejor del mundo. En cambio se llaman "ricos de espíritu" quienes deseando tener más riquezas ponen en ellas toda su esperanza como si fueran lo más importante en esta vida.

Algunas personas carecen de bienes materiales y aceptan su pobreza con paciencia y por amor a Dios, y así se están ganando un premio para el cielo. Otras sí tienen bienes materiales pero se esmeran por no poner toda su esperanza en sus riquezas y se esfuerzan por compartirlas con los necesitados. También así ganan premio eterno.

¿Qué hacer? Si eres pobre, haz lo que puedas por ir superando tu difícil situación económica, pero acepta con alegría tu situación de pobreza que te hace tan semejante a Jesús pobre, y a tantos santos y santas que en esta vida sufrieron total pobreza y ahora gozan para siempre de las riquezas del cielo.

Si tienes bienes materiales ejercítate en administrarlos inteligentemente, y hacerlos progresar, como acción de gracias a Dios que te los regaló, pero preocúpate por compartirlos con los necesitados y que no te vaya a suceder la triste suerte de aquel rico epulón del evangelio que no quiso compartir sus riquezas con el pobre Lázaro, y mientras este fue llevado al cielo, el rico fue enviado al infierno (Lc 16, 19). o como aquel otro rico imprudente al cual sus campos le produjeron gran cosecha y en vez de repartirla ente los pobres, se la guardó para él solo y en esa noche Dios le tomó cuenta de su tacañería y lo envió a la eternidad a pagar su falta de generosidad. (Lc 12, 16).

Señales seguras. Filotea, alma creyente ¿deseas saber si perteneces a los pobres en el espíritu o a quienes se dejan esclavizar por las riquezas?

1. Examina a ver si vives deseando ardientemente tener más y más riquezas. Si así es, no perteneces al grupo de pobres en el espíritu, sino al grupo de los "ricos" que se dejan esclavizar por las riquezas.

2. Fíjate si vives pensando con complacencia en los bienes que tienes y sintiendo fuertes temores de perder tus riquezas. Si así sucede tienes fiebre en el alma, la fiebre de la codicia y de la avaricia. Si te sucede que al perder algún bien material sientes gran desolación y tristeza, no tienes pobreza en el espíritu.

Cuidado con la tacañería. No vivas con el alma llena de deseos de los bienes que no tienes. No pongas demasiado tu corazón y tus afectos en lo que ya tienes. Comparte tus bienes con los necesitados. Haz tuyo el consejo del rey Salomón: "No niegues un favor y una ayuda a quien lo necesite, si puedes hacerlo" (Pr 3, 27). Quien tiene un alma avara no se contenta nunca con lo que posee y siempre vive deseando conseguir más y más, sin interesarle ayudar a los que tienen menos. San Pablo dice: "La avaricia es una idolatría" (Col 3, 5).

El dar. *Si* das algo a los pobres, pero no es en proporción a lo que tienes y a lo que puedes dar, no eres pobre en el espíritu. La norma de

San Agustín era: "Dar más de lo que deseamos dar. Dar más de lo que acostumbramos dar. Y Dios no devolverá cien veces más".

Otra señal. La persona que es pobre en el espíritu acepta de buena voluntad que algo le falte. San Jerónimo decía: "Algunos quieren ser pobres, pero con tal de que nada les falte" -Y si nada les falta ¿cómo pueden ser pobres? Salomón rogaba: "Señor: que ni me falte ni me sobre. Porque si me sobra me puedo olvidar de TI, y si me falta me puedo desesperar" (Pr 30, 8). En el término medio está lo ideal.

Los deseos. Dicen los sabios que la persona más rica es la que menos deseos inútiles tiene. Si nuestros recursos económicos no alcanzan para satisfacer nuestros deseos, existe *un remedio muy práctico: acortar nuestros deseos.* Que podamos decir como aquel gran santo, quien al pasar por los almacenes mejor abastecidos y más lujosos, exclamaba: "Cuántas cosas que yo no deseo". Lo importante es no apegarnos a los bienes materiales. Que si los perdemos no sintamos tanta pena y si no los tenemos no sintamos tanta tristeza.

Como Jacob: Esaú tenía mucho vello en el cuerpo. Jacob para parecérsele a él se puso sobre el cuello y las manos una piel de cabrito que tenía bastante vello. La diferencia estaba en que para arrancarle el vello a Esaú habría que haberle quitado la piel, con gran dolor, en cambio a Jacob se le podía quitar el vello sin ningún dolor, porque no estaba pegado a su cuerpo. Así, quien tiene mucho apego a las riquezas, siente dolor y pena cuando se le pierde o se le disminuyen, en cambio quien no tiene el corazón apegado a las riquezas, cuando le sucede que se le disminuyen o las pierde, repite las palabras del Santo Job "Dios *me lo dió, Dios me lo quitó, bendito sea Dios*".

Y cuidado con la ENVIDIA. Éste es uno de los siete pecados capitales. Es sentir tristeza ante el bien del prójimo y un deseo desordenado de obtener los bienes que el otro tiene aunque sea en forma indebida. San Agustín decía que ese era un pecado propio del diablo. De la envidia proviene el hablar mal de la otra persona, el alegrarse de que le vaya mal y el sentir tristeza de que le vaya bien. En cambio San Pablo nos aconseja que tengamos un ánimo generoso, y nos manda "reír con los que ríen y llorar con los que *lloran*" (Rm 12, 15).

Capítulo 15

CÓMO PRACTICAR LA POBREZA SIENDO RICOS

Dicen que el pintor Parrasio en sus pinturas demostraba en un solo cuadro que él pintaba si el personaje era alegre, airado o pacifico; amable o colérico, humilde u orgulloso. Yo también en este capítulo deseo, Filotea, alma que amas a Dios, presentarte en un solo cuadro la riqueza y la pobreza juntas y recomendarte al mismo tiempo un gran cuidado por hacer progresar lo que tenemos y un fuerte desprendimiento de lo que es material y pasajero.

Lo primero: tienes que administrar con cuidado y dedicación los bienes que Dios te ha dado y hacerlos progresar. Los jardineros de los palacios de grandes personajes cuidan más esos jardines ajenos que si fueran propios de ellos, pues les parece que ya que tan altas personalidades les encomendaron cuidar sus jardines, bien merece el asunto dedicársele con toda el alma. Así debemos hacer los que hemos recibido de Dios algunos bienes en administración. No estamos administrando lo propio sino lo de Dios, y por eso debemos dedicarnos con especial esmero a hacerlos progresar.

Diferencia. Si los bienes los cuidamos solo por amor mundano, lo haremos con desasosiego con inquietud y con afán, como es todo lo mundano. Pero si los cuidamos por amor a Dios, lo haremos con paz, con tranquilidad y suavidad, que son las cualidades de nuestro Señor. Trabajaremos por hacerlos progresar, pero con mucha paz.

Un peligro: la avaricia. Puede llegarte la tentación de que, con la excusa de que debes hacer progresar los bienes que se te han confiado, te dediques a aumentar las riquezas sin acordarte de ayudar suficientemente a los necesitados. Hay que decirle al Señor con el Salmo 118: *"Oh Dios, que se incline mi corazón a la generosidad y no a la avaricia"*.

Dedícate a dar lo más posible a los pobres, recordando que *"la limosna borra multitud de pecados"* y que nuestro Señor te devolverá multiplicado por cien, lo que hayas dado a los necesitados. No olvides nunca la maravillosa promesa de Jesús: *"Todo el bien que le han hecho a uno de estos mis humildes hermanos, yo lo pagaré como si me lo hubieran hecho a Mí en persona"* (Mt 25, 40).

Amemos a los pobres, tratemos con gusto con ellos. Atendamos a los enfermos; permitamos que los necesitados se acerquen a nosotros en el templo, en la calle, en cualquier sitio. Hablémosles con amabilidad y repartámosles todo lo mas que podamos. Dios sabrá recompensarnos muy bien todo lo que hacemos por sus hijos más pobres.

El ejemplo de San Luis. Este famoso rey de Francia (año 1270) invitaba cada día a su mesa a varios pobres y él mismo les servía los alimentos. Visitaba frecuentemente los hospitales y atendía personalmente con gran cariño a los enfermos más asquerosos y repugnantes. Y todo lo hacía con el más grande respeto e inmenso amor.

Santa Isabel. Otro ejemplo muy especial es el de Santa Isabel de Hungría (año 1231), que siendo de familia rica, e hija del rey, dedicaba todo el tiempo que le quedaba libre a atender a los más pobres y abandonados, y cuanto dinero, ropa y alimentos lograba conseguir era para repartir entre la gente más necesitada.

Saber sufrir que algo nos falte. ¿Quién hay en el mundo que no tenga que pasar por algunas circunstancias en que algo le falte o le falle? Pues ésta es una ocasión muy propicia para manifestar que estamos resueltos a ofrecer a Dios algún pequeño sacrificio. Así por ejemplo, nos llega un huésped que quisiéramos atender muy bien y en esta ocasión no tenemos cómo atenderlo... Hay una reunión en la cual desearíamos presentarnos con vestidos más elegantes y no es posible por ahora..., guardamos frutas y cuando vamos a comerlas ya están dañadas..., vamos de viaje y sucede un accidente en la vía..., quisiéramos encontrar en el viaje una mejor atención en los sitios donde ofrecen comidas u hospedaje y no la hay..., etc.

Y en grandes desastres. Dios nos libre, pero nos pueden suceder: robos que nos hacen, trampas en las cuales nos engañan, negocios que quiebran, inundaciones que traen pérdidas, ventarrones y huracanes que destrozan, incendios que hacen mucho daño, etc. Entonces sí que es el tiempo oportuno para ofrecer a Dios con paciencia estas ocasiones en las cuáles, aunque sea a la fuerza, tenemos que practicar la pobreza. Estos sufrimientos ofrecidos a nuestro Señor, pueden servirnos para pagar pecados y obtener premios para el cielo.

Cuando suceden estas pérdidas u otras parecidas, si nuestro corazón está muy apegado a los bienes materiales, qué lamentos, qué aflicciones, qué impaciencias tenemos. Pero si nuestro corazón no está demasiado apegado a los bienes de esta tierra, entonces logramos superar esas situaciones difíciles con paz y tranquilidad, y repetiremos con el santo Job: *"Si aceptamos de Dios los bienes, ¿por qué no aceptar también los males?'*

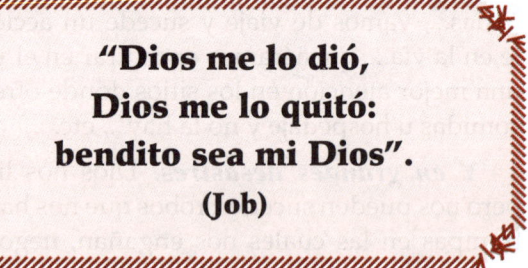

**"Dios me lo dió,
Dios me lo quitó:
bendito sea mi Dios".**

(Job)

_____ **Capítulo 16**

CÓMO PRACTICAR LA POBREZA EN EL ESPÍRITU, SIENDO AL MISMO TIEMPO, POBRES EN REALIDAD

Filotea, alma creyente, si en realidad eres pobre, tu pobreza tiene dos cualidades: la primera es que no te la buscaste tú, sino que te la permitió Dios, y lo que Dios permite casi siempre es más provechoso que lo que nosotros nos buscamos. Así que al aceptar nuestra pobreza, estamos aceptando también la voluntad de Dios, que permitió que seamos pobres. La segunda cualidad de tu pobreza es que *es una pobreza realmente pobre.*

Es una pobreza en la cual te faltan muchas cosas. Una pobreza que te hace sufrir, que te humilla, que te priva de muchos goces materiales. Por lo tanto, es una pobreza que te gana enormes premios para la Vida Eterna, si la aceptas con paciencia y por amor a Dios y sin renegar ni protestar.

Cualidades de tu pobreza. No te quejes de tu pobreza ni andes comentando lo que te falta y lo que desearías poseer y no posees. Nunca nos quejamos de lo que nos agrada. Si nos quejamos de la pobreza es que no nos agrada, y si nos desagrada es señal de que no somos pobres en el espíritu. No te enfades de que estando en pobreza no recibes las ayudas que necesitas, porque precisamente en eso consiste el ser pobres: en que algo nos falte. Querer ser pobre sin tener ninguna incomodidad es ambición, es querer tener al mismo tiempo el honor de ser pobre, pero mientras tanto gozar de todas las comodidades de los que son ricos.

No te avergüences de ser pobre ni de pedir ayudas. Recibe con humildad las ayudas que te den, y acepta con mansedumbre que te nieguen algunas. Recuerda a José y María huyendo a Egipto, cuanta pobreza debieron sentir y cuanta necesidad de ayudas, pero cómo ofrecían estas incomodidades por amor a Jesús, así ganaban premios para el cielo. Si imitas estos ejemplos de aceptación de que te falten muchas cosas en la vida, entonces sí que tendrás "pobreza en el espíritu".

Capítulo 17

LA AMISTAD, LAS AMISTADES INCONVENIENTES

El amor es una gran cualidad del alma humana. El amor nos vuelve semejantes y parecidos a los seres que amamos. El profeta Oseas se quejaba de que nuestro error consiste en querer dividir nuestro corazón entre los amores buenos, como el de Dios, y los amores malos que nos apartan de él.

La amistad. El mejor y más fuerte amor es la amistad, pues los demás amores se pueden tener sin comunicarse con la otra persona, pero la amistad exige comunicación. Y de ahí también que el gran peligro para la amistad es la concupiscencia, el fuerte deseo de satisfacer los instintos sensuales.

No todo amor es amistad, pues podemos amar sin ser amados o sin comunicarnos con la otra persona, y esto es sólo amor, pero no amistad. Para que haya amistad el amor tiene que ser recíproco, de una persona a la otra y viceversa. Y cada persona debe saber que la otra persona sí la ama, porque si no lo sabe, allí habrá solo amor, pero no amistad. Así que para que haya amistad debe haber alguna comunicación entre las dos personas.

Grados de la amistad. El valor de la amistad depende de lo que se comunica el uno al otro. Si lo que se comunican son bienes falsos, la amistad es falsa, y si lo que se comunican son bienes verdaderos, la amistad es verdadera. Cuanto mejores sean los bienes que las personas se comunican, tanto mejor es su amistad. Así como la miel extraída de las mejores flores es la más provechosa así la amistad que comunica bienes, hace bien. Pero así como la miel que se saca de ciertas flores venenosas produce mareo y enfermedades mentales, también la amistad que comunica maldades hace un gran daño a las personas.

Los santos recomiendan que tengamos especial cuidado para no contraer amistad con personas que puedan poner en peligro nuestra castidad o llevarnos a dar mal ejemplo. Y nos aconsejan hacernos esta pregunta: A la hora de nuestra muerte ¿Qué amistades desearé haber tenido, y qué amistades desearé no haber tenido?

Amistad sensual. Si lo que comunica la amistad es solo gozo sensual, eso no es amistad racional sino solamente amistad animal. San Agustín dice: "Dime qué amas en los demás". ¿Amas lo espiritual? Pues entonces eres una persona espiritual. ¿O amas lo que es carnal? ¿Entonces qué quieres que te diga? Eres solamente una persona carnal y materialista.

También en los casados si únicamente hubiera entre ellos una comunicación carnal, su matrimonio no sería amistad; pero afortunadamente se comunican afecto, ayuda, fidelidad y buenos ejemplos y así su amistad resulta verdadera y santa.

Amistad sensorial. Cuando una amistad se basa únicamente en lo que comunican los sentidos: el placer de ver una persona hermosa, o de oír una voz armoniosa o el que baila bien y sonríe agradablemente, que se viste muy elegantemente y a la moda o que canta hermosamente; buena presencia, charla agradable, etc, esa amistad es solamente sensible o de los sentidos, pero no es autentica, y probablemente no será duradera.

Las amistades que se basan solamente en lo que los sentidos captan, son pasajeras y se derriten como la nieve cuando calienta el sol.

Capítulo 18

CUIDADO CON LAS AMISTADES SENSUALES

¿A quién se le hace raro que un encantador de serpientes sea mordido por una de esas culebras venenosas? Se expuso al peligro y en el perece. Algo parecido sucede a quienes se dedican a amistades sensuales. Tendrán que repetir lo que han dicho muchos y muchas: tu amistad me dejó más tristeza y desilusión que alegría y realización.

El dicho popular dice: "Dime cómo son tus amistades y te diré cómo eres". –Una mística famosa aconsejaba a sus discípulos: cuando noten que una amistad no les hace bien para el alma, sino mal, repitan frecuentemente: "Señor, que si esta amistad no me conviene, yo no le tenga simpatía sino una gran aversión". –Y así libró de males a muchas personas.

La amistad sensual vuelve insensibles a las personas respecto a los que los están viendo. Por eso el poeta decía: –"Piensan los enamorados –y en eso no piensan bien –que todos los que ven –tienen los ojos vendados".

Ciertos árboles y algunas matas de espinas no dejan crecer otras plantas a su alrededor, porque secan totalmente el piso y les quitan el alimento que necesitan. Así sucede con ciertos amores sensuales: no dejan crecer el amor a Dios y el amor de caridad hacia los demás, porque toda la fuerza de su personalidad la lanzan hacia los goces sensuales y esto les debilita espiritualmente. Podemos amar, pero que nunca lo sensual y sensitivo anule el amor espiritual hacia Dios y las otras personas, que es lo más noble que podemos tener en esta vida.

Casos ha habido en que ciertas personas en el momento de la muerte mandan llamar a alguien con quien tuvieron una amistad que era solamente sensual, y le echaron en cara el terrible mal que su amistad, le hizo a su alma. Lástima que ya es demasiado tarde. Si a tiempo hubieran reflexionado, habrían seguido amando, pero como seres racionales y no solamente con los sentidos y la sensualidad, sino con el alma y buscando ante todo el bien espiritual propio y de la otra persona. "Díme cómo amas y te diré cómo eres", decía San Agustín. Un amor no bien guiado y conducido puede llevar a verdaderos males afectivos muy dañosos para las dos personas. Es necesario purificar los afectos, convirtiéndolos de amor sensual en amor de caridad. Cada persona, reconociendo la debilidad de su castidad debe implorar la ayuda de Dios y rezar a la Virgen Santísima, para que su amistad con los demás sea como Dios quiere y no como le inspiran sus pasiones y su sensualidad.

Sería una lástima que el verdadero amor que tanto bien hace, sea reemplazado por el egoísmo que todo lo destruye. Que en vez de amor haya sólo erotismo. Cuántas faltas se cometen a causa de un amor mal entendido.

Capítulo 19

LAS VERDADERAS AMISTADES

Caridad y buenas maneras con todos, pero amistad únicamente con personas que nos lleven hacia el bien y no hacia el mal. La amistad es un amor especial entre dos personas. Cuanto mayor bien comuniquemos a los demás y mayor bien recibamos de ellos, tanto más buena es nuestra amistad. Si comunicamos o recibimos buenos conocimientos, nuestra amistad será de aprendizaje. Si comunicamos caridad y santidad, entonces sí nuestra amistad es perfecta, porque viene de Dios y durará eternamente en el cielo. ¡Oh qué bueno es amar en la tierra como amaremos después en el cielo!

La mejor. De todas las amistades la mejor es la amistad espiritual, la que ayuda a la otra persona a ser mejor, a amar más a Dios, y recibe de ella también ayudas para agradar más a nuestro Señor. De ella sí se pueden repetir las palabras del salmo 133: "Qué bueno y que agradable es vivir los hermanos en santa unión de amistad". Las demás amistades, comparadas con esta son amistades de segunda clase. Ella las supera a todas en perfección.

Preferencia. No cultives amistades que no sean espirituales. Me refiero a las amistades que tú buscas, porque hay otras que llegan de por si, por ejemplo, las que provienen de parentesco, o de compañeros de trabajo, o de bienhechores o de vecinos. Estas llegan espontáneamente. Pero las que debemos buscar por nuestra cuenta deben ser las amistades espirituales.

¿Se pueden tener? Quizás alguien te dirá: "Si quieres llegar a la santidad debes renunciar a las amistades, porque ellas dividen el corazón entre Dios y la criatura". Eso no es verdad si la amistad es espiritual y sin pecado. Antes, te digo que las amistades son muy necesarias para poder animarse unos a otros. Y así como los que caminan por el llano no necesitan casi ayudarse unos a otros, pero los que andan por pendientes muy empinadas sí necesitan de la ayuda de los demás, lo mismo en la vida, ya que caminamos por caminos difíciles donde hay muchos tropiezos y peligros, necesitamos amistades buenas que nos ayuden a poder subir mejor la cuesta. Con razón el Libro del *Eclesiástico* en la Santa Biblia dice: "Encontrar un buen amigo es como encontrarse un tesoro y los que temen a Dios lo encuentran". Es conveniente y necesario encontrar y cultivar amistades con personas que tienen unos buenos ideales, parecidos a los nuestros.

Santas amistades. En la Sagrada Escritura se narran amistades santas y provechosísimas: la de David y Jonatan, que se ayudan en todo. Las amistades santísimas de Jesús con Lázaro y con las dos hermanas de éste, Marta y María, de quienes dice el evangelio: "Jesús amaba a Lázaro y a sus hermanas Marta y María" (Jn 11, 5), Jesús tuvo especial amistad con los apóstoles Pedro, Santiago y Juan, como lo demuestran varios pasajes del evangelio. Pedro amaba especialmente a San Marcos, a quien llamaba "mi hijo muy amado". La amistad de San Pablo con Timoteo era muy especial y los hacía crecer en santidad. San Gregorio Nacianceno cuenta su especialísima amistad con San Basilio, la cual los ayudaba a los dos a ser mejores. San Agustín narra que el obispo San Ambrosio sentía un gran amor de amistad hacia Santa Mónica y ésta lo veneraba como a un ángel de Dios. San Pablo consideraba uno de los peores defectos de ciertos paganos la incapacidad de amar y Santo Tomás dice que la amistad es una virtud. Así que no se trata de no tener amistades, sino de tenerlas buenas y santas.

Capítulo 20

DIFERENCIA ENTRE LAS VERDADERAS Y LAS FALSAS AMISTADES

He aquí Filotea, alma que amas a Dios, un aviso de gran importancia. La miel provechosa es muy parecida a la miel venenosa y es necesario saberlas diferenciar. De la misma manera resulta en extremo necesario saber diferenciar las amistades que sí hacen bien a nuestra alma y las que nos traen males. Porque Satanás, ángel de las tinieblas, acostumbra a presentarse a veces como si fuera un ángel de luz, y puede convertir en tinieblas lo que antes era luz en nuestra vida. A veces una amistad que empezó siendo buena, por falta de prudencia se va convirtiendo en un amor sensual, para pasar a ser después un amor carnal. Veamos algunas diferencias entre la amistad provechosa y la dañosa.

1. La miel venenosa es exageradamente dulce. Así pasa con el amor pecaminoso (no incluyo en esto los noviazgos serios para matrimonio). El amor exagerado y apasionado emplea una gran cantidad de palabras azucaradas, apodos apasionados, alabanzas a la hermosura, a la gracia y a las cualidades sensuales de la otra persona. En cambio la amistad santa emplea un vocabulario sencillo y noble y no alaba sino la virtud y los favores que Dios ha concedido.

2. La miel venenosa una vez que se ha comido produce un desvanecimiento y mareos. Lo mismo sucede con los amores apasionados: producen verdaderos desequilibrios en los sentimientos de la persona los cuales hacen tambalear su castidad y llevan a gestos inmoderados, a caricias sensuales, a suspiros exagerados, a quejas de que su amor no es correspondido, a estudiadas ceremonias que tienden a excitar la sensualidad y a obtener familiaridad, cercanía y favores deshonestos que son anuncios claros de una cercana ruina de la castidad. En cambio el amor santo tiene palabras amables, demostraciones pulcras de aprecio y afecto, pero nada de atrevimientos ni actuaciones impuras, sino comportamientos que demuestran un gran aprecio a la castidad.

3. La miel venenosa deja un sabor amargo y desagradable en la boca. Lo mismo sucede con las amistades apasionadas y pecaminosas. Producen peleas, amarguras y después remordimientos muy fuertes y duraderos en la conciencia. En cambio la amistad casta, respetuosa y moderada deja una sensación de paz y alegría muy duradera en el alma.

Algunos son como el pavo real que vive exhibiendo sus plumas para atraer a las hembras. Viven echando piropos, vistiéndose elegantemente para atraer la atención, y diciendo toda clase de embustes, pero no con fin de matrimonio sino simplemente por darse el gusto de seducir. Ante esta clase de tipos deben las mujeres estar muy alerta pues son muchas las víctimas de sus atrevimientos y maldades, y de su amistad no quedan después sino recuerdos tristes, amargos e inolvidables.

Una pregunta: a la gente joven habría que hacerle estas preguntas: ¿Eso que dice a la otra persona para conquistarla, se atrevería a decirlo en presencia de sus padres, de su hermana, de su confesor? Y si no ¿por qué entonces lo dice? ¿no lo está oyendo Dios que le va a juzgar? Si la Virgen Santísima se impresionó ante la visita de un ángel purísimo que venía a traerle mensajes santísimos, ¿cómo no impresionarnos nosotros y hasta asustarnos ante la presencia de un ser humano que nos trae mensajes peligrosos para nuestra virtud?

Capítulo 21

AVISOS Y REMEDIOS CONTRA
LAS MALAS AMISTADES

Alejarse. Tan pronto te das cuenta, de que una amistad no te está siendo provechosa para el alma, sino dañosa y peligrosa, aléjate inmediatamente y empiézale a sentir desprecio y hasta temor. Refúgiate con tu imaginación en las heridas de Jesús Crucificado.

No hagas componendas. No digas "escucharé lo que me dice, pero no le haré caso". Eso es muy peligroso. Oh no, Filotea, alma creyente. Existen amistades con las cuales hay que ser santamente maleducados. Hay que tener con esa clase de amistades un trato noble pero serio y frío, porque si se les da la mano, agarran hasta el codo.

Cuidado con la avalancha. Las avalanchas o enormes cantidades de tierra que se desprenden de las montañas y se precipitan velozmente hacia los abismos, son incontenibles y es imposible detenerlas. Así resulta imposible resistir a un amor apasionado al cual se le han prestado oídos. Lo que se escucha por los oídos produce luego sentimientos, pensamientos, deseos y... pecados. Por eso, no prestemos oídos a las malas insinuaciones. Rechacémoslas sin más ni más, porque si las aceptamos ya no seremos luego capaces de detener la avalancha de las pasiones. En estos casos no tengamos miedo a mostrarnos rudos y hasta serenamente maleducados.

Recuerda que al primero que hay que tener de amigo es a Dios. ¿De qué te sirve tener otras amistades si no tienes la amistad de Dios? Los profetas criticaban al pueblo de Israel por tener Baales y rendirles culto. Baal es una palabra que significa "amante", y es un amante que le hace competencia a Dios. Cuando un amor se nos presenta como Baal, es decir, amante cuyo amor nos debilita el amor a Dios, rechacémoslo prontamente porque ese amor nos hace mal. Pídele ayuda a Dios y Él te la dará. Refúgiate en Dios como un venado se refugia en una alta peña cuando se siente perseguido. Ofrécele tu fuerte resolución de morir antes que pecar, y Dios te socorrerá.

¿Y si ya se ha caído? Si te ha sucedido que has caído en las redes de una amistad pecaminosa, entonces sí que será muy difícil salir de allí. No te queda otra solución que reconocerte

débil y miserable ante Dios y suplicarle repeti-
damente su ayuda. Luego empezar a cultivar
sentimientos de desprecio hacia esa amistad
que tanto mancha tu alma. No creer ni aceptar las promesas que ese amor engañoso te ha
hecho o te sigue haciendo, y tomar la firme resolución de dejar de tratar con la tal persona
porque su trato es totalmente perjudicial para
tu alma y para tu eterna salvación.

Alejarse. Si te es posible aléjate de esa persona. Ojos que no ven, corazón que no siente. Para alejarse del contagio hay que alejarse
de la persona contagiada. Si no te alejas te con-
tagias. Y si es posible, pues cambiar de lugar
de residencia. San Ambrosio narra el caso de
un joven que era víctima de una mala mujer
y se fue a otra población, y con eso su pasión
se apagó. Ella le escribió diciéndole: "Yo sigo
siendo la misma" y él le respondió: *"Pero yo no
sigo siendo el mismo". La lejanía había calmado su
pasión. ¿Y si no es posible alejarse?* Entonces hay
que evitar cuanto más se pueda el trato y conversación con esa persona y toda demostración
de afecto en palabras, sonrisas o gestos. Y con
la ayuda de Dios declararle francamente que
su amistad no es conveniente ni la deseas tener más (para ser capaz de decir eso se necesita hacer un acto heroico que solamente con una

fuerza especial del Espíritu Santo serás capaz
de llevarlo a cabo). Santo Tomás decía que no
hay que perder tiempo tratando de desatar el
nudo de estas malas amistades y que hay que
cortarlas de un tajo, ya para siempre.

Dirá alguien: ¿Y no me quedará un sentimiento de rencor por todo esto? No, lo que
quedará será un horror por esos amores pasados y un aumento del amor hacia Dios.

¿Y después? Reconoce humildemente tus
debilidades y malas inclinaciones. Pídele perdón muchas veces al buen Dios y reafirma tus
propósitos de evitar en adelante toda amistad
que manche tu calma o le disguste a nuestro
Señor. Confiésate, comulga y dedícate a leer libros piadosos. Si tienes un director espiritual
cuéntale tus tentaciones y malas inclinaciones
y sigue sus consejos y orientaciones. No dudes
que Dios irá poco a poco calmando tus pasiones si sigues estos buenos consejos.

¿No será ingratitud? Dices: ¿No será ingratitud romper con una amistad ya antigua?
Dichosa ingratitud que te libra de nuevos pecados y de seguir manchando tu alma y disgus-
tando a Dios. Dejas una amistad inconveniente
y el Creador te concederá después amistades
muy provechosas. Además, al romper con esa

amistad haces un gran bien a la otra persona porque lo libras de seguir ofendiendo de esa manera a Nuestro Señor. Puede ser que ahora no se dé cuenta de este beneficio, pero un día lo sabrá. Y dirá contigo las palabras del Salmo 115: *"Gracias Señor, porque rompiste las cadenas que me esclavizaban"*.

_____ Capítulo 22

OTROS AVISOS
ACERCA DE LA AMISTAD

La amistad requiere una comunicación entre las personas. Y sucede que cuando amamos y estimamos mucho a otra persona se nos van prendiendo sus inclinaciones ya sean buenas o malas. Y es necesario hacer como los buenos negociantes: saber distinguir las monedas verdaderas de las falsas. No hay persona que no tenga sus defectos. No hay razón para que por causa de que le tenemos amistad, dejemos que se nos vayan prendiendo los defectos de la persona amiga. Así como los mineros buscan el oro entre la tierra de las minas, y se llevan el oro y lo demás lo dejan, tratemos de aprovechar e imitar las cualidades de las personas que amamos, pero dejemos a un lado sus defectos y no los imitemos.

No exagerar. Cuenta San Gregorio Nacianceno que los amigos de San Basilio lo admiraban tanto que trataban de imitarlo hasta en sus defectos, por ejemplo, en su hablar demasiado lento. También ahora existen personas que por la amistad y el aprecio que sienten hacia otros se dedican a imitarlos también en lo que no los deberían imitar.

Suficientes defectos tenemos ya para que nos pongamos a imitar los de otros. Tengamos paciencia con los defectos de los amigos, pero de ninguna manera tratemos de imitarlos en eso.

No sería buen amigo el que viera que otro está enfermo y no le quisiera ayudar a curarse de su enfermedad. Y en cuanto al alma no seremos en verdad amigos si alguien que es de nuestra amistad sigue pecando y pecando y no hacemos nada para que logre salir de su vida de pecado.

Mala amistad. Una de las más seguras señales de que una amistad es mala es tenerla con una persona viciosa y aceptar su vida de pecado.

La verdadera amistad no puede vivir entre pecados. Si son pecados veniales pasajeros trataremos de alejarlos con la corrección, pero si son pecados graves duraderos, que se quieren seguir teniendo, es necesario o que se dejen esos pecados o abandonar esa amistad. Quien tiene verdadera amistad no hace pecar a la otra persona, ni le acepta que siga pecando gravemente sin arrepentimiento y enmienda. El amigo se vuelve enemigo cuando quiere hacernos pecar, y merece perder nuestra amistad cuando trata de hacer que perdamos nuestra alma.

_____ **Capítulo 23**

LAS MORTIFICACIONES EXTERIORES

Siempre he creído que para volverse mejor no basta con mortificarse exteriormente sino que es necesario mortificarse también interiormente.

Nuestro Señor nos dice por medio del profeta Joel: *"Conviértanse a Mí de todo corazón"* (Jl 2, 12), con lo cual nos quiere decir que la conversión debe hacerse desde lo profundo del alma en los sentimientos, y no sólo exteriormente.

Filotea, alma que amas a Dios, si desde lo profundo de tu alma empiezas a convertirte hacia el amor de Jesucristo y a hacerlo y sufrirlo todo por Él y según Él, llegarás a poder repetir con San Pablo: *"Ya no vivo yo, sino que es Cristo quien vive en mí"* (Ga 2, 20).

Si puedes hacer sacrificios en el comer y en el beber, sin que te hagan daño para la salud, está bien hacerlos y te serán muy provechosos, con tal de que no sean exagerados. Los venados corren muy mal y sin agilidad en dos ocasiones: cuando están muy gordos y demasiado bien comidos y cuando están demasiado flacos y mal alimentados. Así le pasa a nuestro cuerpo: si le damos demasiado alimento y no lo mortificamos en nada, se quedará sin dejar que el alma corra hacia la santidad, pero si está demasiado débil a causa de exagerados ayunos, ya no será capaz de llevar al alma hacia las cumbres de la perfección. San Bernardo ya mayor se arrepentía de haberse dañado su salud por exagerar en ayunos cuando estaba empezando su vida de santidad.

El trabajo. Una gran mortificación y sumamente provechosa es el trabajo. El dedicarse con todo esmero a cumplir los deberes de cada día, el dedicar tiempos a visitar enfermos, a consolar presos, a confesar, a predicar, a catequizar, a repartir buenas lecturas, a rezar, a meditar, a dar buenos consejos etc. Son ocupaciones que sirven excelentemente como magníficas mortificaciones.

Los alimentos. Jesús dijo a sus discípulos: *"Coman lo que les presenten"* (Lc 10, 8). Qué buena mortificación comer lo que nos sirven sin andar diciendo que tal alimento no nos gusta o que no está muy bien preparado, o que preferiríamos tal o cual otro. Es una excelente mortificación porque nos estamos sometiendo al gusto de las otras personas y no hacemos amargo ni desagradable nuestro proceder.

Malas señales. Retirar un alimento para tomar otro, tocar y manosearlo todo, no encontrar nunca nada bien preparado, hacer gestos desagradables al tomar ciertos bocados, son señales de que se tiene un espíritu muy poco mortificado. Dicen de San Bernardo que era tan indiferente hacia los alimentos que no distinguía en la mesa entre un vaso de vino (tan apreciado en su tierra) y un vaso de agua o de otro líquido. Quien tiene un espíritu mortificado nunca habla de comidas, jamás demuestra que el alimento no le agradó, no exige que tienen que darle tales y tales manjares, sino que cumple lo que decía Jesús: *"Coman lo que les presenten"* –Claro está que en esto no incluyo los alimentos que sean dañosos para la salud: se puede rechazar lo que tiene grasa, si hace daño para el organismo, lo que tiene condimentos o picantes, si afecta el hígado. Al rechazar estos alimentos no se hace por falta de mortificación, sino por cuidar la salud.

El sueño. La moderación en el dormir hace mucho bien a la salud y a la personalidad. El dormir demasiado hace tanto daño como comer demasiado, pero el no dormir el tiempo suficiente afecta el sistema nervioso. Dicen que se puede medir el equilibrio nervioso de una persona por su puntualidad al acostarse y al levantarse. Mejor acostarse temprano y levantarse temprano, porque en las primeras horas de la mañana el cerebro está más fresco y las fuerzas mas descansadas y así se puede trabajar mejor y rendir más. Conviene no trasnochar exageradamente ni quedarse pereceando en la cama al amanecer.

Los autocastigos. Está muy bien hacer penitencias y mortificaciones como penitencia cuando se ha cometido una falta, pero que sean penitencias que no hagan daño a la salud. Porque si alguien como penitencia por haber cometido un impureza se dedica a no comer por varios días, su salud es la que sale perjudicada. Mucho mejor en estos casos ponerse una penitencia espiritual: por ejemplo, voy a leer seis páginas de un libro religioso, voy a rezar dos rosarios, visitaré a un enfermo, haré una visita al Santísimo Sacramento o a un santuario de la Virgen; daré una limosna, regalaré un libro, daré un buen consejo. Estas penitencias son magníficas mortificaciones pero no hacen daño a la salud del cuerpo y ayudan mucho a la salud del alma.

Así como cuando se siente picazón por el cuerpo, no basta con bañarse sino que hay tratar de curar el hígado o la digestión, etc., de la misma manera cuando se sienten debilidades espirituales que invitan al pecado o hacen caer en él, no basta con hacer penitencias externas, sino que es necesario curar el interior, el corazón, los sentimientos, por medio de buenas lecturas, meditaciones, sacramentos y oraciones.

Capítulo 24

LAS CONVERSACIONES
Y LA SOLEDAD

Hay que huir de dos extremos: el de andar conversando a toda hora y el de vivir tan callados que parezca que no nos interesa nada lo que dicen los demás.

Si tenemos que amar al prójimo como nos amamos a nosotros mismos no hay que rehuir o rechazar el trato con los demás porque eso parecería menosprecio hacia ellos.

Pero no olvidemos que el principal prójimo al cual tenemos que amar y atender somos nosotros. Por eso, tengamos tiempo en los que no estemos sino para nosotros mismos para nuestra alma y el progreso de nuestro espíritu, San Bernardo repetía: "Recuerda que tu primer prójimo eres tu mismo. Piensa primero en el bien espiritual de tu alma, y después en el de los demás". Así que si no es muy necesario estar en grupo charlando, apártate a meditar, estudiar y trabajar. Pero si conviene participar en conversaciones y diálogos. No te niegues a hacerlo y hazlo con cordialidad y alegría.

Las malas conversaciones. Hay que huir como de la peste más contagiosa de toda conversación que hace daño al alma o disgusta a Dios. Así como quien sufre la mordedura de un perro que tiene la enfermedad de la rabia, se contagia de esa terrible enfermedad, así quien oye palabras de quienes tienen el alma envenenada con impureza, o murmuración. El Libro Santo recomienda: *"Toda conversación acerca de Dios, escúchala con atención"*, pero después añade: *"Las malas conversaciones corrompen las buenas costumbres"* (1Co 15).

Las conversaciones inútiles. Hay conversaciones que no hacen ni mal ni bien a quien las oye o las dice. Si no es necesario que participemos en ellas, mejor alejarnos, pero si la convivencia y el trato social nos piden participar no huyamos, pues allí no se hace daño a los demás ni a la pureza del alma, sino que son simples pasatiempos. San Felipe Neri tenía una colección de chistes, gracejos y narraciones humorísticas para hacer santamente alegre su conversación y cumplir el mandato del salmo 99: *"Servid al Señor con alegría"* y San Agustín aconsejaba que en las clases de religión se salpicara la explicación con narraciones que hicieran amena y agradable la enseñanza.

Las conversaciones provechosas. Filotea, alma que amas a Dios, cuando se presente la ocasión de participar en una conversación que ayuda a amar más a Dios o a volverse mejores o a progresar en virtud o ciencia, óyela con gusto, que es para tu bien. Así como las ropas dejadas entre aromas adquieren un agradable olor, así tu alma si vive entre personas que hablan de cosas santas, irá adquiriendo un olor de santidad muy agradable a Dios.

Cualidades. En la conversación hay que tener siempre sinceridad, sin hipocresías ni dobleces; mansedumbre y amabilidad. El Libro de los Proverbios dice: "Si *eres amable en la conversación te amarán más que a quien obsequia grandes regalos*" (lo cual es mucho decir). Huyamos de hablar con orgullo, vanidad o petulancia como si quisiéramos aparecer como personajes muy importantes. Es mejor dejar hablar a los otros que pasarse el tiempo hablando uno. El Apóstol Santiago recomienda: *"Hay que ser, prontos para oír y tardos para hablar"* (St 1, 19). De San Antonio, de San Romualdo y otros santos antiguos cuentan sus biógrafos que era un gozo tratar con ellos por la amabilidad de su rostro y la alegría de su conversación. Tratemos de cumplir lo que aconsejaba San Pablo: *"Hay que reír con los que ríen y llorar con los que lloran"*

(Rm 12,15) y "estar siempre alegres. Que nuestra alegría sea notoria a todos, pero alegría en el Señor" (Flp 4,4).

Alegría sana. Existe un peligro y es el de alegrarse pero a costa de los demás. ¿Nos gustaría que otros nos pusieran en ridículo como nosotros los ponemos a ellos? Burlarse de un loco, poner zancadilla a alguien, tiznar a uno, pellizcar a otro, reírse de los defectos físicos de los demás, echar chistes indecentes, todo esto son alegrías locas que van contra la moralidad.

Amar la soledad. Prefiramos tener momentos y tiempos de soledad. Pasearse por un bosque silencioso, subir a una montaña solitaria, eso hace un gran bien.

Meditar junto a una corriente de agua, retirarse a un sitio solitario a rezar o pensar, o leer. Ésto es provechoso para el alma y un descanso para el espíritu y hasta aleja las pesadumbres y preocupaciones ordinarias. Dice el Señor por boca del profeta: "En la soledad hablaré con el alma piadosa".

Jesús decía a sus apóstoles cuando regresaban de sus viajes apostólicos: "Venida la soledad y descansad un poco" (Mc 6, 31) Y San Agustín cuenta que San Ambrosio después de sus grandes trabajos por salvar las almas se retiraba a su despacho a meditar en silencio, y que él, Agustín, aunque la puerta del despacho del santo obispo estaba abierta para el público por más que sentía muchos deseos de entrar a consultarle sus problemas no se atrevía a privar al santo de aquellos momentos de silencio y de meditación que tanto bien le podían hacer.

Capítulo 25

DEL MODO DE VESTIR

San Pablo escribiendo a su discípulo Timoteo dice: "Recomiende a las mujeres que se vistan decentemente, con pudor y modestia, evitando los lujos exagerados, y que recuerden que el mejor adorno para las mujeres creyentes y piadosas son las buenas obras" (1Tm 2, 9).

Ante todo limpieza. Excepto mientras se hacen ciertos trabajos que llenan de manchas y de mugre, el resto de la vida hay que esmerarse por mantener siempre muy limpios los vestidos, aunque sean sencillos y pobres. En el libro del Éxodo, Dios recomienda frecuentemente a Moisés que *"el pueblo lave y mantenga limpios sus vestidos"* (Ex 19, 10).

Los adornos. Las mujeres casadas pueden emplear ciertos adornos que las hacen más elegantes para agradar así a su marido. Las jóvenes tienen derecho a arreglarse y embellecerse con el fin de conquistar a alguno con el cual puedan efectuar un santo matrimonio. Para las fiestas a las mujeres les quedan bien ciertos adornos que las hacen ver mas hermosas. Pero deben recordar aquel consejo de San Pedro: *"No darle toda la importancia a los adornos exteriores, peinados, joyas y vestidos a la moda, sino a las cualidades del corazón, tener un alma noble y un modo de ser muy amable, que esto le agrada a Nuestro Señor"* (1P 3, 3).

Evitar el descuido. Nada debe haber en nuestra presentación que demuestre que somos descuidados en arreglarnos, porque eso podría significar falta de respeto para con las personas con las cuales tenemos que tratar. Pero hay que evitar el extremo de darle demasiada importancia a la presentación, a la elegancia, a los adornos y a vivir a la última moda. Si una moda va contra la modestia cristiana, aunque la mayoría la apruebe, el alma creyente no la puede seguir.

Algunas mujeres dicen que ellas no tienen mala intención al seguir ciertas modas, pero el diablo sí tiene esa mala intención para hacer pecar a los demás. Algunos hombres tienden a emplear modas femeninas. Eso los desacredita y en vez de ganarles admiración, lo que les trae es desprecio y burlas.

En cuanto a mí, yo desearía que las personas creyentes fueran las mejor vestidas, no en lujos sino en limpieza, en pulcritud de sus vestidos, en la gracia y la dignidad en el buen trato a los demás. Es necesario que los sabios y buenos no puedan decir que *exageras en tu modo de presentarte, y los jóvenes no te puedan decir que tienes descuido en tu modo de vestirte. En todo caso aunque la gente joven no se quiera contentar con tu modo decente de presentarte, lo importante es que la gente sabia y buena sí quede contenta del modo como te presentas en sociedad.*

_____ **Capítulo 26**

CÓMO DEBEMOS HABLAR Y ESPECIALMENTE CÓMO HABLAR DE DIOS

La lengua. Para conocer el estado de salud de algunas personas los médicos les examinan la lengua. De la misma manera nuestras palabras describen bastante bien como es el estado de nuestra alma. *"Habla joven para que yo logre conocer como eres", decía el sabio Sócrates a quienes le pedían que los dirigiera. Y Jesús afirmaba: "De la abundancia del corazón habla la boca. Por tus palabras serás justificado, o por tus palabras serás condenado"* (Mt 12, 37).

Filotea, alma creyente, así como cuando sentimos algún dolor llevamos nuestra mano hacia el sitio del cuerpo que nos duele, así llevamos nuestra lengua a hablar de lo que nos interesa. Si verdaderamente sientes interés por Dios, hablarás de Él en casa y fuera de ella. El salmo 36 dice: *"La persona buena habla con sabiduría* y explica lo que más conviene para el alma".

Como las abejas. Estos animalitos no fabrican sino miel con su pequeña boca. Así deberías tu hacer con tus labios: solamente fabricar palabras que sean provechosas para tu alma y las de los demás, alabanzas y bendiciones para Dios y palabras amables y provechosas para los que te escuchan. Dicen que San Francisco de Asís cuando pronunciaba el nombre de JESÚS sentía en sus labios un sabor como de la más sabrosa miel.

Hablarás de Dios como de Dios. O sea con gran respeto y veneración, sin querer aparecer como persona que sabe mucho acerca de Él, ni como predicando a los otros, sino con admiración, gratitud, amabilidad y humildad. Como la Esposa del Cantar de los Cantares, que depositaba en cada oído que le escuchaba la dulzura de sus palabras. Así debes ir dejando en los oídos de quienes te escuchan, palabras que lleven a amar más al buen Dios, a agradecerle sus favores, a temer ofenderle y a admirar su inmenso poder y su infinita misericordia. Éste es un oficio propio de ángeles y es increíble el buen efecto que pueden producir las palabras llenas de veneración y amor acerca de Nuestro Señor.

De las cosas de Dios no hables nunca por chiste o entretenimiento sino siempre con gran respeto y veneración. Y jamás pronuncies su santo nombre sin respeto y reverencia. (Nada de andar diciendo "para Dios que sí... etc.", y nunca emplees una frase de la Santa Biblia por chiste o sin fin muy serio y devoto).

Algunas personas viven repitiendo palabras santas pero sin devoción y sin atención y se creen gente devota pero en realidad no lo son.

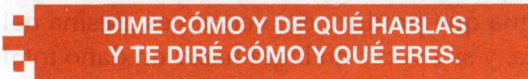

DIME CÓMO Y DE QUÉ HABLAS
Y TE DIRÉ CÓMO Y QUÉ ERES.

Capítulo 27

DECENCIA EN LAS PALABRAS QUE SE DICEN Y RESPETO A LAS PERSONAS

Dice el Apóstol Santiago: *"Si alguien no peca con su lengua es persona perfecta y será capaz de dominar todo su cuerpo"* (St 3, 2).

Las palabras de doble sentido. Debes poner gran cuidado para que jamás salgan de tus labios palabras de doble sentido, deshonestas o inconvenientes, pues aunque tú no las digas con mala intención, los que las oyen pueden darles otro sentido. La palabra deshonesta, inconveniente, de doble sentido, cayendo sobre un corazón débil se extiende como una gota de aceite sobre una tela, y a veces se apodera de tal manera de ese corazón que se le convierte en una fuente de malos pensamientos, y deseos y tentaciones que le colocan en el resbaladero que lleva al pecado.

Como el veneno. Así como el veneno corporal entra en el cuerpo por la boca, el veneno espiritual entra en el alma por los oídos. La lengua que produce ese veneno es asesina del alma, y si a veces no logra hacer un daño total porque encuentra corazones que se defienden de esto, sí les causa un gran mal, a veces irreparable.

Aunque sea sin intención. No me diga alguno que dijo esas palabras sin intención de hacer daño, pues el diablo sí tenía esa intención de dañar el alma de quien estaba oyendo. Además Jesús decía: *"De la abundancia del corazón habla la boca"* (Mt 12, 34), es decir, que lo que dicen nuestros labios ya pasó antes por el cerebro y recibió su aprobación. Dicen que los que toman jugo de ciertas yerbas medicinales (hierbabuena, manzanilla, apio, etc.) tienen siempre el aliento agradable porque gozan de buena digestión. Así también quienes tienen castidad y la pureza en su corazón y en su mente, tendrán también en sus labios palabras llenas de pureza y de castidad.

San Pablo recomienda: *"La fornicación y toda impureza ni siquiera se mencione entre nosotros como conviene a santos"* (Ef 5, 3). Algunas personas dicen palabras de doble sentido con toda la finura que pueden, y así esas palabras hacen mayor daño, porque les sucede como a las flechas, que cuanto más agudas y afiladas sean, más logran penetrar en el cuerpo para hacerle mal.

¿Abeja o moscardón? Salen por la mañana las abejas y los moscardones. Las abejas van de flor en flor adquiriendo oloroso néctar y suave miel. Los moscardones van de estiércol en estiércol recogiendo fetidez y contagio peligroso. Así son las personas: unas recogen de la vida lo santo, lo puro, lo honorable y de eso hablan, pero otras van recogiendo lo dañoso, lo impuro y lo contagioso y de esas asquerosidades se nutren sus conversaciones.

Fuerte reacción. Los Proverbios aconsejan: "Si alguien te habla de lo que no conviene, debes hacer un rostro tan triste como si fueras a llorar". -Si así lo hacemos, la otra persona se dará cuenta de que no nos agradó su indebida conversación y cambiara de tema. La culpa de que haya quienes hablen de cosas tan indecentes se debe en buena parte a que encuentran oyentes que les muestran agrado ante sus conversaciones indebidas.

La burla y la crítica. La lengua que se dedica a criticar o a burlarse de los demás les está haciendo un gran mal, y es señal de que en el corazón de la persona que tales cosas dice, existe desprecio hacia los otros.

Los chistes. Los juegos de palabras que se hacen honestamente, los chistes de buen gusto, hacen pasar ratos alegres y sirven para reuniones en las cuales la gente desea divertirse. La risa es un gran remedio para conservar la salud. Eso sí, con tal de que los chistes y juegos de palabras no sean de doble sentido, porque entonces sí serían reprochables y dañosos para el alma.

Las burlas. Decían los antiguos: "La burla dejarla cuando más agrada", es decir, que si se hace ingenuamente y sin mala intención una burla, no hay que insistir en ella, sino dejarla lo más pronto posible para que la otra persona no se disguste. Pero si la burla es ofensiva no la podemos aceptar de ninguna manera porque sería un desprecio al prójimo, y cada persona merece el máximo respeto. San Jerónimo decía que una burla ofensiva en una persona devota es casi como una blasfemia en una persona ordinaria.

Todo a su tiempo. En las horas de recreo en las que nos podemos dedicar a sanas y divertidas conversaciones que descansen el espíritu, cuando alguno empezaba a charlarle a San Luis Gonzaga de temas religiosos y muy serios, él le respondía: "Este es momento de recrearnos y divertirnos y no de meditación". Con esto le recordaba lo que enseñaba el antiguo escritor: "Todo tiene su tiempo".

Tiempo de pensar en cosas serias y tiempo de reír" (Qo 3, 1.). Así como en el tiempo de luto y de dolor seria totalmente indebido hablar de cosas que hagan reir, así en tiempos de recreación conviene hablar de temas que descansen y no de lo que necesita seria reflexión. Todo tiene su tiempo.

> **¡UNA BUENA PALABRA**
> **DICHA A TIEMPO,**
> **CUANTO BIEN HACE!**
> **(Proverbios)**

Capítulo 28

LOS JUICIOS TEMERARIOS

El Divino Salvador nos dejó una prohibición: "No juzguen y no serán juzgados. No condenen y no serán condenados" (Mt 7, 1). Yo te digo que si Jesucristo me hubiera ordenado dedicarme a juzgar y condenar, sería para mí el oficio mas amargo de mi vida, pero bendito sea el Señor que me dijo todo lo contrario: te prohíbo juzgar y condenar si es que quieres que no te juzguen y no te condenen.

El Apóstol Santiago dice: "Habrá un juicio sin misericordia para quienes no tienen misericordia" (St 2, 13) y San Pablo recomienda: "No juzguen antes de tiempo. Dejen que el Señor venga y entonces alejará las tinieblas y descubrirá lo que hay en el corazón de cada persona" (1Co 4, 5).

Oficio indebido. Qué desagradable es dedicarse a hacer juicios contra las otras personas. Es algo totalmente equivocado porque estamos usurpando un oficio que el Divino Juez se ha reservado para Él, que es el único que conoce lo que hay en el secreto de los corazones. Las intenciones que cada persona tiene al obrar, solamente las conoce Dios. Nosotros las desconocemos, por eso no estamos en capacidad de hacer juicios sobre la conducta de los otros. Bastante tenemos ya con juzgarnos a nosotros, para que además nos dediquemos a juzgar a las otras personas. Si tenemos casa de vidrio ¿Para qué dedicarnos a lanzar pedradas a la casa del vecino?

Buen negocio. Si queremos no ser condenados nosotros, tenemos una solución muy buena, dada por Nuestro Señor Jesucristo: no condenar a los demás.

Empezar por casa. Lo primero que tenemos que hacer es juzgarnos a nosotros mismos. El Apóstol dice: "Si nos juzgamos a nosotros mismos no seremos condenados" (1Co 11, 31). Lo grave es que hacemos lo contrario: en vez de juzgarnos a nosotros nos dedicamos es a juzgar a los otros, y esto es dañoso y no sirve para nada.

Corazones duros. Existen personas de corazón duro y agrio cuyo gusto es dedicarse a juzgar y condenar. Les cae muy bien lo que decía Jesús: "¿Por qué se *dedican a mirar la basurita que hay en los ojos de los demás y no miran la viga que hay en sus propios ojos?*" (Mt 7, 2). Necesitan una buena dirección espiritual para tratar de curarse de esa enfermedad espiritual que consiste en una tendencia muy dañina a condenar y juzgar a los demás, en vez de comprenderlos y perdonarles.

Envidia. Hay quienes se dedican a hablar mal de otros no porque tengan de por si un corazón agrio, sino por envidia y por deseo de que los demás no sobresalgan ni triunfen. Es señal de tener un corazón chiquito que en vez de alegrarse del bien ajeno se entristece de que a otros les vaya bien. La envidia es muy dañosa.

Parcialidad. Algunas personas juzgan por pasión y piensan siempre bien de los que estiman y aman, y siempre mal de los demás, y a veces hasta piensan mal de los que aman cuando tienen con ellos algún disgusto. Es un modo monstruoso de pensar, y por un simple indicio ya condenan a las personas acusándolas de maldad, de impureza, etc.

Bebidas alucinantes. Existen ciertos jugos de yerbas que a quienes los toman los hacen ver alacranes, serpientes y otras cosas espantosas que solamente están en la imaginación. Algo parecido les sucede a quienes aceptan en su corazón el orgullo, el rencor, la envidia u otras pasiones, no ven en los demás sino conductas malas y dignas de menosprecio. Deberían recordar lo que dice San Pablo: *"No tienes excusas tú que juzgas, pues juzgando a otros te condenas a ti mismo, pues también obras la maldad"* (Rm 2, 1).

Remedios. Ante todo no fijarse en el mal que hacen los demás. Ese no es nuestro oficio y ya tendrán quien los juzgue al final de su vida. Luego pensar en que su intención probablemente no ha sido hacer el mal, y que el mal que vino, puede ser que no fue buscado directamente. Cada vez que nos encontremos juzgando mal a los demás, detengamos nuestro juicio y recordemos que Jesús nos ha prohibido juzgar y condenar. Dejemos a Dios ese oficio que Él sí conoce todo perfectamente. Cuarto: pensar que si nosotros nos hubiéramos encontrado en su caso, con su temperamento, con sus circunstancias, etc, probablemente habríamos procedido lo mismo y quizás hasta peor.

La ictericia. Quienes sufren la enfermedad de la ictericia ven todo de color amarillo. Quienes tienen en el alma la enfermedad de vivir juzgando y condenando, ven maldad y mala voluntad donde muchas veces no las hay. Necesitan como los de la ictericia, tomar remedios para esa enfermedad, y entre ellos el de dedicarse a pensar bien de todos, y hablar bien de todos. Hay que pedirle a Nuestro Señor que cambie este corazón nuestro que es duro como de piedra, en un corazón de carne, manso y amable. Y pedirle este favor muchas veces. Recordemos que la medida que empleamos para medir a los demás, la empleará Dios para medirnos a nosotros. Cuanto más amplios seamos con los otros, más amplio y benigno será el Divino Juez con nuestra alma que ha sido y es tan pecadora.

EJEMPLOS PARA IMITAR. Cuando San José notó que su prometida la Virgen María esperaba un hijo sin haber estado juntos, en vez de juzgarla y condenarla, siguió pensando que ella era enteramente santa e inocente y dispuso abandonarla en secreto sin acusarla ¿Por qué obró así? El Evangelio dice: "Porque era justo, porque era santo" (Mt 1, 19). Quien tiene un alma justa y santa ni juzga, ni condena, sino que deja como José, el juicio a Dios que es el único que conoce toda la realidad.

Cuando Jesús estaba siendo crucificado, no pudiendo excusar del todo la culpa de los que lo crucificaban, disminuyó la malicia de ellos diciendo que no sabían lo que hacían: "Padre, perdónalos porque no saben lo que hacen", pues, *Si lo hubieran sabido nunca habrían crucificado al Rey de la Gloria*" (1Co 2, 8). Así debemos hacer nosotros: cuando no podemos excusar del todo el pecado, busquemos algunas razones que disminuyen su gravedad y culpabilidad.

Luego: ¿No podemos juzgar ni condenar nunca a nadie? Nunca jamás (excepto quienes tienen el encargo de hacerlo acerca de otras personas, por ejemplo, los jueces, los responsables de jóvenes educandos, etc. Y esto solamente con aquellos cuya responsabilidad se les ha confiado). Filotea, alma que amas a Dios, solamente Dios tiene el poder pleno de juzgar y condenar. Si a veces delega este poder en los jueces, éstos tienen la obligación de proceder con todo cuidado para no dejarse llevar por sus pasiones y no equivocarse en las sentencias que dictan.

¿Será malo dudar del prójimo? No, porque lo que está prohibido no es dudar, sino juzgar y condenar. Pero no se puede juzgar y sospechar sino cuando existen razones serias y argumentos que nos hacen dudar, pues de lo contrario serían dudas y sospechas temerarias e imprudentes.

Cuidado con los hechos indiferentes. Existen actos que de por sí no son necesariamente malos y que si se juzgan ligeramente se pueden condenar. Por ejemplo, vemos a un hombre dar un beso a una mujer que no es su esposa, al despedirse. No podemos sin más ni mas condenar esta acción, pues bien pueden ser hermanos que se aman y se aprecian.

Quien tiene su alma en paz no ve la necesidad de meterse a juzgar vidas ajenas.

Si de esas personas no le va a tomar cuenta Dios ¿Para qué meterse en sus vidas? (porque si se trata de almas de las cuales sí va a tener que darle cuentas a Dios, por ejemplo los hijos, los súbditos, etc, sí tiene que andar con cuidado para que no se vayan a extraviar por no haberlas cuidado debidamente). Si ya tenemos bastante con cuidar de nuestra alma ¿Para qué aumentar nuestros afanes metiéndonos en lo que no nos importa? Un refrán popular escrito en ciertas paredes dice: "Dios mío, ¿Qué haré para no meterme en lo que no me importa?". Cuidemos mucho de las personas que están bajo nuestra responsabilidad y de las cuales vamos a tener que darle cuenta al Divino Juez, y del resto dediquemos no a juzgar y a condenar a los demás sino a preparar el Juicio que nos espera al final de la vida acerca de nuestros propios comportamientos.

Capítulo 29

LA MURMURACIÓN

Del vivir juzgando y condenando a los otros provienen muchos efectos muy dañosos y uno de los peores es la murmuración, el hablar mal de los demás.

La murmuración es la peste de las conversaciones. Cuando Dios llamó al profeta Isaías a que llevara sus mensajes a la gente, Isaías le respondió: "Ay Señor, que yo soy un hombre de labios manchados" –Y Dios envió un ángel que tomó una brasa encendida del altar y con ese carbón encendido le purifico los labios (Is 6, 6). ¡Quién tuviera un carbón así para purificar nuestros labios y los de tantas personas más para no mancharlas con la murmuración! Si alguien lograra quitar la murmuración del mundo, disminuirían enormemente los pecados de la lengua y los castigos que por ellos han de llegar.

Grave obligación. Quién quita injustamente la buena fama a otra persona hablando mal de ella, queda con la grave obligación de restituírsela, hablando bien en su favor.

Recordemos la antigua comparación del puñal de triple filo: la lengua murmuradora es un puñal de tres filos: con el uno mata la fama de la persona de la cual murmura. Con el otro mata el oído de quien la escucha y con el tercero mata el alma de la persona murmuradora, pues esto es un pecado muy dañoso y manchador. San Bernardo afirma que mientras se murmura, el diablo está en la lengua de quien habla mal y en el oído de quien le escucha. De esas personas dice el salmo 139: "Afilan sus lenguas como serpientes, con veneno de víboras en los labios". La lengua murmuradora pica y emponzoña el oído de quien oye y la buena fama de aquel de quien murmura.

Filotea, alma creyente, te ruego que no murmures ni hables jamás mal de persona alguna, ni directa, ni indirectamente. Cuídate de adjudicar falsas culpas y pecados al prójimo, de descubrir los que son secretos o de agrandar los que son evidentes. Cuídate de interpretar mal una buena obra o de negar los méritos a los que les corresponden o de disminuirlos con tus palabras. Todas estas cosas disgustan a Nuestro Señor y manchan tu alma, sobre todo cuando se acusa falsamente de lo que otros no han hecho, o se cuentan defectos o faltas que otros no sabían, o se niegan verdades o méritos de los demás. Todo esto perjudica al prójimo y desagrada a Dios.

Los más peligrosos. Los murmuradores más finos y peligrosos son los que antes de decir lo malo dicen algo bueno, como para disimular su malicia. Fulano o fulana o sultana tienen esta cualidad pero... y en ese pero viene toda la maldad. "Yo le estimo y por lo demás es buena persona pero dijo o hizo tal y tal cosa y tiene este y aquel defecto...

¿No ves qué disimulo y que maña tienen estas personas para perjudicar la fama ajena? Hacen como quien se va a lanzar lejos, se echan hacia atrás para tomar impulso. Dicen algo bueno para luego decir mucho malo. Ésta es la más cruel de todas las murmuraciones.

Veneno mortal. Dicen que la cicuta, que es una bebida venenosa, si se toma sola no es demasiado mortal, y su efecto es lento, pero si se toma mezclada con vino es mortífera inmediatamente. Así pasa con la murmuración, que cuando va mezclada con elogios entonces sí que penetra fuertemente en los oídos para no olvidarse ya jamás. De estas personas murmuradores dice el Libro Santo que son tan peligrosas como serpientes venenosas escondidas entre el pastizal por el cual vamos andando descalzos. Cómo deberíamos repetir las palabras del salmo 18: *"Señor que te sean agradables las palabras de mi boca y los pensamientos de mi corazón".* Que lo que pienso y lo que digo de los demás nunca te sea desagradable sino totalmente de tu agrado, Señor.

No generalizar. No digas: "Fulano es un *borracho"* aunque lo hayas visto alguna vez borracho, ni digas fulano es un "adúltero" aunque lo hayas visto ser infiel, ni afirmes que es un desvergonzado, aunque lo hayas visto pecando, porque de un solo acto no se puede concluir que es un vicioso.

Noé fue el primero que fabricó vino y al tomarlo se emborrachó. Pero no por esa borrachera se podía decir de él que era un borracho. San Pedro en la noche del Jueves Santo en Getsemaní le cortó la oreja a uno de los que iban a apresar a Jesús, pero no por eso podemos decir que San Pedro era un violento, ni porque esa noche negó tres veces a Jesús por miedo, podemos llamarlo un renegado. Es pues una mentira decir de alguien que es ladrón o colérico solamente por haberle visto alguna vez robando o encolerizado.

¿Y si fueron muchas veces? Simón el fariseo que invitó a Jesús a almorzar, al ver que llegaba una mujer arrepentida a lavar los pies a Jesús con lágrimas dijo: "Es una pecadora" (Lc 7, 39) pero ella no lo era, pues aunque había pecado muchas veces, ahora estaba arrepentida y fue perdonada. También el fariseo de la parábola decía que el publicano era un pecador, y resultó que el publicano salió del templo santificado, pero el fariseo no (Lc 18).

Dios puede hacer de un pecador un santo, y ¿quién puede decir que esa persona que vimos pecando ya no está arrepentida y que no hizo las paces con Dios?

No podemos decir que alguien es malo, sin que al decirlo tengamos peligro de mentir. Lo que podemos decir en caso grave en que nos pregunten, es que hizo un acto malo o que vivió mal en un tiempo, pero del presente ya no podemos afirmarlo, porque de los hechos de ayer no podemos deducir los de hoy o de mañana.

No alabar lo malo. Hay que huir del extremo opuesto que consiste en que por no murmurar se alaban las malas acciones de la otra persona. Por ejemplo, si alguien es tacaño no podemos decir que es persona muy prudente que piensa en el futuro. Si tienen comportamientos impuros no se puede afirmar que son demostraciones de puro amor. No digamos que la impureza es amistad, ni que la rebeldía y la desobediencia son señales de una gran personalidad. No, Filotea, alma que amas a Dios. Al mal siempre hay que llamarlo mal, y lo que es feo ante Dios, hay que decir que es feo.

Saber reprochar. Si delante de jóvenes se narran maldades de otras personas es necesa-

rio hacer saber que eso es totalmente reprocha-
ble, porque hay el peligro de que la gente joven
al oír que otras personas hicieron semejantes
maldades, puedan pensar que eso sí se puede
hacer. Pero saber distinguir entre el pecado y
el pecador. Con el pecado hay que ser estric-
tos, pero con el pecador hay que ser misericor-
diosos.

Sin ser alcahuetes de sus maldades, pero
sin convertirnos en sus jueces que condenan.

Con los herejes. Con quienes propagan here-
jías contra la religión católica hay que ser fuertes y no permitir que se les apoye ni se les alabe
porque el mal que pueden hacer es muy grande.
Caridad es gritar que viene el lobo, para que no
logre matar a las ovejas.

Con el Gobierno. Todo mundo se siente
autorizado para criticar al Gobierno. Lo mejor
es no hablar de política, porque esto trae discusiones y quita la paz.

Remedio. Cuando oigamos murmurar tratemos de cambiar de tema o de defender al
acusado insistiendo en que probablemente su
intención no fue hacer el mal y digamos algunas cosas buenas a favor de esa persona, si es
posible.

Capítulo 30

AVISOS ACERCA DEL MODO DE HABLAR

Nuestro modo de hablar debe ser dulce, amable, agradable, natural, sincero y verdadero. Cuídate mucho para no darles dobles sentidos a las palabras, ni emplear la hipocresía. No todas las verdades se pueden decir todas las veces, pero no es permitido ir contra la verdad. Acostúmbrate a no mentir nunca, ni por excusarte ni de otra manera. Dios es la verdad y la mentira viene del maligno. Si te sucede caer en alguna mentira procura enmendarla y repararla.

Algunas veces se puede encubrir la verdad con algún artificio de palabras, pero en cosas que no sean de gran importancia.

Ante todo la sencillez. San Agustín, en algunos de sus primeros escritos fue algo exagerado y después escribió el libro titulado: "Retractaciones", para corregir las exageraciones de sus primeros tiempos. Ojalá repitamos de vez en cuando las palabras del Salmo 140: "Coloca Señor una guardia a mis labios y un centinela a la puerta de mis labios. No dejes inclinarse mi corazón a la maldad".

No contradecir. El rey San Luis aconsejaba no contradecir a nadie si lo que dicen no va contra la ley de Dios o la moralidad. La mejor discusión es la que se evita. Al contradecir a otro se hiere su amor propio y esto lo coloca en contra nuestra. Para discutir se necesita una gran mansedumbre y no aparecer como quien pretende imponer sin más ni más su propia opinión. El gran sabio Santo Tomás de Aquino al discutir no decía: "Esto es así" sino "A mí me parece que... probablemente...".

El hablar poco tan recomendado por los sabios, no significa decir pocas palabras, sino no decir muchas palabras inútiles o palabras dañosas, porque en palabras no hay que mirar tanto la cantidad cuanto a la calidad. *Hay que huir de dos extremos:* el de aparecer como demasiado informado y entendido y así no participar en las charlas familiares de los demás. Esto demuestra falta de confianza y cierto desdén y desprecio hacia los otros. El otro extremo es el de hablar siempre, sin permitir a los otros que hablen a su gusto.

Esto es también señal de superficialidad o de vanidad. San Luis consideraba que no era correcto hablar en secreto cuando se está a la mesa con otros. Decía que lo que se pueda decir hay que decirlo de manera que los demás puedan escuchado y que si se van a decir cosas secretas hay que decirlas en otra ocasión y aparte.

Mi consejo es: hablemos poco y amable, poco y alegre, poco y provechoso, poco y espiritual. Nuestros labios dedicados a propagar el evangelio no deben dedicarse a hablar cosas dañosas.

El libro de los Proverbios dice: "Toda labor enriquece, pero la charlatanería empobrece. No seas precipitado en tu hablar. Sean pocas tus palabras, porque de las muchas palabras nacen los despropósitos. La lengua puede ser tu ruina. La persona prudente sabe callar. La persona imprudente habla sin medida. Así como a tu huerto le pones cerca y pared para librarlo de daños, así debes poner guardia a tus labios. No acostumbres tu lengua a una dañosa libertad. Quien domina su lengua guarda su vida, pero quien mucho abre sus labios busca su ruina. Quien domina su lengua se libra de muchas angustias". (Pr 20, 27).

Capítulo 31

LOS PASATIEMPOS Y RECREACIONES

Una buena mortificación es callar ciertas vivezas que se nos ocurren. Si dominas la lengua lograrás también dominar tus demás inclinaciones.

Filotea, alma que amas a Dios, existen pasatiempos y recreaciones que hacen bien al cuerpo y al alma, como por ejemplo, pasear por el campo, los deportes, el ajedrez, el oír músicas suaves, las reuniones en familia, el cantar y reír alegremente, las lecturas amenas, los espectáculos sanos, los viajes para conocer nuevos sitios y lugares (y entre estos viajes los más provechosos son las peregrinaciones a santuarios), las charlas entre amigos, el tocar instrumentos musicales, el asistir a sanas representaciones teatrales, el pintar, etc.

En los juegos y deportes hay que tener en cuenta no emplear en ellos demasiado tiempo. Pues si en un deporte empleamos seis horas seguidas, ya no es una distracción sino una ocupación.

El Apóstol San Juan. Narra el historiador Casiano que una vez encontraron al Apóstol San Juan, gran místico y elevadísimo teólogo, dedicado a pasatiempos y distracciones casi infantiles y uno le preguntó: "Padre: no le parece que sea una pérdida de tiempo el que un personaje de tan elevada espiritualidad se dedique a pasatiempos tan sencillos?" –Y el gran Apóstol le respondió: "¿El cazador puede tener siempre tenso el arco de lanzar flechas? –No padre, porque se le dañaría –Pues lo mismo me pasa a mí, añadió el santo– si tengo siempre el espíritu tenso me desgasto y pierdo energías. Necesito darle tiempos de descanso y de distensión, para poder después dedicarme a la contemplación".

Los juegos de azar. Hay que tener cuidado para no dedicarse a juegos de azar en los cuales todo depende de la suerte y a veces de la malicia del jugador. Esto ya no hace descansar al espíritu sino que lo cansa y preocupa más. Si se juega dinero esto lleva a verdaderos peligros de pérdidas y se puede convertir en un vicio que esclaviza y del cual será dificilísimo librarse después.

En los juegos y deportes conviene poner emoción y entusiasmo, pero no apasionarse demasiado, porque entonces en vez de descanso lo que producen es desgaste.

Los juegos donde se apuesta dinero hacen que después la persona siga pensando en eso, y este pensamiento le cansa. Además si gana es a costa de la tristeza del que perdió el dinero. Eso sería alegrarse del mal ajeno.

El rey San Luis una vez encontró a su hermano jugando dinero con naipes y dados y echó los naipes y dados por una ventana, insistiendo a los jugadores que no se dedicaran a esa distracción que les hacía más daño que bien.

Capítulo 32

LOS BAILES

De los bailes tengo que decirte que de ellos se puede afirmar lo que dicen los especialistas acerca de los hongos venenosos: "El menos dañoso es muy peligroso

¿Dónde está el peligro? Los bailes se hacen muchas veces de noche o en recintos semioscuros, y en esas circunstancias las pasiones sensuales se excitan más. Y van acompañados de bebidas alcohólicas, y "el *alcohol y la castidad nunca logran estar juntos*".

En los bailes se escuchan músicas que excitan mucho la sensualidad. El estar demasiado cerca los cuerpos uno de otro, enciende fortísimamente las pasiones ¿Parecería bien estar por horas abrazados así, sin música? Pero con música sí se hace eso por horas en los bailes.

Además, a muchos bailes van personas especializadas en corromper corazones y seducir almas ingenuas, y sus palabras almibaradas logran excitar fuertemente la sensualidad.

Otro defecto de los bailes es que hacen trasnochar y eso lleva a que al día siguiente las personas están cansadas y poco entusiastas para el trabajo y la oración.

Los bailes familiares. En esas reuniones de familia donde todos conocen a todos, donde no hay tipos extraños, donde los ojos vigilantes de los papás están alerta para prevenir desordenes y librar a sus hijos de excesos que les podrían ser dañosos para el alma, allí la situación es distinta, porque se pueden pasar ratos alegres y con menos peligros. Lo que no sucede en los bailes públicos donde llega toda clase de gente y no hay quien esté alerta para librar de graves peligros a las gentes inexpertas.

Mi consejo. Filotea, alma creyente, mi consejo es este: cuanto menos vayas a bailes, mejor será para tu santificación. Si tienes que ir por exigencias sociales, trata de que sea en las menos ocasiones posibles y por el menor tiempo que puedas. Dicen que los hongos, mientras menos se coman hay menos peligro de envenenarse. Así pasa con los bailes, mientras menos se frecuenten, menos males llegan al alma.

Otras consecuencias. En los bailes, a causa del licor, de las tinieblas y de los celos se producen riñas y a veces muy violentas. Nacen amores locos y pasajeros que llevan a cometer faltas graves de impureza que después no dejan sino desilusión y tristeza. Y sucede frecuentemente que la serpiente infernal por medio de los labios expertos en corromper, sopla en los oídos de las mujeres palabras seductoras, engañadoras e incitantes que logran envenenar el alma de quien las escucha y llevarle a pecados sensuales.

Oh Filotea, alma que amas a Dios, no se te olvide que éstas reuniones bailables enfrían mucho la devoción, encienden las pasiones, producen deseos de volver a pecar, dejan hondas desilusiones en el espíritu, debilitan las fuerzas, enfrían el amor de caridad y despiertan mil pensamientos sensuales y afectos muy dañosos, por eso, debes tener una gran prudencia en cuanto a frecuentarlas.

¿Que pensar después de un baile? Cuando alguien come un hongo indigesto, le aconsejan tomarse luego un vaso de vino de la mejor clase. Lo mismo después de un baile conviene pensar en lo siguiente:

1. Mientras tú bailabas, muchas almas lloraban en las llamas de la otra vida a causa de los pecados que cometieron en los bailes.

2. Mientras tú bailabas, muchos religiosos y numerosos sacerdotes estaban rezando devotamente o leyendo libros santos. ¡Que distinto modo de emplear el tiempo!

3. Mientras tú bailabas sensualmente, millones de personas se retorcían de dolores en sus camas de enfermos y miles y miles agonizaban en los hospitales. Tú danzabas y ellos lloraban. Después ¿Qué les esperará a ellos y a ti?

4. Dios, los ángeles y la Virgen Santísima te han visto durante el baile. ¿Qué pensarían al verte con tanta dedicación a lo sensual y tan poquito a lo espiritual?

5. Mientras tú bailabas el tiempo se te pasó sin que en esas horas ganaras nada para la eternidad, y la muerte se te acercó más y más, y sin que te hayas preparado para recibirla.

Ojalá pensaras en los gozos que te esperan en la eternidad que en los placeres que se te ofrecen en esta vida terrenal.

Capítulo 33

NORMAS EN CUANTO A JUEGOS Y DANZAS

En cuanto a dedicarse a juegos y danzas es bueno recordar que se hagan por recreación y descanso y no por pasión. Que sean por tiempos limitados y no hasta quedar exhaustos. Que se hagan de vez en cuando y no con demasiada frecuencia, porque entonces dejarían de ser recreación y pasarían a ser un oficio u ocupación.

¿Con qué frecuencia? Te recomiendo que vuelvas a leer las recomendaciones del capítulo anterior y que procedas como te aconsejan la prudencia y la sana condescendencia con los demás.

San Carlos Borromeo que era tan austero en todo, algunas veces por condescender con los guardias de su palacio, hasta llegó a jugar a los naipes con ellos, y lo mismo hizo alguna vez San Ignacio de Loyola, por condescender con los que lo acompañaban. Santa Isabel de Hungría, tan dedicada a la oración, la contemplación y a las obras de caridad, cuando sus amigas la invitaban a ciertos pasatiempos mundanos sin perjuicio de su santidad, aceptaba su invitación y pasaba ratos allí sin ofender a Dios. Estas personas sabían dedicarse a pasatiempos mundanos sin perjuicio de su santidad porque les sucedía como a los árboles que crecen en las altas montañas, que tanto recibir los ataques de los huracanes y vientos violentos, adquieren más fuerza en sus raíces y en sus ramas y no ceden ante la violencia de la tempestad. Las grandes llamas crecen cuanto soplan muy fuertes los vientos, pero las pequeñas llamitas se apagan cuando sopla el viento frío.

Capítulo 34

LA FIDELIDAD EN LAS PEQUEÑAS Y GRANDES OCASIONES

El Esposo del Cantar de los Cantares dice que la esposa lo cautivó con la hermosura de sus ojos y la belleza de sus cabellos (Ct 4, 9). No hay algo tan importante en el cuerpo humano como los ojos, y nada tan insignificante como el cabello. Con este ejemplo nos quiere enseñar Nuestro Señor que lo atraemos en nuestro favor con la fidelidad en las obras que son tan importantes como nuestros ojos y en las que son tan insignificantes como un cabello.

Dispuestos a todo. Filotea, alma que amas a Dios, debes estar siempre dispuesta a aceptar de Dios cualquier sacrificio muy grande que Él te pida, por ejemplo, padres, tus amistades, tu vida, todo lo que te puede ser tan precioso como tus ojos, pero mientras Nuestro Señor no decida exigirte semejantes sacrificios tan costosos, debes tener la disposición de ofrecerle también los pequeños sacrificios, esos que son como insignificantes cabellos, pero que son numerosos, frecuentes y cotidianos. Por ejemplo, el dolor de cabeza o muelas, las incomodidades de la regla mensual, el mal genio del marido o de la mujer, el que se nos rompa un vidrio o un plato o se nos pierda un objeto, lo cansones que son ciertos oficios y trabajos que hay que hacer cada día, siempre los mismos, a la misma hora, sin que nadie los reconozca ni los aprecie (excepto Dios que siempre los tiene bien anotados para el día del Premio Eterno). El aguantar ciertas burlas, el tener que levantarse por las mañanas cuando todavía desearíamos dormir un poco más; el transporte, el alimento que no agrada o que no es suficiente, los malestares de salud que quitan al ánimo. Todas estas pequeñas cosas si se ofrecen a Dios con amor y paciencia, pueden traer muchas ayudas del cielo. Así como Jesús prometió que hasta un vaso de agua que regalemos por amor a Él, no se quedará sin recompensa, cuánto más tendrán premios de lo alto, estos pequeños sacrificios que ofrecemos cada día, los cuales, cada uno de por sí no es muy grande, pero sumados todos y ofrecidos por amor de Dios, si tienen un gran valor.

El ejemplo de Santa Catalina. En las vidas de los santos leemos (el 29 de abril) de Santa Catalina de Siena que ésta gran santa recibía muchas revelaciones del cielo, hablaba con Je-

sús en la Eucaristía y le escuchaba sus mensajes, componía escritos con enorme sabiduría,
daba consejos a Pontífices, obispos, sacerdotes y fieles y tenía grandes contemplaciones,
pero también cada día atendía con todo esmero a los oficios de la cocina preparando los alimentos para su numerosísima familia, hacía
los mandados, lavaba ropa, barría los pisos,
iba de compras al mercado, amasaba y cocina-
ba el pan, remendaba la ropa, lavaba los platos
y efectuaba con gran dedicación y esmero todos los oficios de un hogar ordinario.

Y mientras trabajaba meditaba. Así por
ejemplo, mientras preparaba los alimentos para su padre y se los servía a la mesa, se imaginaba que estaba atendiendo a Jesucristo en
persona, como lo hacía Santa Marta en Betania.
Al ayudar a su mamacita y a sus hermanas en
los oficios de la casa, se imaginaba que estaba
atendiendo a la Virgen Santísima y a los Apóstoles, y veía en todas estas humildes acciones la
voluntad de Dios que ella estaba cumpliendo,
al hacerlos con amor, mansedumbre y alegría.

La mujer fuerte. Filotea, alma creyente,
te recomiendo que leas en el último capítulo
del Libro de los Proverbios el retrato de que
allí hace el Libro Santo de lo que es una mujer

fuerte y cumplidora. Es admirable. Dice entre otras cosas: "Se levanta de madrugada y prepara el alimento para todos. Atiende a la huerta y con sus manos cultiva el jardín.

Trabaja todo el día y sus oficios los hace muy bien. Por la noche remienda, borda y cose. Da limosna a los necesitados y no niega su ayuda al pobre. Hace costuras y las vende y así ayuda a la economía del hogar. Su boca pronuncia enseñanzas de sabiduría y palabras de amabilidad. Recibirá el fruto de sus buenas obras y la gente hablará muy bien de ella" (Pr 31).

¡Admirable! Es un modo práctico de ganarse el cielo cumpliendo bien y por amor de Dios los sencillos deberes de cada día.

Seguir ese ejemplo. También tu debes hacer algo semejante. Dedicar tiempo a la meditación, a la oración, a recibir los sacramentos, a hablar de Dios y del alma a otras personas, leer libros religiosos, pero también dedicarte con amor y consagración a los pequeños deberes y oficios de cada día. Las labores del hogar y del empleo que tienes, los deberes con familiares y personas a las cuales tienes que atender, la visita a los enfermos, el cuidado por emplear muy bien el tiempo, el ayudar a los pobres, el reemplazar a quienes necesitan de tu ayuda etc. Ojalá imites en esto a Santa Catalina.

Aprovechar las pequeñas ocasiones. Las grandes ocasiones de hacer obras maravillosas se presentan rarísimamente.

Pero las pequeñas ocasiones de hacer sencillos trabajos, se presentan continuamente. Jesucristo prometió: "A *quien sea fiel en lo poco, lo pondré sobre lo mucho*" (Mt. 25, 21). Así pues, dedícate a hacer con esmero y por amor a Dios las pequeñas cosas que tienes qué hacer cada día y así te estarás ganando el cielo. Y no olvides lo que recomienda San Pablo: *"Ya sea que coman, ya sea que beban, ya sea que hacen otras labores, ofrézcanlo todo por amor a Dios"* (1Co 10, 31). Haciéndolo así progresaremos en santidad, porque de esa manera es como Dios quiere que obremos.

Capítulo 35

PEQUEÑECES, LAS CUALES NO SE PUEDEN PASAR POR ALTO

Cuando llegan las plagas a los cultivos, son pequeños bichos, pero son muchos y entre todos pueden arruinar la cosecha. Algo parecido sucede con la santidad. Llegan pequeños descuidos, pero sumados unos con otros echan a pique nuestra perfección. Veamos algunos ejemplos. Acusamos y juzgamos al prójimo por pequeñeces, pero nosotros nos excusamos por faltas mucho más grandes. Queremos que con los demás se ejecute estricta justicia pero que con nosotros tengan gran misericordia. Deseamos que interpreten bien nuestras palabras pero interpretamos mal las palabras de los demás.

Si nos aficionamos a un oficio o deporte despreciamos los otros oficios. Contradecimos lo que no sea de nuestro gusto. Si alguno de nuestros empleados no nos cae bien, no dejamos de regañarle y gruñirle a la menor falta, pero si otro sí nos cae bien, pasamos por alto cualquier falta que cometa.

Si una persona tiene defectos físicos que no le hacen agradable, sentimos repulsión hacia esa persona (por más bella que tenga el alma) pero si alguien tiene belleza y gracia corporal le demostramos preferencia (por más fea que tenga el alma). Entre un rico y un pobre, siempre preferimos al rico, y al más elegantemente vestido que al que viste harapos.

Exigimos que nuestros derechos se respeten exactamente, pero pedimos a los demás que tengan resignación si los derechos de ellos no son respetados. Defendemos nuestros puestos al milímetro, pero a los demás les pedimos que acepten con humildad que les quiten su puesto. Vivimos quejándonos del prójimo, pero no aceptamos que los demás se quejen de nosotros.

Lo que hacemos por el prójimo nos parece siempre mucho, pero lo que los otros hacen por nosotros nos parece poca cosa.

Doble corazón. Nosotros somos como aquellos animales que en la antigüedad las gentes se imaginaban que tenían doble corazón, porque con los que de su grupo eran amabilísimos, pero con los otros eran terriblemente agresivos. Algo parecido nos pasa a nosotros. Con nuestros preferidos somos amplios y generosos y con los prójimos antipáticos somos severos y rigurosos. Tenemos dos pesas o balanzas, la una para nuestras comodidades, y con ella procuramos sacar la mayor ventaja que nos sea posible, y la otra para pesar las comodidades que debe tener el prójimo y en esa sí somos tacaños y miserables. Hacemos lo que critica el salmo 11: "Proceden con doblez de corazón". Eso de tener dos pesas, una amplia y anchota para recibir, y otra estrecha y angosta para dar, es algo que no le puede agradar a Nuestro Señor.

Filotea, alma que amas a Dios, ten cuidado para que seas siempre persona equilibrada y justa en tus acciones. Ponte en lugar de tu pró-jimo. *"Lo que no quieres para ti no lo hagas a na-die"*, decía Tobías a su hijo. Haz de cuenta que estás vendiendo cuando compras y que com-pras cuando vendes; así comprarás y venderás justamente. Nada pierdes con comportarte ge-nerosamente y noblemente pero sí pierdes mu-cho si vives dándole gusto a tu egoísmo.

De vez en cuando examínate para ver si tu corazón, tu generosidad y tu comportamiento para con tu prójimo son como lo que desearías que fuera el de ellos contigo.

_____ **Capítulo 36**

LOS DESEOS

Filotea, alma que amas a Dios, debemos te-ner especial cuidado para no aceptar malos de-seos, porque *el deseo del mal nos vuelve malos*. Nunca debemos desear cosas que sean peligro-sas para el alma, por ejemplo, bailes, juegos de azar, pasatiempos dañosos, altos puestos, ho-nores o éxtasis, porque en tales cosas hay peli-gro de vanidad y de daño.

Tampoco hay qué desear las cosas remo-tas o poco probables, porque muchas personas por andar deseando lo que probablemente no va a suceder se cansan, viven con inquietud y nada bueno obtienen con eso.

Ejemplos. Un joven que a mitad de estudios ya se la pasa deseando ocupar los altos puestos de un profesional. Alguien que está en grave enfermedad desea dedicarse a oficios que solamente se pueden hacer estando en perfecta salud. Vivir deseando comprar la finca de mi vecino cuando él no quiere venderla. Con estos deseos lo que hace es perder el tiempo. Y los deseos inútiles ocupan el puesto de otros deseos que podrían ser muy útiles y provechosos, por ejemplo, el de ser pacientes y amables, el de cumplir exactamente los deberes de cada día, el de prepararse lo mejor posible para el futuro, porque esto sí es lo que Dios quiere que hagamos en el momento presente. De lo contrario nos puede suceder lo que a ciertas personas enfermas que en tiempo de verano desean frutas de invierno y en tiempos de invierno desean frutas de verano.

Una equivocación. De ninguna manera se puede aceptar que una persona dedicada a una profesión especial viva deseando dedicarse a otra muy distinta. Que una esposa viva con deseos de irse de monjita, o un sacerdote dedica-

do a gran actividad, o un obispo, se dediquen
a desear ser un monje cartujo que no habla con
nadie, o que se nos meta el deseo intenso de tener mucha más inteligencia o mayores cualidades de las que en realidad tenemos. Aquí hablo
de un deseo intenso, absorbente, que ocupa totalmente el corazón. Porque si se trata de deseos pasajeros que llegan y pronto se van, de
ellos no estamos tratando ahora.

No hay que desear sufrimientos grandes en
la vida, si hasta ahora no hemos sido capaces
de soportar con la debida paciencia los pequeños sufrimientos que nos han llegado. ¿Para
qué desear sufrir el martirio si no somos capaces ni siquiera de soportar una chanza pesada?
El enemigo de las almas procura que vivamos
deseando cosas lejanas que no van a suceder,
para que así dejemos de dedicarnos a pensar
seriamente en lo que en la actualidad debemos
hacer. Y nos sucede que nos dedicamos a pensar en como librarnos de las terribles fieras de
las selvas del África, mientras que no nos cuidamos de librarnos de los mosquitos, zancu-
dos que nos rodean y que nos pueden infectar
y traernos enfermedades.

No hay qué desear que lleguen tentaciones, porque eso sería un atrevimiento orgullo-

so. Lo que hay que hacer es estar preparados para cuando lleguen, porque llegarán. Cuando comemos demasiado nos llega la indigestión. Algo parecido nos sucede cuando tenemos demasiados deseos. Los demasiados deseos mundanos nos intoxican el alma y los muchos deseos espirituales nos indigestan el espíritu. ¿Qué te llegan muchos deseos de hacer ejercicios y practicas de piedad? Fíjate bien si podrás digerirlos todos no sea que te intoxiques con tanto exceso. Quédate únicamente con los que puedes practicar actualmente. Más tarde Dios te iluminará otros que practicarás a su debido tiempo. Hay que ir por orden. Desear lo que sí se puede obtener y practicar por ahora y dejar para desear después lo que todavía no es tiempo de ir consiguiendo. Así te librarás de inquietudes, de afanes y de cansancios dañosos.

Capítulo 37

CONSEJOS
PARA LOS CASADOS

San Pablo dice: "El matrimonio es un gran sacramento, y yo lo refiero a Cristo y a su Iglesia" (Ef 5, 32). Y la Carta a los Hebreos recomienda: *"Tengan todos en gran honor el matrimonio"* (Hb 13, 4). Téngalo en gran honor *todos. Sí, todos*, ricos y pobres. El matrimonio provee de nuevos cristianos a la Santa Iglesia y de nuevos ciudadanos a la nación. Conservar en santidad los matrimonios es un bien inmenso para cualquier país.

Buenos invitados. Qué feliz idea tuvieron los esposos de las Bodas de Caná al invitar a Jesús y María. Ellos los dos siempre llevan favores del cielo a los hogares que los invitan. Ojalá todos los matrimonios del mundo, especialmente los católicos, invitaran siempre a Jesús y María a acompañarlos en su vida de hogar. Cuántos beneficios materiales y espirituales obtendrían, así como en Caná Jesús transformó el agua en vino y creció la fe de sus discípulos en Él.

Otros no. Y que no inviten a sus hogares a quienes solamente les van a traer males, como a las bebidas alcohólicas, los espectáculos inmorales, las modas indecentes, al orgullo, a la avaricia y a la impiedad.

Como Jacob. Cuando Jacob estaba de peón en la finca de su tío Laban, el sueldo que éste le daba eran los corderitos que nacieran con rayas negras (que al principio eran poquísimos) y el Señor, le concedió que luego fueran la mayoría. Si los esposos piden al buen Dios que les conceda lo que más conviene en su matrimonio, verán que Él tiene muy buenos oídos para escuchar su oración.

Prepararse bien. El error en muchas parejas es que preparan todo lo demás (vestidos, bebidas, fiestas, bailes, viajes, joyas, etc.) menos lo espiritual, y después las consecuencias son muy negativas. Si le dieran importancia a encomendarse mucho a Dios para que su matrimonio sea feliz y santo; si prepararan una buena y esmerada confesión, si leyeran libros al respecto del matrimonio, si hicieran obras de caridad para implorar las bendiciones divinas, verían qué efectos tan positivos lograrían conseguir.

Amor espiritual. No basta con amarse el uno al otro con amor natural, con amor sensual. Que también los animales se aman de esa manera. Hay que amarse con amor espiritual, porque la otra persona es hija de Dios, heredera del cielo, y tiene un alma que no se va a morir. Por eso San Pablo recomienda: *"Maridos, amen a su esposa como Cristo ama a su Iglesia. Esposas respeten a su marido como la Iglesia respeta a Cristo"* (Ef 5, 25).

Fue Dios quién dio a Eva a Adán como esposa, y es Dios quien concede a cada marido su esposa. Por eso, hay que reconocer en ella un ser merecedor de todo respeto y amor.

Indisolubilidad. El primer efecto del amor en el matrimonio es que es para siempre. *"Lo que Dios unió que no lo separe el hombre"* (Mt 19, 6). Que solamente la muerte los separe. Un solo hombre con una sola mujer para siempre.

La fidelidad. En la ceremonia de la celebración del matrimonio el esposo coloca la argolla en el dedo de la esposa y ella la argolla en el dedo del marido, como señal de que se prometen fidelidad perpetua.

Los hijos. El tercer efecto del matrimonio es traer a la vida nuevos hijos. Cuando el joven Tobías se casó con Sara pronunció está bella frase: "No me caso por satisfacer mis pasiones sino por tener hijos que alaben a Dios".

Amar a la esposa. San Pablo insiste en que el marido demuestre amor a su esposa, pues el hombre es de por sí más frío en demostraciones de afecto. No basta con amar, es necesario que la otra persona se dé cuenta de que en verdad la amamos. Las debilidades y enfermedades de la mujer no deben ser causa de que el marido la quiera menos sino una ocasión más para que le demuestre mayor amor ya que ella lo está necesitando más. San Pedro recomienda: *"Maridos sean comprensivos con la mujer que es un ser más frágil. Tribútenle amor y honor, pues ella es también heredera de la Vida Eterna"* (1P 3, 7).

Respetar al marido. El Apóstol Pablo añade: "Mujeres demuestren gran respeto al marido, que es el jefe del hogar". Dios lo hizo más fuerte para que pueda enfrentarse a las serias responsabilidades de quien está al frente de la casa, y la esposa debe manifestarle siempre respeto. Esto educa a los hijos y trae más paz al hogar.

Un terrible mal: los celos. Los antiguos decían: "Los celos vienen del infierno", y el Libro de los Proverbios afirma: "Los celos enfurecen" (Pr 6, 34). Los celos provienen casi siempre de una debilidad nerviosa. Atormentan a quien los siente y a quien tiene que aguantarse a la persona celosa. Son un temor exagerado a perder el amor de la otra persona o a tener que compartir ese amor con alguien. Pueden hasta acarrear enfermedades nerviosas. Los celos producen peleas, alegatos, frialdad, y hasta divorcios. Más que vivir amargando al cónyuge con quejas de celos, mucho mayor efecto se obtendría rezando por su conversión y dejando en manos de Dios el juzgar, sin querer nosotros reemplazarlo en juzgar y condenar.

Ayudar con el ejemplo. Maridos: ¿Desean que su esposa les permanezca totalmente fiel?, Empiecen pues por darle ustedes, ejemplo en la fidelidad. San Gregorio Nacianceno exclamaba: ¿Cómo pretendes marido que tu esposa te sea fiel, si tú estás lleno de infidelidades? ¿Quieres que ella sea pura y casta? Pues esfuérzate también por ser puro y casto. San Pablo recomendaba: Cada uno esfuércese por mantener su cuerpo en pureza y santidad, y no dominado por las pasiones, como hacen los que no tienen religión ni aman a Dios" (1Ts 4, 4).

Mujeres, anden con cuidado. Las esposas deben ser extremadamente cuidadosas en conservar su honestidad y en no permitir lo que pueda manchar su buena fama. Huyan de toda ocasión de pecado y no acepten de extraños, piropos o demostraciones de exagerado cariño. Duden y desconfíen de los que se dedican a elogiar su belleza, porque el que alaba mucho una mercancía que no puede comprar, probablemente se la quiere robar.

Y si además el que las alaba a ustedes critica a sus maridos, eso es señal de que quiere hacerle un verdadero mal a su hogar. Una lengua emponzoñada con el pecado es capaz de contagiar al oído que la escucha.

No negar las demostraciones de amor. Entre los esposos se deben dar demostraciones de afecto. Así unos esposos tan santos como eran Isaac y Rebeca se daban tales demostraciones de amor, que el rey Abimelec que al principio había creído que eran hermanos, al ver como se trataban se dio cuenta de que no eran hermanos sino esposos. Al mismo rey San Luis de Francia, tan austero en otros campos, algunos llegaron hasta a criticarlo por sus muchas demostraciones de afecto a su esposa.

Consagrar los hijos a Dios. Cuenta San Agustín en su hermosísimo libro "Las Confesiones" que su santa madre Santa Mónica, desde que sintió que tenía al hijo en su vientre se lo consagró totalmente a Dios y cada día se lo volvía a consagrar.

Esta es una gran enseñanza para las mamás: que le ofrezcan muchas veces sus hijos a Dios y los coloquen en sus santísimas manos que es donde siempre estarán seguros y bendecidos. Así lo hicieron la mamá del profeta Samuel y la mamá de Santo Tomás de Aquino, las cuales antes de que sus hijos nacieran ya se

los encomendaban día y noche a Nuestro Señor. Lo mismo hacía la mamacita de San Bernardo, la cual desde que sus hijos nacían, cada
día se los consagraba a Dios y los siete hijos llegaron a ser muy santos.

Saber educarlos bien. Qué enorme bien
hacen a sus hijos los padres de familia que desde que son pequeños les hacen aprender y les
recomiendan las enseñanzas de nuestra santa
religión y el cumplimiento de todos los mandamientos de Dios. Es lo que hacía la santa
madre de San Luis rey de Francia, Blanca de
Castilla, la cual le repetía frecuentemente esta
impresionante frase: "Preferiría verte muerto,
antes que saber que has cometido un pecado
mortal". Esta enseñanza quedó tan profundamente grabada en el hijo, que según lo recordaba él a sus amigos: todos los días se esforzaba
por no perder jamás la gracia de Dios, la amistad con Nuestro Señor.

Preocuparse por su eterna salvación. Santa Mónica por 18 años estuvo rezando por la
conversión de su hijo Agustín hasta que la obtuvo. Cuando el joven llegó a la familia pro-
pagando ideas de los herejes, la santa madre
abrió la puerta de la casa y le dijo resueltamen-
te. "Las ideas contra la Santa Iglesia se dirán

fuera de mi hogar pero aquí dentro nunca".
Así aprendió el orgulloso joven a callarse sus
ideas equivocadas, y cuando quiso llevar a la
casa de su santa madre, a la concubina con la
que él estaba conviviendo, reaccionó tan va-
lientemente Mónica que no se lo permitió. Más
tarde cuando Agustín se fue a otro país (Ita-
lia) hasta allá lo siguió la buena Mónica; lo en-
comendó al sabio obispo San Ambrosio y no
descansó hasta lograr la conversión del hijo y
hacerlo entrar a formar parte de la Santa Iglesia Católica. Que ejemplo formidable para las
madres de familia.

Cómo se conserva. Existen frutas amargas
que no llegan a ser agradables si no se conservan entre miel. Así sucede con muchos maridos y bastantes esposas. Solamente lograrán
llegar a ser agradables a Dios y en el hogar, si
el cónyuge los mantiene continuamente "en
remojo en la miel de la oración". Orando mucho por su conversión se logrará poco a poco
la mejoría de su comportamiento. Los maridos
no lograrán ser buenos si no hay quien rece por
ellos, y las mujeres si no son piadosas serán extremadamente frágiles en la virtud.

Influir en el otro. San Pablo dice: "El cónyuge no muy creyente puede ser santificado

por el cónyuge que sí es creyente" (1Co 7, 14). La influencia de la persona prudente, piadosa y amable, es sumamente eficaz en la otra. Por eso tantas esposas han logrado la conversión de su marido, y viceversa.

Saberse comportar. Es necesario tener una gran delicadeza para saber sobrellevar y soportar el genio, el temperamento y el modo de ser del esposo o de la esposa. Hacer hasta lo imposible por no llegar a enojarse los dos al mismo tiempo. Cuando a Santa Mónica le preguntaban sus vecinas por qué siendo el marido de ella, Patricio, el más violento de todo el barrio, sin embargo nunca le daba palizas (como sí lo hacían los otros esposos del vecindario con sus mujeres) ella respondió: "Es que para que haya pelea se necesitan dos personas. Pero cuando el está colérico, yo procuro no estarlo, y así no hay pelea".

Las abejas se fastidian y se sienten incómodas en los sitios donde se oyen gritos y repercusiones de voces fuertes. De manera parecida el Espíritu Santo no se siente contento en los hogares donde hay altercados, discusiones, gritos e insultos.

Celebrar el aniversario. San Gregorio Nacianceno dice que ya en su tiempo (en el año

400) los hogares católicos celebraban el aniversario de su matrimonio con actos de culto a Dios y agradables fiestas familiares. Esto me parece muy bien. Que en esa fecha den gracias a Nuestro Señor por todo lo que les ha ayudado en su hogar y le encomienden el futuro de su familia. Que celebren fiestas familiares sin borracheras ni excesos, y que hagan el propósito de ser más amables, más fieles y más cumplidores de sus deberes matrimoniales en adelante.

> **MARIDOS: AMEN MUCHO A SU ESPOSA.**
> **MUJERES: DEMUESTREN GRAN RESPETO POR SU MARIDO.**
>
> **(San Pablo. Ef 5, 25)**

Capítulo 38

LOS GOCES SENSUALES EN EL MATRIMONIO

En el matrimonio el cuerpo del uno pertenece al otro. Por eso, no hay que negarse al "débito" matrimonial, ni siquiera por motivos de piedad o devoción, y menos por caprichos o antipatías.

El deber nupcial debe cumplirse no de mala gana o como por obligación, sino espontáneamente y de buena voluntad. Sin exageraciones. También las abejas cuando comen demasiada miel se enferman. Y evitar el onanismo (Gn 38, 2).

LA HONESTIDAD EN EL MATRIMONIO

La alianza matrimonial en la que el hombre y la mujer se comprometen por toda la vida, ha sido elevada por Dios a la dignidad del Sacramento del matrimonio. El mismo Dios es el autor del matrimonio.

Capítulo 39

AVISOS A LAS VIUDAS

San Pablo escribiendo a su discípulo Timoteo le recomienda: *"Honra a las viudas que se comportan como viudas virtuosas"* (1Tm 5, 3). Para portarse como viuda virtuosa una mujer necesita estas condiciones:

1. Que sea viuda no solo de hecho sino de afecto, es decir, que no solamente no tiene marido corporalmente, sino que su comportamiento y sus sentimientos son de castidad y de pureza.

2. Que huya de placeres pecaminosos. San Pablo dice: *"La viuda que se dedica a pecados sexuales tiene nombre de viva pero tiene el alma muerta"* (1Tm 5, 6). Esto se cumple en la que se dedica a amistades peligrosas, a fiestas con licor, a atrevimientos ilícitos.

3. Si tiene hijos, consagrarse con todo esmero a educarlos cristianamente, y ella esforzarse por progresar en el amor hacia Dios.

4. *Dedicarse más a lo espiritual.* El no tener que estar atendiendo al marido le proporciona mayor facilidad para dedicarse a la oración, la lectura, la meditación, y esto le puede traer un inmenso bien para su alma. Las práctica de piedad la harán crecer en santidad.

5. *Practicar obras de misericordia.* Atención a enfermos y ancianos, instrucción a niños, colaboración con la parroquia y con las obras de caridad, participación en asociaciones benéficas. Así irá creciendo en perfección y su premio será grande en el cielo, si se mantiene en humildad.

Capítulo 40

CONSEJOS A LAS SOLTERAS

Mi principal consejo es este: hay que proteger y defender cuidadosamente la santa virtud de la castidad. El Apocalipsis dice que junto al Rey del cielo Jesucristo estarán las almas que supieron conservar la santa pureza. A las jóvenes que se van a casar les recomiendo que al llegar al altar el día del matrimonio, vestidas con el traje blanco de novia, también su alma haya conservado la blancura de la pureza. El hombre admira a la mujer que de soltera se hace respetar, y después de casados tendrá más confianza en ella y menos sospechas, porque recuerda cuanto se hizo respetar de soltera. Pero si hay atrevimientos en la vida de solteros, después cuando casados, en sus borracheras o momentos de cólera quizás le eche en cara sus debilidades de soltera.

Así como la persona impura es persona triste, así la que conserva su castidad goza de mucha paz y tranquilidad en su alma y recibe grandes bendiciones y ayudas del cielo.

A las que desean entrar de religiosas, además de mis felicitaciones, les recuerdo el elogio que les hace Nuestro Señor en el Cantar de los Cantares cuando dice: "Como lirio entre espinos, así es mi amiga" (Ct 2, 2). Quizá no hay cualidad que más ame Nuestro Señor en las jóvenes que la santa pureza. ¿Quién podrá subir al Monte Sagrado y estar muy junto a Dios? "Quién tiene manos inocentes y puro el corazón" (Sal 23). Les recomiendo que lean libros que hablen de la castidad y la pureza, pues esto les hará un gran bien. Y ojalá tengan un director espiritual, que les sepa guiar hacia la perfección y la santidad. Estimen inmensamente la santa virginidad, y consideren como espantosa pérdida cualquier falta que pueda manchar su virginidad y castidad. Estas faltas entristecen mucho el corazón. Tengan especial temor a esos "gavilanes-mata-palomas" que van irrespetando mujeres donde quiera que llegan. Huyan de ellos como de una venenosa fiera que infecta lo que se le acerca.

CUARTA PARTE

AVISOS CONTRA LAS TENTACIONES MÁS FRECUENTES

Capítulo 1

CUIDARSE DE LAS MURMURACIONES DE LA GENTE CONTRA LA SANTIDAD

Filotea, alma que amas a Dios, apenas la gente de mundo se de cuenta que estás trabajando seriamente por conseguir la santidad, empezarán a criticarte y a tratar de desanimarte.

Unos dirán que ésto es hipocresía, que se debe a una desilusión por no haber podido triunfar en lo mundano. Otros te van a decir que el dedicarte a buscar la santidad te traerá neurosis, y depresión, que te volverás una persona aburrida, y que envejecerás antes de tiempo; que tus negocios se te vendrán abajo.

Que es necesario bajar de las nubes y poner los pies en la tierra. Que podemos muy bien salvar el alma sin tantos misterios. Y así bajo la apariencia de caridad te darán un montón de consejos que no son sino simples mentiras.

Filotea, alma creyente, no creas a las charlatanerías de la gente del mundo, porque ellas no buscan tu salvación ni tu santificación. Recuerda lo que decía Jesús: "Si eras del mundo, el mundo te amaría como algo propio. Pero como no eres del mundo, *por eso te persiguen*" (Jn. 15, 19).

Inconsecuencias. Vemos personas que pasan horas y horas en juegos de diversas clases (ajedrez, naipes, juegos de azar, etc.) y nadie dice nada en contra. Pero si dedicas una hora a adorar al Santísimo o te levantas una hora antes para ir a la Santa Misa o para hacer meditación, empezarán a decir que esas madrugadas traen resfriados y que en religión no hay que exagerar, etc.

Cuantas personas pasan noches y noches sin dormir en bailes y fiestas, pero si alguien quiere pasar una noche de Vigilia en adoración, por ejemplo, la Vigilia de Pentecostés, ya empezarán a decir que eso le va hacer toser toda la semana. Ya ves como es el mundo: todo lo aprueba en quienes siguen sus gustos y todo lo critica en las personas que quieran independizarse de sus modas y caprichos.

A San Luis rey (año 1270) le dijeron que la gente lo criticaba porque iba a los conventos a rezar con los religiosos y a asistir a sus ceremonias, y él respondió: "Si fuera a bailes y fiestas pecaminosas no dirían nada, pero por ir a rezar sí me critican. Yo no me avergüenzo de esto, pues lo que busco no es agradar a la gente de mundo sino a mi Dios que es el que me va a juzgar el día de mi muerte". Con razón exclamaba San Pablo: "Si *lo que busco es agradar a la gente, ya no seré buen seguidor de Cristo*" (Ga 1, 10).

Nadie logra tenerlos contentos. Decía Jesús que la gente de este mundo es como un grupo de muchachos caprichosos que desean que los demás hagan lo que a ellos se les antoja y se quejan de que cuando entonan canciones alegres los demás no bailan y cuando entonan canciones tristes, los otros no lloran, y añadía:

"Vino Juan Bautista que no comía y no bebía y dijeron que tenía demonio. Vino el Hijo del hombre que sí come y si bebe, y dicen que es un comilón y un borracho" (Mt 11, 19) ¿Quién puede entonces tenerlos contentos?

Filotea, alma que amas a Dios, convéncete de que el mundo es injusto en sus apreciaciones y por eso no conviene vivir pendiente de lo que dice y opina. Si somos alegres, tratables y de amena conversación, dirán que somos unos superficiales y que solo nos interesa ganar popularidad. Si somos serios, callados, tímidos, recogidos, dirán que somos unos orgullosos, que despreciamos a los demás, que somos indiferentes y melancólicos. Si nos arreglamos bien, dirán: "Quien sabe qué planes tendrá" –y si nos presentamos sencillamente afirmarán que nos falta gusto y educación. Convenzámonos: el mundo nos mira con malos ojos. Entonces: ¿para qué afanarnos por agradarle?

Mal juzgador. El mundo, la gente mundana transforma nuestros defectos aunque sean pequeños como mosquitos, como si fueran gigantes como elefantes y nuestras debilidades como si fueran fruto de refinada malicia. Pretender tener contenta a la gente mundana es tarea inútil e imposible.

Fuerte comparación. San Pablo en la Primera Carta a los Corintios hace el elogio de la caridad, que es todo lo contrario a los pensamientos del mundo. Dice el Apóstol: "La caridad es benigna (o bondadosa)" y nosotros podemos afirmar: el mundo es maligno (o malintencionado). La caridad nunca piensa mal, en cambio el mundo siempre piensa mal, y nos acusa de malas intenciones si no logra acusarnos de malas acciones. El mundo es como los lobos: ya sean los corderos blancos o negros, jóvenes o viejos, el lobo siempre los atacará cada vez que pueda hacerlo.

Sospechas. El mundo nos juzga severamente. Si demoramos bastante tiempo en la confesión dicen: "¡Uf, que cantidad tan grande de pecados habrá cometido!". Si nos confesamos rápidamente afirman: "¡Qué descuido, no le da importancia a un acto tan serio! Ante cualquier palabra de cólera que se nos escapa dicen que somos insufribles, inaguantables. Si nos dedicamos con todo esmero a los negocios comentan: ¡qué avarientos! Y si procedemos con mansedumbre y bondad dirán que nuestro comportamiento es una bobería. Pero para ellos sí, sus explosiones de cólera las califican como señal de gran personalidad; su avaricia la llaman ahorro inteligente y sus excesos y atrevimientos en el trato dicen que son sanos entretenimientos.

Filotea, alma creyente, que jamás nos pueda decir Jesús aquello que les reprochó a los fariseos: ¿Cómo van a poder tener contento a *Dios* si lo que buscan es la gloria y la alabanza que se dan unos a otros? (Jn 5, 44) o aquello que de esa clase de gente comentaba San Juan: *"No podían seguir a Jesús porque preferían obtener la gloria y las alabanzas del mundo, antes que obtener la alabanza de parte de Dios"* (Jn 12, 43). Terrible caso, que no nos suceda jamás a ninguno de nosotros.

Dejemos que este ciego que es el mundo, grite como lechuza nocturna criticando a quienes trabajan a la luz del día y no en las tinieblas del pecado. Sigamos constantes cumpliendo nuestros propósitos de seguir la santidad, y un día la perseverancia vendrá a demostrar que sí es mucho mejor y más provechoso dedicarse a la virtud y a las buenas obras.

Estrellas y cometas. Las estrellas son millones de veces más grandes y relucientes que los cometas, pero como ellas están inmensamente más lejanas que éstos, los cometas los vemos como si fueran más grandes. Así sucede con lo que se hace por la eternidad: parece más pequeño, y menos relumbrante que lo que se hace por conseguir favores y honores de este mundo, pero en realidad es muchísimo mejor y más provechoso. En el día del Juicio Final y de la recompensa eterna veremos la enorme diferencia.

¿Y si siguen criticando? Las críticas y murmuraciones sirven para librarnos del orgullo y de la vanidad y del deseo de vivir deseando las alabanzas humanas. San Pablo dice: "El *mundo está crucificado para nosotros y nosotros para el mundo*" (Ga 6, 14). Los mundanos nos desprecian pero nosotros no debemos preocuparnos por lo que sigan diciendo en contra nuestra. ¡Arriba en el cielo está el que sí va a pagar muy bien!

Capítulo 2

LA IMPORTANCIA DE TENER BUEN ÁNIMO

Cuando hemos estado en la oscuridad y salimos a la luz del sol nos sentimos encandilados. Cuando vamos a otro país los primeros días nos sentimos como extraños, y no entendemos a nadie, y nadie nos entiende. Algo parecido nos sucede cuando empezamos a dejar nuestra antigua vida mundana y a tratar de conseguir la santidad. El tener qué abandonar las locuras y boberías del mundo nos puede producir un poco de tristeza y desánimo. Cuando ésto suceda no te afanes. No se trata sino de la perplejidad que produce un cambio en el modo de vivir y de pensar. Pasados estos primeros tiempos de cierta tristeza vendrán consuelos tan admirables como nunca los habíamos imaginado.

El cambio. Puede ser que al principio te cueste tener que dejar de conseguir las glorias y las alabanzas humanas que antes tanto apreciabas. Pero luego te darás cuenta de que la gloria que vas a conseguir en el cielo será millones de veces mejor que las pobres glorias que antes buscabas en el mundo. Puede ser que el recordar los pasatiempos y tonterías a los cuales te dedicabas antes, te produzca cierta nostalgia. Pero luego te convencerás que sería una dañosísima locura exponerte a perder tu eternidad feliz por dedicar tu corazón a amar lo que nos va a traer desilusiones y nunca saciará nuestros deseos. ¿Vamos a renunciar a la eternidad feliz por estas tonterías? Créeme Filotea, alma que amas a Dios, que pronto recibirás tales consuelos y alegrías que tendrás que proclamar que los placeres mundanos son amarga hiel en comparación de la miel de los goces espirituales y que un solo día dedicado a la santidad produce más auténticas alegrías que cien días de mundanidad.

No desanimarse. Puede suceder que al ver que la montaña de la santidad es inmensamente alta, te desanimes y creas que no la vas a lograr escalar jamás. También los aguiluchos cuando están pequeños y apenas les están saliendo las alas, podrían desanimarse al ver las alturas tan elevadas a las cuales suben las águilas mayores, pero un día les crecerán también sus propias alas y empezarán a dar pequeños vuelos, luego vuelos más largos y un día emprenderán altísimos vuelos hacia las más encumbradas montañas. También a ti te irán apareciendo las alas espirituales que te permitirán ir subiendo hacia las altura de la perfección. Pero todo a su tiempo. Dios te irá dando plumajes espirituales como de águila y un día volarás no solamente hacia la santidad, sino hacia la eternidad feliz.

**Quienes confían en Dios
recibirán vigor y alas como
de aguila.
Subirán sin fatigarse
y progresarán
sin cansarse.
(Isaías 40, 31)**

Capítulo 3

DIFERENCIA ENTRE SENTIR
Y CONSENTIR LAS TENTACIONES

Mala propuesta. Imagínate Filotea, alma creyente, que una esposa casada con un señor supremamente bueno y generoso recibe de parte de un malvado la propuesta de ser infiel a su matrimonio. Ella tiene varias opciones: o aceptar con gusto, o disgustarse y rechazar la propuesta. O consentir la mala propuesta o rechazarla. Así sucede con las tentaciones. El alma que está llamada a seguir a Cristo para siempre, recibe de parte del demonio y de los enemigos del alma unas tentaciones y malas propuestas. El alma tiene oportunidad de reaccionar de las siguientes maneras:

1. El pecado le es propuesto.

2. El alma siente agrado o disgusto por la propuesta.

3. Finalmente, da su consentimiento o rechaza la propuesta.

Tres etapas. Estas son las gradas para bajar al abismo del pecado: la tentación, el gusto y el consentimiento.

La tentación. Aunque sea muy fuerte y dure toda la vida, no puede desagradar a Dios con tal de que no nos agrade y que no la consintamos. En efecto, en la tentación nosotros no tenemos la iniciativa, es algo que nos viene de fuera sin nuestra voluntad. Por eso, si no la aceptamos, en ella no hay culpa alguna.

El caso de San Pablo: Este gran Apóstol escribió: "Para que no me llene de orgullo por las grandes revelaciones que he recibido, me fue dado un aguijón en mi carne, un ángel de Satanás que me abofetea, para que no me llene de orgullo. Tres veces rogué al Señor que lo alejara de mí, pero Él me dijo: "Mi gracia te basta, que mi poder brilla más en la debilidad" (2 Cor 12, 7).

Otros Santos: Santa Angela de Foligno sufrió pavorosas tentaciones, y lo mismo les sucedió a San Francisco y a San Bernardo que tuvieron que revolcarse entre espinas para lograr calmar sus tremendas tentaciones, y a San Benito que se revolcaba entre la nieve para suavizar los ataques de los enemigos del alma. Y no por eso perdieron la gracia y amistad con Dios, sino más bien la aumentaron.

Saber diferenciar. Filotea, alma creyente, no te des jamás por vencida, con tal que las tentaciones te desagraden. Acostúmbrate a diferenciar bien entre sentir y consentir. Puedes sentir la tentación y sentirla muy fuerte, pero si te desagrada no la consientes, pues uno de los medios que llevan a consentir es sentir placer. Así que pueden los enemigos del alma ponernos cuantas trampas quieran y atacarnos sin descanso con cuantas proposiciones se les antoje, que mientras tengamos el propósito de no agradarnos de ninguna de sus propuestas y atractivos, no es posible que ofendamos a Dios.

Así el esposo de aquella mujer a la cual le enviaron una mala propuesta no tiene por que disgustarse con ella, si la esposa no le agradó la malvada propuesta y la rechazó. Hay una diferencia y es que la esposa puede, si quiere, despedir al que le trae la mala propuesta. En cambio nosotros no podemos muchas veces alejar la tentación y ella puede seguir proponiendo maldades, pero no nos puede hacer daño mientras nos resulte desagradable.

¿Y si hay deleite? Sucede a veces que la carne y la sensualidad sienten deleite ante la tentación, pero lo importante es que con el cerebro y el corazón no la aceptemos. San Pablo decía: "Descubro en mí esta ley: que quiero hacer el bien y hago el mal. Advierto una ley en mi carne que lucha contra la ley de mi razón y me esclaviza a la ley del pecado. Ay de mí ¿Quién me librará? Gracias a Dios, será Jesucristo" (Rm 7, 21).

La tentación afecta lo camal ofreciéndole atractivos, pero si en el cerebro y en el corazón tenemos la resolución de no consentir en el pecado y en la tentación, aunque todo el cuerpo ande alborotado, no pecamos. El deleite pecaminoso que agrada a nuestra sensualidad, no está agradando a nuestro espíritu y, por lo tanto, no pecamos.

Capítulo 4

DOS EJEMPLOS IMPORTANTES EN ESTE ASUNTO

Cuenta San Jerónimo que un joven atacado por una mujer mala que trataba de hacerlo pecar, no pudiendo alejarla de otra manera se mordió la lengua y escupió su sangre a la cara de la otra. Así aunque la sensualidad trataba de hacerlo pecar, su razón lo llevó a rechazar la tentación.

LAS TENTACIONES DE SANTA CATALINA DE SIENA

Está fue una santa muy famosa que vivió hacia el año 1380. Dios le permitió a Satanás atacarla con las más pavorosas tentaciones. Le presentaba a su imaginación las escenas más impuras, y aunque su sensualidad se impresionaba, su espíritu rechazaba todo aquello. Un día se le presentó Nuestro Señor Jesucristo y ella le preguntó: ¿Dónde estabas mi Señor, cuando mi alma era atacada por tan terribles y espantosas tentaciones? -Jesús le respondió:

323

-Yo estaba dentro de tu corazón -Ella le preguntó: –¿Señor y cómo podías estar dentro de mi corazón que era atacado por tan terribles impurezas? A esto le dijo Nuestro Señor: –Dime: ¿esas tentaciones impuras te proporcionaban deleite y gusto, o amargura y disgusto? –Profundo disgusto, asco, amargura y tristeza –respondió la santa –Pues yo –añadió Jesús– era el que te concedía ese disgusto, ese asco, esa amargura y aversión hacia las tentaciones. –Yo estaba allí en tu corazón presenciando el combate. Y créeme hija, que si Yo no hubiera estado allí en tu corazón concediéndote fuerza y antipatía hacia el pecado, aquellas tentaciones habrían logrado vencer tu voluntad y te habrían derrotado y llevado a cometer faltas. Pero como yo te concedía aversión y desagrado hacia el pecado, lograste salir vencedora, y estos sufrimientos que te produjeron las tentaciones aumentaron tus merecimientos y te sirvieron para obtener más ganancias para la vida eterna, y mayor fuerza de voluntad.

Ojalá Nuestro Señor venga también a acompañarnos en los momentos de tentación y a concedernos una antipatía total hacia lo que nos proponen los enemigos de nuestra salvación. Como las hermanas de Lázaro podríamos decirle a Jesús después de nuestras derrotas

"Señor si hubieras estado aquí, mi hermano (mi espíritu) no habría muerto".

Tristeza y dudas. Una de las mayores tristezas que puede sufrir el alma cuando le llegan fuertes y continuas tentaciones es no estar segura de si está en gracia y amistad de Dios o no lo está. Ella puede repetir la frase del antiguo autor: "Nadie sabe si es digno de amor o de odio". –Es que le quedan tantas dudas de si rechazó prontamente la tentación, de si sintió desagrado hacia ella, de si hizo lo posible por no consentir ni aceptar. Pero ese seguir luchando, a pesar de que no sabe ciertamente si su actuación le ha sido agradable o desagradable al Creador, es un sufrimiento que le puede traer gran premio.

Capítulo 5

LOS ÁNIMOS Y REFUERZOS QUE SE NECESITAN PARA TIEMPOS DE TENTACIÓN

El santo Job dijo: *"La vida del ser humano sobre esta tierra es como la jornada de un trabajador del campo, fatigándose de sol a sol, o como un servi-*

cio militar en tiempo de guerra" (Jb 7, 1) y el autor del Libro del Eclesiástico anuncia: "Si te dedicas a la vida de piedad, prepara tu alma para la tentación".

Filotea, alma que amas a Dios, no olvides nunca que Nuestro Señor permite fuertes tentaciones a las almas que Él quiere preparar para elevarse a un alto grado de amor a Dios. Pero no vayamos a creer que por haber vencido ya varias tentaciones podemos estar seguros para el futuro, pues muchas veces ha sucedido que quienes en un tiempo lograron vencer las tentaciones, más tarde se dejaron vencer por ellas. Por eso San Pablo recomienda: "Quien piensa estar firme, tenga mucho cuidado no sea que caiga" (1Co 10), jamás te imagines que por haber vencido a otras tentaciones puedes tener la seguridad de vencer siempre de ahora en adelante. El apóstol dice: "Hay que obrar nuestra santificación con temor y temblor" (Flp 2, 12).

No te desanimes porque el ataque de las tentaciones sea muy fuerte y muy seguido, y nunca olvides que lo que te va a traer premio no es el que nunca hayas tenido derrotas sino el que jamás hayas dejado de luchar. Ejercítate en la oración, recibe los sacramentos, lee libros espirituales que te ayuden, consulta a un buen confesor y humíllate, que la humildad atrae victorias del cielo. No dialogues con la tentación. San Ignacio dice: el enemigo propone placeres aparentes para llevar al vicio y al pecado. Propone gozos intensos y después lo que trae será tristeza y desánimo. En cambio, el ángel trae aguijón de remordimiento que hiere, que no deja estar tranquilo, para lograr así que rechacemos el pecado al recordar sus amargas consecuencias.

Ideas que conviene recordar. Ante la tentación pensemos: "¿Quiero perder mi alma? No me conviene dar escándalo. Otros pueden perder la fe si ven mi mal comportamiento". Voy a dar terribles cuentas a Dios, el cual prometió: "Si eres infiel yo te tomaré cuenta de tus malas acciones" (Jr 23). El demonio es el eternamente triste. Si consiento en la tentación también yo seré triste. Digamos con San Agustín: "Si otros pudieron vencer, ¿Por qué yo no voy a poder triunfar contra la tentación?". El Apóstol Santiago enseña: "Dichosos quienes vencen las tentaciones, porque recibirán el premio de la Vida Eterna" (St 1, 12).

¿Qué llegan tentaciones pero no las consientes ni te agradan? Ánimo estás en el buen camino. ¿Qué tu imaginación está llena de lo más inmundo, pero no te agrada y lo rechazas? Ánimo, sigues por el buen camino, el camino de la salvación.

El demonio te dice: "Si cedes te dejaré en tranquilidad". –Eso es falso, pues lo que te traerá será angustia y desilusión, y tus instintos se despertarán con mayor violencia. El enemigo te sigue diciendo: "Si no cedes a la tentación no serás feliz" –lo contrario de eso es lo verdadero: si no cedes a la tentación adquirirás paz, tranquilidad y verdadera felicidad.

Capítulo 6

CUÁNDO ES QUE LA TENTACIÓN SE CONVIERTE EN PECADO

En el caso que recordábamos, de una esposa que recibe un mensaje de un malvado, proponiéndole ser infiel al matrimonio, ella sería culpable si por sus atrevimientos e insinuaciones hubiera dado facilidad, para que le hicieran esa propuesta malvada. Así sucede con las tentaciones: podemos tener culpabilidad si por nuestros descuidos dimos ocasión para que ellas llegaran.

Ocasiones peligrosas. Si alguien sabe por experiencia que participando de ciertos juegos y competencias dice palabras groseras e indebidas, y sigue participando en eso, pues ya tiene culpabilidad, porque se expuso a la ocasión. Lo mismo cuando sabemos que charlando con X persona hablaremos mal de los demás, y seguimos buscando su charla, o cuando el ver ciertos espectáculos inmodestos llegan fuertes tentaciones de impureza y, sin embargo, se siguen viendo, o cuando al tratar con ciertas personas o yendo a ciertos sitios se sienten fuertes deseos de pecar y se las sigue tratando y se sigue yendo allá, pues en todos estos casos tenemos culpabilidad porque nos expusimos a la ocasión de que nos llegaran tentaciones y de cometer pecados. "Quien se expone al peligro, en el perece". Cuando sé que exponiéndome a una ocasión caigo en pecado y, sin embargo, me expongo, con eso ya estoy pecando.

Examínate de vez en cuando para recordar si te expusiste a la ocasión de tener tentaciones, porque si así fue, tienes la culpa de que te hayan venido, pero si no te expusiste y llegaron espontáneamente y sin ser llamadas, entonces ya no tienes ninguna culpabilidad de que hayan venido.

Cuidado con el deleite. Hay que tener especial cuidado para rechazar el deleite que produce la tentación. Si un atrevido hace proposiciones de infidelidad a una mujer casada y ésta le escucha con gusto, ya con aceptarle el deleite que le producen esas proposiciones está siendo culpable de falta. Por eso, te he aconsejado no dialogar con la tentación, no quedarse pensando en lo sabroso que ella puede ofrecer, porque luego deja dolorosísimas y quizá incurables heridas en el alma.

Capítulo 7

REMEDIOS PARA LAS GRANDES TENTACIONES

Como los niños. Cuando te asalten las tentaciones tienes qué hacer como los niños que cuando se ven atacados por un perro bravo o por otro agresor, lo primero que hacen es llamar a sus papacitos a que los defiendan y echarse entre sus brazos para librarse del peligroso agresor. Eso es lo que tienes que hacer en las tentaciones: refugiarte en los brazos poderosos de Dios, por medio de la oración. El consejo que Jesús nos dejó en la noche de su agonía en el Huerto fue este: "Vigilad y orad para que no caigáis en tentación" (Mt 26, 41) y a los apóstoles les había dicho antes: "Ciertos espíritus impuros no se alejan sino con la oración" (Mc 9, 29). Otro remedio que te puede hacer mucho bien es pensar en los sufrimientos de Jesús en su Pasión y Muerte. Un gran santo decía: "Cuando el gavilán asesino que se llama tentación ataca a la pobre palomita que es mi alma, ella vuela a refugiarse entre las heridas de Cristo Crucificado y allá encuentra defensa y protección".

No fijes tu atención en la tentación. Porque ella es como las sirenas de la antigua leyenda, que a quienes ponían atención a sus cantos los atraían y los hundían y ahogaban entre las violentas aguas del mar encrespado. Aleja tu atención de la tentación. Dedícate a pensar en otras cosas, por ejemplo, en las historias de la Biblia, en los planes de obras buenas que piensas hacer, en hechos de actualidad, etc. San Agustín cuenta que él después de su conversión se atormentaba pensando en las tentaciones pasadas y presentes, pero que un hombre de Dios le aconsejó lanzar su atención y su memoria hacia las bellas historias de la Sagrada

Escritura y con ello obtuvo un gran descanso para su alma.

Si fijamos mucho la atención en la tentación ella puede fijarse o grabarse profundamente en la mente con gran daño nuestro. Así que pensemos en ésto lo menos que sea posible y tratemos de dirigir la atención hacia otros temas mejores y más provechosos.

Comunicar el asunto al director espiritual. Cuando un corrompido quiere engañar y corromper a una jovencita lo primero que le pide es que no cuente a nadie, ni a la mamá ni a ninguna persona importante, lo que él le está proponiendo. Porque si ella cuenta, inmediatamente las personas mayores intervendrán para no permitir que esa alma inocente sea echada a perder. Pero si la jovencita no cuenta, el otro podrá seguir libremente haciéndole un inmenso mal a su alma. Algo parecido sucede con las tentaciones: si tenemos un buen director espiritual o un virtuoso confesor y le contamos lo que sentimos, el iluminado por Dios, irá instruyéndonos y aconsejándonos métodos para poder salir vencedores. En cambio, si no le contamos a ningún director espiritual nuestro problema, probablemente, no vamos a lograr salir vencedores en esta batalla, porque nuestros terribles enemigos, el mundo, el demonio y la carne (la carne es nuestro cuerpo sensible y mal inclinado) son tremendos para atacar y no se cansan nunca de tratar de hacernos pecar. Uno solo contra tres es muy difícil que logre vencer. A veces el solo hecho de contar la tentación a una persona responsable aleja al tentador.

¿Y si la tentación sigue? Recordemos lo que decía Jesús: "Quien persevere hasta el final se salvará" (Mc 13, 13). Preocúpate por otras personas y ocupaciones. Lanza tu mente hacia otros temas evitando pensar en esto que la tentación quiere que sigas pensando. El Espíritu Santo fortalece al alma por medio de la lucha contra las tentaciones.

Jesús promete en el Apocalipsis: "A quien venza en esta lucha, lo sentaré sobre mi trono" (Ap 3, 21). Cada cual tiene que convencerse de que necesita fuerzas sobrenaturales para no sucumbir ante el atractivo del pecado, y estas fuerzas se consiguen mediante la oración. El aviso de Jesús a sus discípulos en la noche de su despedida fue: *"El espíritu está pronto pero la carne es débil; por eso hay que orar y estar alerta para no caer en tentación"* (Mt 26, 41). Afortunadamente Nuestro Señor nos ha dejado una bella promesa en el salmo 49: "Invócame en el día del peligro, Yo te salvaré y tú me darás gloria".

_____ **Capítulo 8**

LAS PEQUEÑAS TENTACIONES

Las tentaciones pequeñas son menores que las grandes pero son más numerosas. Los mosquitos son mucho más pequeños que los perros bravos y que las fieras, pero son muchísimo más numerosos y nos pueden producir un fastidio mucho más grande que el que nos producen los animales feroces. Así por ejemplo, probablemente la tentación de matar no nos va a llegar, pero en cambio la tentación de encolerizarnos a cada rato y de vivir rabiando por cualquier cosa si nos puede llegar frecuentemente. Puede ser que a ciertas personas casadas no les llegue la tentación del adulterio, pero en cambio les vendrán las tentaciones de andar coqueteando y echando piropos o frases picantes. Probablemente marido y mujer nunca dejarán llegar persona extraña a su lecho nupcial, pero en cambio a la mente, a la imaginación y al corazón si dejarán llegar personitas no convenientes. Puede ser que no aceptemos la tentación de robar los bienes ajenos, pero sí los envidiamos y los deseamos exageradamente. Quizás nunca levantaremos una calumnia, pero sí decimos bastantes mentiras y despellejamos del prójimo. Puede ser que no nos emborrachemos, pero no vencemos la tentación de estar comiendo y bebiendo cada rato, etc.

Cadena interminable. Resulta fácil no desearle la muerte al que nos ha hecho mal, pero lo que sí nos gusta es desear que le suceda algo que le sirva de castigo por el mal que nos ha hecho. Puede ser que no vivamos publicando ante los demás los pecados que otros han cometido, pero en cambio en nuestro pensamiento despreciamos a esas personas que han pecado. Y la lista sería inacabable.

Filotea, alma que amas a Dios, prepárate porque durante toda tu vida las pequeñas tentaciones te van a llegar continuamente. Que no te suceda lo que temía San Agustín: "No te aplastó la enorme piedra, pero te sofocaron los miles de granitos de arena que cayeron sobre ti". Alégrate pensando que cada victoria que obtienes sobre estas tentaciones pequeñas serán un adorno más que te consigues para el cielo y Jesús te repetirá lo que dijo en el evangelio: *"Porque has sido fiel en lo pequeño, te constituiré sobre lo mucho"* (Lc 19, 17).

Capítulo 9

CÓMO COMBATIR
LAS PEQUEÑAS TENTACIONES

Como mosquitos. Las pequeñas tentaciones, esos pensamientos de vanidad y orgullo, las pequeñas mentiras, las explosiones de cólera, la envidia, los deseos inútiles, los afectos desordenados, etc. se parecen a los mosquitos: nos rodean y atacan continuamente y por más que nos esforcemos no se alejan ni se van. Con ellas tenemos que hacer como con los mosquitos: alejarlos y espantarlos pero no preocuparnos por su presencia, no atormentarnos porque vuelven a llegar, ni amargarnos la vida porque no se van. Sigamos con el deseo de agradar a Dios lo más posible, y vivamos tranquilos a pesar de que sigan zumbando a nuestro alrededor.

No inquietarse. Tienes qué tratar a estas pequeñas tentaciones como tratas a los mosquitos, como quien aleja moscas con la mano.

No combatas con ellas ni las persigas. Simplemente, haz pequeños actos contrarios a lo que ellas te proponen, especialmente actos de amor a Dios. Besa la imagen de Jesús crucificado (si la tienes a mano). Si por cada tentación haces algún acto de amor a Dios, ellas se irán alejando. Cuando el espíritu infernal ve que sus tentaciones hacen que nosotros hagamos muchos actos de amor a Dios deja de traerlas. Así de eficaz es este remedio.

Capítulo 10

CÓMO FORTIFICAR EL CORAZÓN CONTRA LAS TENTACIONES

Tienes que examinar cuales son las principales tentaciones que te atacan para así ir haciendo un plan de defensa con pensamientos, palabras y obras.

Por ejemplo: *te ataca la tentación de vanidad y orgullo:* piensa en lo breve que es esta vida y como no te llevarás a la eternidad sino las buenas obras que hayas hecho y los actos de virtud que has practicado. La vanidad, el orgullo, el tener la estimación y alabanza de los demás no te servirá para nada en la hora de la muerte. Y dedícate a hablar contra la vanidad, que de tanto hablar le irás teniendo aversión y antipatía. Así, cuando te llegue la tentación de obrar y hablar por vanidad y orgullo, tendrás en tu alma sentimientos de aversión hacia este pecado. Haz alguna obra contra tu vanidad.

Si te ataca la tentación de avaricia recuerda el ejemplo de aquel rico que cuando sus campos le produjeron gran cosecha, en vez de repartir entre los pobres, lo que hizo fue ensanchar sus depósitos o graneros y esa misma noche Dios le pidió cuentas, y lo que había acumulado lo tuvo que dejar para algunos que seguramente lo derrocharon. Recuerda el caso del rico epulón y Lázaro, como el rico tacaño fue echado al fuego por no querer ayudar al pobre. Piensa en lo dañoso y peligroso que es el vicio de la avaricia y de lo mucho que disgusta a Dios.

Tienes que hablar contra la avaricia y ponderar lo dañosa y miserable que es. Si hablas contra ella le irás adquiriendo antipatía. Haz algunos actos contra tu avaricia: limosnas, obras caritativas, dejar de comprar cosas no necesarias, dar, y como decía San Agustín: "Dar más de lo que deseas dar y dar más de lo que acostumbras dar".

Si te ataca la tentación de los afectos sensibles y enamoramientos piensa en lo dañino que es para tu salvación y santificación este defecto. Recuerda lo que decía el profeta: "El defecto en este pueblo es que tiene el corazón dividido, entre Dios y las criaturas" (Jr 2, 13). –Piensa en lo peligroso y dañoso que es este juego de afectos sensibles y enamoramientos, para ti y para los demás y en lo indigno que es dedicarse una persona espiritual como tú a malgastar energías en tratar de saciar la sed en cisternas vacías que no pueden retener el agua, en vez de ir a saciarla en el amor a Dios. Acostúmbrate a hablar a favor de la pureza y haz actos en contra de tu demasiada afectividad sensible y de los enamoramientos que tanto te perjudican.

Ejercítate en hacer actos contrarios a cada tentación que te vaya llegando y así fortalecerás tu virtud y sacarás ganancias de lo que parecía que solo iban a ser pérdidas. San Agustín decía: "Recuerda que la tentación no durará ni un minuto más de lo que Dios permita, y que el perro bravo amarrado no te morderá si no te acercas demasiado". Piensa que esas tentaciones se irán y que llegará la paz.

Capítulo 11

LA INQUIETUD

La inquietud. El vivir con tristeza por el pasado, susto por el futuro o disgusto y afán por el presente, no es solamente una tentación, sino la fuente de muchas tentaciones.

La tristeza es un desagradarse por algo que nos ha sucedido, por algo que no nos gusta. Eso desagradable puede ser exterior, por ejemplo, la pobreza, la enfermedad, o los tratos humillantes que se han recibido. O puede ser interior: sentirse ignorante y no saber cómo solucionar una situación, sentir repugnancia a lo que sucede o hay que hacer, o también el tener tentaciones y malas inclinaciones.

Cuando el alma siente que le llega algo que le es desagradable le viene la tristeza y desea librarse prontamente de eso que le disgusta y busca los medios para alejar esto que no le agrada y le duele. Hasta aquí procede bien porque cada persona tiene el derecho de buscar lo que le hace bien y alejar lo que le hace mal.

Si el alma busca con tranquilidad, paciencia y paz los medios para librarse de lo que le hace mal o le desagrada, y espera con paciencia que le llegará la ayuda misericordiosa de Dios está obrando bien. Pero si procede con afán y precipitación y espera solucionar su problema más con sus esfuerzos que con la ayuda de Dios, creyendo que la solución depende más de sus afanes y esfuerzos que de la Bondad Divina, entonces lo que consigue es llenarse de más afanes y aumentar su tristeza. Y aquí se cumple lo que dice el Libro del Eclesiástico: "La tristeza no sirve para nada y trae muchos males".

Se llena la copa. Si el alma no consigue lo que desea, en su trabajo de alejar lo que le desagrada, entonces cae en inquietud e impaciencia, desanimándose al ver que no logra lo que estaba tratando de conseguir.

Un mal peligroso. La inquietud es el mayor mal que puede venir al alma excepto el pecado, porque así como las revoluciones internas debilitan a una nación y le quitan fuerzas para poder luchar contra los enemigos externos, así también nuestro corazón cuando está lleno de tristezas, afanes e inquietudes pierde fuerzas y energías para resistir las tentaciones del enemigo del alma el cual entonces atacará con doble furia, porque sabe que nos va a derrotar más fácilmente. Cuando el demonio no logra hacer que una persona cometa faltas graves le trae inquietud para así debilitarla y poder derrotarla después.

¿De donde viene? La inquietud viene de un deseo exagerado de librarse prontamente de aquello que desagrada o que hace mal, o de un deseo precipitado de obtener muy pronto el bien que se desea conseguir. Y no hay cosa que atraiga más los males y aleje los bienes que la inquietud.

Remedios. Cuando una mosca cae en una telaraña, cuanto más patalea para librarse de ella, tanto más se enreda. Por eso, cuando nos llegue algo que nos desagrada o nos hace mal, en vez de "patalear", es decir, en vez de obrar precipitadamente y con furia, lo que tenemos que hacer es poner nuestro espíritu en reposo y tranquilidad y proceder con calma y dulzura. Empezar a buscar pausadamente los medios que nos pueden servir para solucionar este problema, dándole "tiempo al tiempo". Proceder con orden y tranquilidad. Y cuando digo "con calma" no significa que procedamos descuidadamente o con pereza, sino, sin afanes ni lamentos, ni alborotos, porque si procedemos de manera equivocada lo echamos todo a perder.

Examen y contabilidad. Tienes qué examinarte de vez en cuando para saber cuantas veces te dejas llevar de la inquietud y preocupación y por cuales problemas o males. Pregúntate si estás cumpliendo aquella recomendación del salmo 54: *"Coloca tus problemas en manos de Dios, que Él procederá a ayudarte"* o el consejo de San Pedro: *"Colocad vuestras preocupaciones en manos de Dios, que Él se interesa por vosotros"* (1P 5, 7).

Cuidado. No permitas que tus deseos de poca importancia te inquieten, porque después de los pequeños vendrán los grandes y vivirás en continua inquietud. No vivas pensando: "¡Ah, si hubiera sido de tal o cual manera! ¡Si las cosas hubieran sucedido de distinta manera!". Esto es un modo inútil de llenarse de inquietud y nada se arregla con eso.

No proceder. Cuando te llegue la inquietud encomiéndate a Dios y no procedas entonces a obrar inmediatamente porque te podrías equivocar gravemente. Aguarda un poco a que te llegue la paz y entonces sí podrás proceder. Con calma irás moderando tus precipitados deseos sin permitirles que ellos te dominen, y solamente después de que hayas dominado tus afanes dedicate a obrar, pero no bajo el dominio de los deseos, sino bajo la guía de la razón.

Consultar. Si puedes consulta tu inquietud con tu director espiritual o con persona de gran confianza y de absoluta seguridad. El rey San Luis en su testamento le dice a su hijo: "Cuando sufras algún grave desagrado o descontento te conviene consultarlo con tu confesor y él te sabrá guiar".

Y no olvides lo que te dije al principio del capítulo: "Cuando el enemigo de las almas no logra hacer que una persona cometa pecados graves, se dedica a obtener que viva llena de inquietudes y de afanes y tristezas, porque de la inquietud podrá obtener muy graves males para el alma".

Capítulo 12

LA TRISTEZA

Dos tristezas. Dice San Pablo: *"Existen dos tristezas. Una provechosa, que produce arrepentimiento y lleva a la salvación. La otra dañosa, la cual se siente es por motivos mundanos"* (2Co 7, 10). La tristeza de haber ofendido y disgustado a Dios es pacífica, suave y optimista porque recuerda que Dios es supremamente misericordioso y que *"un corazón humillado y arrepentido, Él nunca lo desprecia"* (Sal 50). Pero la tristeza que se tiene por motivos mundanos es agria, amarga, desanimadora, ya que se siente es porque el orgullo y amor propio fueron ofendidos, o porque se han tenido pérdidas materiales, etc.

Por sus efectos se conocen. Se conoce si la tristeza es buena o mala según sean los efectos que producen en nosotros. La tristeza que produce arrepentimiento, propósito de comportarnos mejor en adelante, y deseos de llenar nuestra vida de actos de amor de Dios, es buena. Pero hay que tener cuidado con la tristeza mala, la cual produce desánimo, pereza, impaciencia, envidia y cólera. Obedezcamos lo que nos dice el sabio en la Santa Biblia: *"Echa lejos de ti la tristeza, porque la tristeza arruinó a muchos y no hay en ella provecho alguno"* (Si 30, 23).

El espíritu maligno es triste y melancólico y lo será por los siglos y se esfuerza por obtener que nosotros estemos también tristes y melancólicos. Repitamos con Santa Teresa de Ávila: "Tristeza y melancolía, fuera de la casa mía".

Como el invierno. La mala tristeza es como el invierno en ciertos países del norte, que con su nieve helada le quita a la tierra su vegetación y su verdor, y mata los seres vivientes que se exponen a sus terribles fríos. La mala tristeza quita el gusto por la oración, desanima para hacer obras buenas, llena de pesimismo el espíritu, disminuye la confianza en Dios y daña fuertemente la salud nerviosa y hasta la digestión. La tristeza hace que la persona envejezca antes de tiempo. Por eso, un santo exclamaba: "Quien vive triste o tiene enfermo el cuerpo o tiene enferma el alma".

Remedios. Filotea, alma que amas a Dios, si llegas a caer esta mala tristeza dedícate a orar, cantar, hacer obras de caridad en favor de otros, leer libros amenos y formativos, comulgar, hacer ejercicio físico (caminar, pasear, etc.) y procura ocuparte en trabajos útiles. Tienes que reemplazar los pensamientos y recuerdos tristes por pensamientos y recuerdos alegres, optimistas y agradables. Pregúntate: ¿Qué gano yo con estar triste? Lo único que consigo es acortar mi vida, dañar mi salud, y amargar la vida de los demás. Entonces ¿para qué vivir triste?

El mejor remedio. El Apóstol Santiago dice: "Alguien está triste? Ore" (St 5, 13). La oración es un poderoso remedio porque eleva el espíritu a Dios, que es la fuente de toda consolación. Jesús en los momentos de mayor tristeza en el Huerto de Getsemaní oraba con mayor intensidad, y Dios le envió un ángel que lo consoló. Repitamos en momentos de angustia la bellísima oración de Cristo en el Huerto: "Padre, que se haga tu santa voluntad". En esos momentos digamos oraciones que expresen gran confianza en la voluntad de Nuestro Señor, por ejemplo: "Si mi padre y mi madre me abandonan, Dios nunca me abandonará" (Sal 26). "Si un ejercito se enfrenta contra mí, no temo porque Dios está conmigo" (Sal 3). Los salmos han demostrado por siglos que son una ayuda admirable para alejar la tristeza.

Hacer lo contrario. Cuando estés triste procura hacer lo contrario de lo que te aconseja la tristeza, aunque no sientas deseos de hacerlo, por ejemplo, hacer obras buenas, ayudar, sonreír, hablar de temas alegres, pues el enemigo de las almas lo que pretende con la tristeza es que dejemos de obrar el bien, pero si ve que las seguimos haciendo, puede ser que deje de traernos tanta tristeza.

Conviene cantar cánticos espirituales, pues como dicen los campesinos "quien canta, sus penas espanta".

Distraerse. Dedícate a obras manuales que te distraigan, a lecturas interesantes y buenas que pasen tu atención hacia otros temas distintos de aquellos que te producen tristeza, y así distrayendo el alma y alejándola de la triste obsesión o pensamiento fijo, la dejaremos en libertad para dedicarse a otros pensamientos más alegres y provechosos.

Actos de piedad. Te aconsejo para los momentos de tristeza que aunque no sientas ningún gusto por ellos hagas ciertas practicas de piedad, por ejemplo, besar el crucifijo y decir: "Dios mío, ven mi auxilio; Señor date prisa en socorrerme" –Levantar las manos al cielo y exclamar: "Padre en tus manos encomiendo mi espíritu" –Repetir lo que dice el salmo 114: *"Amo a mi Dios porque escucha mi voz suplicante"* o aquellas bellísima promesa del salmo 33: *"Si el afligido invoca al Señor, Él lo escucha y lo libra de sus angustias"* o *"Que tu misericordia Señor venga sobre nosotros como lo esperamos de Ti"*

Las pequeñas mortificaciones consiguen consuelos de Dios. La Sagrada Comunión nos trae al Autor de todas las alegrías. Y el consultar al Director Espiritual puede disipar muchas angustias. Además, hay que ayudar al sistema nervioso con alimentación apropiada y hasta algún remedio, porque hay tristezas que provienen en buena parte de que la salud de los nervios o la digestión no andan bien, y hay que proveer a mejorarlas en lo que sea posible.

Capítulo 13

LOS CONSUELOS ESPIRITUALES Y CÓMO MANEJARLOS

Continuo cambio. Quiso Dios que en este mundo todo viva en continuo cambio. Después de la noche llega el día; después del verano viene el invierno y después del invierno vuelve el verano. Unos días son oscuros y otros claros. En unos días hay mucha quietud y en otros sopla fuerte el viento. Y esta variedad le trae gran hermosura al universo.

El ser humano, variable y cambiable. El Libro del Eclesiastés describe los cambios en la persona humana: "Nacer y morir; plantar y arrancar; edificar y destruir; llorar y reír; saludarse y separarse; buscar y perder; hablar y callar; guerra y paz" (Qo 3).

A ratos nos elevamos a grandes esperanzas y después descendemos a hondas decepciones; unas veces estamos alegres y confiados, y otras tristes y llenos de temores; en épocas nos atrae lo bueno y santo por lo agradable que es Dios, y otras veces lo malo y peligroso por lo agradable que es a nuestros instintos y pasiones. Siempre variando y cambiando.

Aviso: Este continuo cambio es como un aviso para que nos propongamos tener ánimo tranquilo y no variable para saber enfrentarnos a las distintas situaciones de la vida y aunque todas las cosas cambien, nosotros permanecer estables en la paz y la tranquilidad.

Como la brújula. Vaya el buque en la dirección que vaya, hacia el Oriente o hacia el Occidente, hacia el Norte o hacia el Sur, haga buen tiempo o estalle la tormenta, la brújula sigue dirigiéndose hacia el Norte, hacia donde la atrae el iman del polo. Así debemos hacer nosotros cuando nos llegue la tristeza o la alegría, los consuelos o las angustias, en paz o en tribulación, en tentación o en fervor, en trabajo o en descanso; ya queme el sol o nos haga temblar el frío, que la aguja de nuestro corazón, es decir,, la intención y el deseo, estén dirigidos continuamente hacia el gran polo que es desear agradar a Dios y cumplir su santa voluntad y esforzarnos por amarlo y por hacerlo amar de otros.

Nada logre movernos. Decía el Apóstol: "¿Quién podrá separarnos del amor a Cristo? ¿La tribulación, la angustia, la persecución, el hambre, la pobreza, los peligros? Ni la muerte ni la vida ni los espíritus ni ninguna otra criatura podrá separarnos del amor de Dios manifestado en Cristo Jesús, Señor nuestro (Rm 8, 35).

Como las abejas. Cuando las abejas se ven arrastradas por un fuerte ventarrón se abrazan a una pequeña piedrecita en el suelo y así se ven libres de ser llevadas a donde no les conviene. Así nosotros, abrazados al fuerte propósito de seguir amando a Dios y de esforzarnos por hacer lo que a Él le agrada y de evitar todo lo que a Nuestro Señor le disguste, permaneceremos firmes en nuestro puesto a pesar de los fuertes vientos de aflicciones, tristezas y sucesos difíciles.

Los consuelos sensibles. Al principio de la vida espiritual Dios concede al alma muchos consuelos espirituales, que son como dulces que la atraen. Pero poco a poco le va privando de esos consuelos para que se acostumbre a no amar las dulzuras de Dios sino al Dios de las dulzuras. Estas dulzuras no significan que ya la persona ha llegado a la santidad. Existen almas que gozan de muchos consuelos espirituales pero siguen pecando muy lastimosamente y en cambio otras almas ya no sienten ningún consuelo al rezar, pero viven en gracia de Dios, sin pecado grave.

El caso de Saúl. El rey Saúl cuando supo que David a quien él perseguía a muerte, tuvo una ocasión en la cual David pudo matarlo y no lo mató, al saber este acto de nobleza Saúl, lloró de emoción y conmovido lo llamó: "Hijo mío" y le anunció éxitos para el futuro, pero siguió persiguiéndolo y buscando quitarle la vida (1Sm 24). Es verdad que Saúl tuvo sentimientos de alegría, de gratitud, de admiración hacia la nobleza de David, pero no por eso dejó de perseguirlo y de tratar de matarlo. Así sucede frecuentemente a ciertas personas: al considerar y meditar la bondad de Dios y la Pasión y muerte de Jesucristo sienten grandes ternuras y derraman copiosas lagrimas, y lanzan suspiros y entonan fervorosas oraciones. Cualquiera diría que estas personas ya están muy adelantadas en santidad, pero cuando llegan las tentaciones y las pruebas se conoce que estos actos de fervor eran como esos goterones de agua que caen en pleno verano, que no logran penetrar en la tierra ni sirven para que los vegetales crezcan. Estas gentecitas suspiran de emoción ante una escena de la Vida y Pasión de Cristo, pero cuando se trata de que devuelvan siquiera un solo peso de lo que han robado, o de que dejen de hacer negocios ilícitos, ahí sí son duros como una piedra.

En cambio, otras personas quizá no sientan tantos consuelos y emociones espirituales pero siguen firmemente sus propósitos de hacer siempre lo que Dios quiere y de evitar lo que a Él le disguste. Eso sí es lo que verdaderamente vale.

Como los niños. Un niño llora cuando ve que mamá derrama unas gotas de sangre por la pequeña cortada que se ha hecho, pero luego cuando ella le pida que le regale la manzana que tiene en su mano, patalea y chilla, pero no se la regala. Así nos pasa con nuestras emociones: al contemplar la Pasión de Cristo lloramos (y ese llorar nos puede hacer mucho bien) pero si Él nos pide que renunciemos a un afecto sensible que nos hace daño, ahí sí que nos negamos y no renunciamos a eso. A los deseos y pequeños placeres no estamos dispuestos a renunciar.

Entonces resulta que todos estos sentimientos son superficiales y son como juguetes de niños y no tienen valor para crecer en santidad porque se quedan en solo sentimentalismo. Muchas veces los sentimientos de fervor no se deben a la santidad sino a un temperamento muy sensible y hasta algunas veces se deben a un engaño del enemigo del alma que los trae para hacer creer que ya se ha progresado en santidad, mientras que el pecado sigue reinando en el alma.

El valor de los consuelos espirituales. El menor de los consuelos espirituales que Dios nos regala vale más que las más grandes diversiones del mundo. Los regalos que Jesucristo da al alma son mucho mejores que los más fuertes licores de gozos sensuales que el mundo puede ofrecer, y cuando el alma ha gustado los consuelos que ofrece Cristo, ya los placeres del mundo le parecen amargo y repulsivo ajenjo.

Como la hierba que se mastica. En algunas regiones los campesinos mastican ciertas yerbas que les quitan el cansancio y el hambre y les proporcionan fuerzas y energías para emprender largos y fatigosos viajes. Algo parecido sucede con los consuelos y fervores que regala Jesucristo, sirven para tener ánimo y seguir subiendo cada día hacia la santidad sin cansarse ni desanimarse. Son como una muestra o señal de lo que serán los consuelos que tendremos en la eternidad feliz.

Cómo diferenciar los útiles de los dañosos. Filotea, alma creyente, hay dos clases de consuelos espirituales, unos que son provechosos para el alma y vienen de Dios y otros que son dañinos y pueden venir de los enemigos de la salvación. Para distinguirlos basta ver los frutos que ellos producen.

Buena señal. Jesús decía: "Por sus frutos los conoceréis" (Mt 7, 16). El corazón es bueno si tiene buenos deseos y los buenos deseos nos llevan a realizar buenas acciones. Por lo tanto, si nuestras emociones y los consuelos espirituales que tenemos nos hacen humildes, pacientes, tratables, caritativos y compasivos para con el prójimo, más fuertes y fervorosos para vencer las malas inclinaciones y concupiscencias o malos deseos, más constantes en cumplir bien los deberes de cada día, más obedientes con los que nos mandan y más sencillos y menos complicados..., entonces sin duda, Filotea, alma que amas a Dios, esos fervores y consuelos vienen de Dios.

Mala señal. Pero si los consuelos y fervores que sentimos nos vuelven fisgones, agrios, criticones, discutidores, quisquillosos y duros con el prójimo, y si nos hacen creer que ya somos pequeños santos, y no queremos dejarnos dirigir por nadie sino por nuestro propio criterio, y no nos dejamos corregir, entonces sí, indudablemente, esos consuelos y fervores son falsos y dañosos. Jesús decía que un árbol si es bueno no puede producir frutos malos (conocido es el caso de aquella monjita que por recibir consuelos y fervores especiales empezó a creerse una gran santa y terminó volviéndose hereje protestante).

¿Qué hacer cuando nos llegan?

1. Cuando nos lleguen especiales fervores y consuelos espirituales tengamos cuidado para no ir a pensar "soy una persona muy buena". En cambio, seamos muy humildes delante de Dios y digamos: "Oh qué bueno es Nuestro Señor al regalarme estos consuelos a mí que no me los merezco" –y recordemos que la santidad no consiste en tener consuelos o en sentir fervores. Reconozcamos que el recibir esos consuelos y dulzuras no significa que nosotros ya somos buenos, sino que Dios es muy bueno.

2. Reconozcamos que si nos llegan estas consolaciones y dulzuras es porque todavía somos niños en lo espiritual y necesitamos de tales consuelos.

3. No consideremos solamente lo que valen estas dulzuras que nos envía Dios sino la inmensa bondad de Nuestro Señor que nos las concede.

4. Pensemos ¿para qué me habrá dado Dios estos consuelos y dulzuras? Seguramente para hacernos mansos y amables con todo mundo y muy agradecidos con Él, para que obedezcamos los mandamientos de Dios y cumplamos su santa voluntad. Por eso, el día que recibamos algún consuelo espiritual mostrémonos más diligentes en hacer el bien y en ser humildes.

5. Aceptemos que algunas épocas no se nos concedan estos consuelos y fervores. Tanto cuando Jesús nos lleva al Monte Calvario o cuando nos lleva al Monte Tabor digámosle: "Qué bueno es Señor, estar contigo, ya sea en los dolores del Calvario, ya sea en las alegrías del Tabor".

Capítulo 14

LAS SEQUEDADES ESPIRITUALES

Hermoso y agradable es, Filotea, alma que amas a Dios, el recibir consuelos y dulzuras espirituales, pero este período hermoso y agradable no durará por siempre aquí en la tierra y te va a suceder que algunas veces te vas a sentir como tierra reseca, agotada y sin agua, como desierto estéril sin caminos para llegar hasta Dios, sin agua que pueda refrescar y producir buenos frutos con el alma totalmente estéril. Cuan digna de compasión es el alma que sufre esta sequedad, especialmente cuando es muy fuerte y duradera. Entonces puede repetir las palabras del Salmo 42: ¿Por qué me rechazas Dios mío? ¿Por qué voy andando entre tristezas? ¿Por qué te acongojas alma mía? Espera en Dios que volverás a alabarlo: salud de mi rostro, Dios mío".

Remedios. Filotea, alma que amas a Dios, si te llega esta sequedad ¿Qué es lo que debes hacer?

1. Averiguar cual será la causa de que te hayan quitado los consuelos. ¿Será que estaban haciendo más mal que bien? La mamá cuando sabe que su hijito tiene lombrices le niega los dulces que acostumbraba darle porque le pueden hacer más mal que bien ¿Será que Dios notó que los consuelos te llenaban de orgullo? Entonces sí que tendrás que repetir con el salmo: "Ha sido para mi provecho haber sufrido, porque ahora reconozco que todo el bien viene de Dios y solamente de su generosidad".

2. Piensa que probablemente no aprovechaste bien los consuelos y fervores que Dios te dio y por eso te los ha quitado. Favor que no se aprovecha, Dios lo quita. En e desierto quien no recogía el Maná al amanecer y dejaba para recogerlo más tarde, cuando iba a buscarlo ya se había derretido y no estaba por ahí. (Ex 16, 21).

3. ¿Será que quieres gozar al mismo tiempo de los consuelos que envía Dios y de los placeres sensuales que ofrece el mundo? ¿Te sucederá entonces como a los Israelitas en el desierto que mientras Dios les enviaba el Maná, ellos seguían deseando las cebollas de Egipto?

4. ¿No será que te estás saciando de placeres y gozos mundanos y ya en tu alma no caben los gozos espirituales? La Virgen María en su Canto exclamó: *"Dios a los hambrientos los colma de bienes, pero a los saciados los despide vacíos"* (Lc 1).

5. ¿No será que no correspondiste bien a los consuelos y fervores cuando te llegaron y está cumpliendo Nuestro Señor lo que dijo en el evangelio: "A *quien* tiene se le dará, pero a quien no obtiene ganancias se le quita hasta *lo poco que tiene?* (Mt 25, 29). La lluvia llena de mayor vida a las plantas verdes, pero a las que ya están secas las pudre.

Examinarse en paz. Filotea, alma creyente, examínate la conciencia para ver si ha existido en tu actuación, alguna de estas causas que impiden te lleguen los consuelos espirituales. Pero este examen no debe hacerse con afán o inquietud. Si encuentras en tu comportamiento cual es la causa de este mal, dale gracias a Dios, porque un mal se considera medio curado si se descubre cual es la causa que lo produce. Pero si no encuentras en tu conducta nada que haya sido la causa de tu sequedad de espíritu, no te detengas con curiosidad buscando esa causa, sino dedícate a hacer lo siguiente:

1. *Considera tu pequeñez.* Eres como tierra reseca, cuarteada por el verano, que necesita la lluvia que cae de lo alto. Si Dios no la envía serás terreno estéril.

2. *Pídele a Dios que te conceda la alegría:* Dile con el salmo: *"Devuélveme la alegría de tu salvación, Señor"*. O con Jesús en el Huerto: *"Padre, si es posible, aleja de mí este cáliz de amargura"* (Mt 27, 39).

3. *Procura seguir los consejos de tu confesor.* A veces estos consejos aunque en apariencia no son provechosos, si hacen un gran bien. Jesús dijo a sus sacerdotes: *"Quien a vosotros escucha, a Mí me escucha"*. Recuerda que el consejo que el profeta Eliseo le dió a Naaman (de bañarse siete veces en el Río Jordán) parecía demasiado simple, pero al cumplirlo le obtuvo una admirable curación de su lepra.

4. Nada hay tan provechoso cuando llegan las sequedades del espíritu como el no afanarse por tenerlas ni angustiarse porque no se van. No digo que no hay que hacer lo posible por evitarlas, pero dejando todo en las manos de la Divina Providencia de Dios que nos concederá siempre lo que más nos conviene, aunque en el momento no le entendamos. En tiempos de sequedad espiritual digamos: "Padre si es posible, aleja de mí este cáliz de amargura", pero añadamos: *"Que no se haga lo que yo quiero, sino lo que quieres Tú"*, y procedamos en esto con la mayor serenidad e indiferencia que nos sea posible. Al vernos Dios con esta santa indiferencia nos consolará con más gracias y favores.

Como Abraham. Grande era la angustia de Abraham al subir al monte a sacrificar a su hijo Isaac, pero Dios al ver su indiferencia y su serenidad para cumplir los mandatos divinos lo consoló haciéndole las más admirables promesas. Digamos con Job: "El Señor me dio los consuelos y fervores, y el Señor me los quitó, bendito sea Dios".

Finalmente, Filotea, alma que amas a Dios, nunca perdamos el buen ánimo. No nos desanimemos por más sequedades espirituales que nos lleguen, y mientras nos vuelven a llegar los consuelos y fervores sigamos haciendo las obras buenas que tenemos qué hacer. Es verdad que no las logramos hacer con el gusto y el fervor de antes, pero Nuestro Señor sabrá premiar muy bien este esfuerzo que hacemos.

Como en una colmena. Dicen que cuando en los campos hay muchas flores las abejas se dedican más a recoger miel que a cuidar las nuevas crías de abejitas, pero que cuando en el campo escasean las flores, las abejas se dedican con mayor esmero a cuidar a las nuevas abejitas que van naciendo, y la colmena va creciendo cada día más. Así sucede en nuestra vida. Filotea, alma creyente. Cuando encontramos muchos consuelos, dulzuras y fervores nos dedicamos más a disfrutarlos que a hacer obras buenas, pero cuando estos consuelos escasean, entonces si nos podemos dedicar más a practicar las virtudes de la paciencia, la humildad, la resignación y el dominio de sí mismo.

Error femenil. Es un gran error de muchas personas espirituales, especialmente mujeres, creer que las obras buenas que se ofrecen sin sentir gusto especial ni consuelo, son menos agradables a Nuestro Señor. Lo contrario es lo verdadero. Nos puede suceder como a ciertas flores que cuando están frescas son muy hermosas, pero cuando están secas producen un aroma más exquisito.

Mayor mérito. Cuando hacemos obras buenas en una gran sequedad espiritual, nos cuesta mucho más hacerlas, y por lo tanto, ellas tendrán mayor premio. Es como quien sirve a un gobernante. Si le presta sus servicios cuando al gobernante todo le sucede bien y todos le obedecen, tendrá menos mérito que si le presta esos servicios cuando se levantan revoluciones y muchos atacan al que gobierna. Entonces sí que su servicio es señal de constancia y fidelidad.

Decía Santa Angela de Foligno que la oración que se hace cuando no sentimos consuelo ni fervor obtiene más favores del cielo que la que decimos en momentos en que sentimos muchas dulzuras espirituales, y lo mismo las acciones buenas que hacemos cuando no sentimos gusto en hacerlas. En esos casos no tenemos compensaciones sensibles pero sí mayores bendiciones y premios de Nuestro Señor.

_____ **Capítulo 15**

SE CONFIRMA LO DICHO
CON UN EJEMPLO MUY ANTIGUO

Uno de los peores peligros para quienes empiezan su vida espiritual y su trabajo por conseguir la santidad, es el desanimarse exageradamente porque no se sienten consuelos ni agradabilidad en las actividades espirituales.

Godofredo. En la vida de San Bernardo (año 1111) se lee un caso especial. Aun religioso llamado Godofredo que hacía poco había dejado su vida de pecado en el mundo y había entrado de religioso en uno de los conventos fundados por San Bernardo, le sucedió que de pronto empezó a no sentir ningún fervor en la oración y ningún gusto, sino más bien disgusto por las prácticas de piedad y por las obras buenas. Esto lo desanimó de tal manera que empezó a sentir una profunda tristeza y un deseo intenso de volver al mundo y a sus placeres mundanos. Recordaba a sus amigos, a sus familiares y a las diversiones mundanas que había dejado.

Además le atacó una terrible tentación y a tal grado llegó su tristeza y su desánimo que uno de sus compañeros religiosos al ver tanta tristeza en su rostro le preguntó: ¿Godofredo, tú que siempre eras tan alegre, por qué tienes ahora un semblante tan triste y sombrío? –El otro dando un suspiro de desánimo y de desilusión exclamó: –Mi tristeza y mi depresión son tan grandes que "ya nunca en mi vida podré estar alegre". El otro religioso fue y le contó este grave caso a su superior San Bernardo, el cual entró al templo y de rodillas ante el Santísimo Sacramento le suplicó con gran fe a Nuestro Señor que le quitara la tristeza a aquel pobre religioso. Mientras el santo rezaba, Godofredo se quedó dormido de tanta tristeza. Un rato después terminó San Bernardo su oración y despertó Godofredo de su pequeño sueño, pero con una alegría tal, que su amigo religioso le preguntó por qué se veía tanto gozo en su rostro, y él le respondió: "–Mi amigo si antes te dije que nunca en mi vida me volverías a ver contento, ahora te digo que nunca en mi vida me volverás a ver triste".

Habían empleado dos medios muy eficaces para recuperar la alegría perdida: consultar al director espiritual y rezar pidiendo a Dios que se aleje la tristeza.

¿Qué nos enseña este ejemplo?

1. Ante todo que Dios a veces nos quita los consuelos que antes teníamos y nos deja sufrir la sequedad espiritual para hacernos más fuertes en la fe y en la esperanza.

2. Que cuando llegan las sequedades espirituales suelen llegar también fuertes tentaciones y hay que estar dispuestos a rechazarlas, porque ellas son una prueba que Nuestro Señor nos pone, para ver hasta donde llega nuestro amor a Él.

3. Que en los momentos de tristeza no debemos hacer planes pesimistas para el futuro, pues después de la tormenta vendrá la bonanza y después de las oscuridades de la noche llegará la luz del amanecer. Y que también en momentos de mucha alegría debemos recordar que pueden llegar días de tristeza y así evitaremos optimismos exagerados.

4. Que en momentos de tristeza sirve mucho comunicar nuestra angustia a algún buen amigo espiritual.

5. Que el enemigo del alma puede intentar hacer que las prácticas de piedad y las obras buenas nos disgusten y no nos agraden, para ver si logra apartarnos de ellas, pero que de ninguna manera debemos dejar de hacerlas aunque no sintamos gusto ni agrado por practicarlas. No olvidemos que cuando sentimos menos gusto y agrado en practicar el bien, es cuando ganamos más méritos al practicarlo.

¿Mal físico? A veces sucede que las sequedades y tristezas provienen de que la salud no anda bien o de que se tiene demasiado cansancio o preocupación. Por ejemplo, por exceso de trasnochadas o por alimentación defectuosa, o por mal funcionamiento del hígado o de la digestión o de la circulación, o por demasiada fatiga a causa de un trabajo prolongado y agotador. Para estos casos es necesario proporcionarse momentos de recreo y de expansión, el descanso necesario y los debidos tratamientos para mejorar la salud del cuerpo. San Francisco de Asís recomendaba a sus religiosos que fueran moderados en sus trabajos, de manera que su demasiada fatiga no les destruyese el fervor de su espíritu.

La tentación de un santo. Del gran San Francisco de Asís (año 1222), se narra que durante dos años padeció una terrible sequedad de espíritu, una tristeza profunda y desilusión por el pasado y temores por el futuro de su obra, hasta tal grado que le costaba charlar con sus amigos, y si estaba solo su angustia aumentaba. La oración no le consolaba y las obras buenas no le llamaban la atención. Le parecía que Dios lo había abandonado. Hasta que al fin, rogando mucho a Dios, obtuvo que le volviera su antigua y admirable alegría. Te cuento este caso para que te des cuenta de que también a los más grandes santos les permite Dios que les lleguen sequedades espirituales y angustias. Y si a ellos les sucedieron ¿Por qué no nos van suceder a nosotros que estamos todavía tan lejos de la santidad?

Capítulo 16

LAS PALABRAS OFENSIVAS

Es necesario evitar en nuestro vocabulario toda palabra ofensiva hacia el prójimo. Jesús decía que quien le diga "raca o estúpido" a otro, merece ser procesado. Se puede y se debe sí corregir, pero hay que hacerlo con bondad y gran respeto. San Pablo corregía fuertemente en sus cartas los defectos de sus discípulos, pero con gran respeto y amor. San Juan Bautista llegó hasta a llamar "Raza de víboras" a los fariseos, pero en general, sin aludir a alguno de ellos en particular. Y lo hacía no por humillarlos, sino tratando de que se corrigieran. Nosotros debemos evitar toda palabra ofensiva, y más que no tenemos una santidad como la de Juan Bautista. Si regañamos con cólera, nuestra reprensión pierde mucho de su efecto y podrán creer que más nos queremos vengar que corregirlos y hacerles el bien. Si digo a un inferior: "Eres un tonto, un idiota, un sin criterio", con eso lo humillo, lo acomplejo y no lo ánimo en nada a volverse mejor, y el provecho que voy a obtener será muy poco, pero si los corrijo con bondad, con cariño y amabilidad, no perderé su amistad y sí lograré que se vayan corrigiendo de sus errores.

Se cazan más moscas con una cucharada de miel que con un barril de hiel.

QUINTA PARTE

EJERCICIOS PARA RENOVAR EL ALMA Y ENCAUZARLA HACIA LA SANTIDAD

Capítulo 1

EL GRAN REMEDIO DE RENOVACIÓN QUE SON EL RETIRO MENSUAL Y LOS EJERCICIOS ESPIRITUALES

Se llama "Ejercicios Espirituales" una actividad que nos ayuda a reconocer nuestras propias faltas y debilidades, los afectos desordenados que tenemos, el egoísmo, el rencor, la envidia, los deseos de aparecer, el considerarse mejor que los demás, el vivir concentrado en los propios problemas sin interesarse por los otros, etc. Para que después de conocer nuestras debilidades podamos ordenar la propia vida para ser mejores y más útiles a la Iglesia y a los demás, y más agradable a Dios.

Lo primero. Ante todo hay que convencerse de lo importantes que son los Ejercicios Espirituales. Nuestra humana naturaleza se aparta frecuentemente de los buenos propósitos que hemos hecho, pues somos débiles y mal inclinados y fácilmente tendemos más hacia abajo que hacia arriba en santidad.

Como las aves. Así como las aves voladoras si cuando están en el aire dejan de batir las alas se vienen a tierra, así nuestra alma si no hacemos continuas resoluciones de ser mejores, se viene abajo en santidad, y si nos descuidamos podemos descender aún más abajo de donde estábamos cuando emprendimos el viaje hacia la perfección.

Como las máquinas. La maquinaria cualquiera que sea, necesita continuamente de reparación, de aceite en su engranaje, de lubricación, y de mantenimiento porque de no ser así empieza pronto a funcionar mal.

Costumbre antigua. Cuentan los santos que los cristianos de la antigüedad el día en el que cumplían su aniversario de bautismo (o de su ordenación sacerdotal si eran sacerdotes o de su profesión si pertenecían a una comunidad religiosa) se dedicaban a dar gracias a Dios por tan grandes favores y a examinarse acerca de cómo estaban cumpliendo sus deberes de creyentes, de religiosos o de sacerdotes y a hacer planes y propósitos para comportarse mejor en adelante, y esto, les conseguía muchos éxitos espirituales.

Fechas importantes. Un día cada mes debemos apartar tiempo para examinar nuestra conciencia y ver qué progresos o retrocesos hemos hecho en cuanto a nuestra santidad y perfección, qué peligros se nos están presentando, para tratar de evitarlos o enfrentarlos y que defectos nos están dominando; cuáles son las virtudes que más necesitamos conseguir y qué será lo que Dios más desea de nosotros. Esto hay que hacerlo con más detención una vez por año si Nuestro Señor nos concede la gran oportunidad de poder hacer los Ejercicios Espirituales de cada año, y las consideraciones o meditaciones que conviene hacer en esas ocasiones. Ojalá leas y releas con cariño y atención lo que te voy a decir enseguida. Te aprovechará.

Capítulo 2

CONSIDERACIONES ACERCA DEL GRAN BENEFICIO QUE DIOS HACE LLAMÁNDONOS A SU SERVICIO

1. Piensa en tu bautismo y en las promesas bautismales que tus padres y padrinos hicieron en tu nombre en aquel día memorable, y que tu has renovado en otras ocasiones. Allí se decía: "Creo en Dios Padre Todopoderoso... en su Hijo Jesucristo, en el Espíritu Santo, etc. Renuncio a Satanás y a todos sus engaños etc.". Piensa en segundo lugar en el gran favor que Dios te ha concedido permitiendo librarte de tantos pecados... el de haberte levantado de tus caídas y malas acciones, mediante el arrepentimiento, la absolución y los buenos propósitos. Y en tercer lugar: el que Dios en su gran bondad te haya permitido dedicarte a amarlo y servirlo a Él. Tu puedes decir con el poeta: "¡Qué detalles Señor has tenido conmigo!".

2. Considera y piensa en que las promesas bautismales de renunciar a Satanás y sus malas insinuaciones te comprometen a comportarte mejor. Son palabras de honor que le diste a tu Dios. Debes repetir con el Salmo 118: "Señor: ojalá yo esté firme en mis propósitos de cumplir siempre tus santos decretos y no tenga que sentir la vergüenza de no haber cumplido tus mandamientos".

3. Considera en presencia de quienes estás cumpliendo tus deberes: de Dios Santísimo, Padre, Hijo y Espíritu Santo. De los santos ángeles y arcángeles, especialmente de tu ángel de la guarda. De la Virgen María y de los Santos. Que alegría tan grande sienten los habitantes de la Jerusalén Celestial cuando te ven ser fiel a tus deberes para con Dios y para con tu prójimo.

4. Considera cuánto te prefiere tu Dios dándote el gusto hacia lo bueno y aversión por lo malo, y proporcionándote tantas ocasiones para poderle demostrar tu amor y obediencia al Creador. Te ha permitido pertenecer a la mejor religión del mundo, la católica, y te ha conservado en ella hasta hoy. Te ha regalado los sacramentos y te ha concedido amor a escuchar la Palabra de Dios y a leer libros religiosos que te instruyen. Qué gran favor.

5. Filotea, alma que amas a Dios, recuerda cuando fue que Dios te llamó a servirle más de cerca con una vida de fervor y de religiosidad. ¿Fue en tu niñez como al joven Samuel de la Biblia, o en la Juventud como a San Luis y Santa Inés, o en la edad madura como a Magdalena y a San Agustín? Como este santo tienes que repetir: *"Tarde te amé, hermosura siempre antigua y siempre nueva"*. Dale gracias al Señor por haberte llamado a vivir en su santa amistad. Considera los grandes beneficios que has recibido al dedicarte a la vida de piedad y devoción: hablar con Dios por medio de la oración; el sentir deseos de amarlo con todo el corazón y sobre toda las cosas; el haber logrado calmar las pasiones que tanto te atacaban y te amenazaban;

el haber evitado muchos pecados que habrías cometido si no te hubieras dedicado a tratar de buscar la santidad; el haber comulgado tantas veces y asistido a la Sagrada Eucaristía y haber escuchado frecuentemente la Palabra en la predicación. Todo esto ha sido regalo del buen Dios. Con el salmista tienes que repetir: "¡Qué bueno es el Señor para los que lo aman!". Después de recordar estos beneficios dale gracias a Nuestro Señor. Mira que hay favores del cielo que se pierden porque no se agradecen. No te quedes nunca sin dar gracias al Señor que ha sido tan super generoso contigo.

Y después de dar gracias y de esforzarte por aprovechar los dones que Dios te dio, te conviene practicar el segundo punto de este ejercicio, que es el que está en la pagina siguiente.

> **¿Cómo pagaré al Señor los inmensos favores que me ha hecho? Alzare el caliz de salvación, invocando su nombre y cumpliré tos buenos propósitos que te he hecho.**
> **(Salmo 115)**

_____ **Capítulo 3**

CÓMO HACER EL EXAMEN ACERCA DEL ADELANTO EN EL CAMINO DE LA SANTIDAD

Este examen tiene cuatro puntos. Primero examinas cómo están tus relaciones con Dios. Luego como te estás dominando a ti mismo. En seguida examinas como están tus relaciones con el prójimo, y finalmente como estás luchando contra tus propias pasiones.

Al empezar pídele a Dios que te ilumine. Así como cuando entra un rayo de sol a una habitación vemos en el aire muchas basuritas que antes no notábamos, así al recibir las luces del Espíritu Santo verás en tu alma y en tu comportamiento muchas imperfecciones de las cuales antes no te dabas cuenta.

Método. Al hacer el examen debes notar lo indebido que has hecho, lo bueno que debías hacer y no hiciste y las dificultades que has encontrado. Eso te servirá para recibir consejos y para hacer tus propósitos. Ojalá invoques a

María Santísima, a tu ángel de la guarda y a los santos de tu devoción para que te ayuden a hacer bien tu examen. Este examen lo puedes hacer en cualquier sitio y a cualquier hora, pero te ayudará mucho el poder hacerlo a hora fija y en soledad y silencio.

Cuando empieces a hacer tu examen piensa en la presencia de Dios, es decir,, en que Dios te está observando, y escuchando. Luego le pides al Espíritu Santo que te ilumine. Ojalá repitas la oración que le agradaba repetir a San Agustín: *"Señor, conózcate a Ti, conózcame a mí"*. Que conozca cuán grande, poderoso, y maravilloso eres tú y cuán miserable, débil y pobre soy yo! Recuerda que San Francisco de Asís pasaba noches repitiendo esta oración: "Señor que te conozca a Ti, para amarte, adorarte y obedecerte, y que me conozca a mí, para humillarme, arrepentirme y dominarme".

Procura tomar nota de los adelantos que has tenido, no para llenarte de orgullo, sino para animarte y dar gracias a Dios por sus beneficios y ayudas.

Y no te desanimes si notas que no has progresado o que has retrocedido en tu viaje hacia la santidad; sino más bien anímate a seguir luchando con más esfuerzo por progresar en el camino de tu perfección. Recuerda lo que decía San Pablo: *"Todo lo puedo en Cristo que me fortalece"* (Flp 4, 13).

Y ahora sí te dedicarás a repasar lo *más importante que hay en tu vida,* tus relaciones con Dios, como lo vas a ver en el capítulo siguiente.

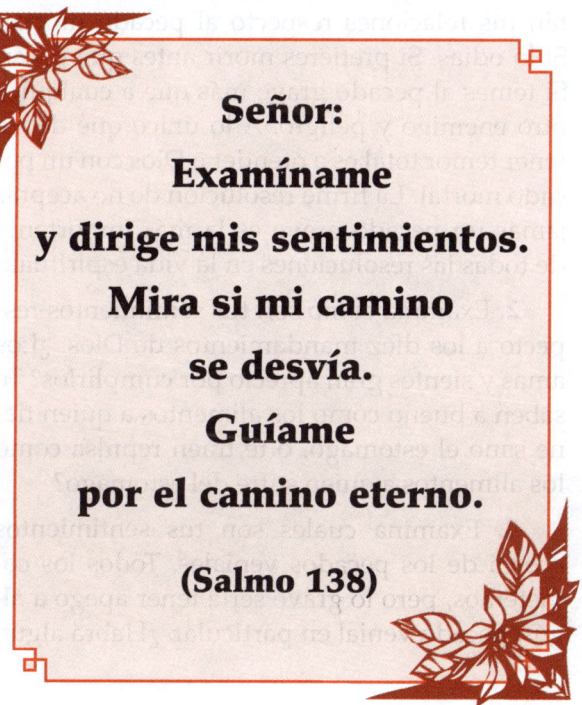

Señor:

Examíname

y dirige mis sentimientos.

Mira si mi camino

se desvía.

Guíame

por el camino eterno.

(Salmo 138)

Capítulo 4

EXAMEN ACERCA DE NUESTRAS RELACIONES CON DIOS

1. Antes que todo examínate a ver como están tus relaciones respecto al pecado mortal. Si lo odias. Si prefieres morir antes que pecar. Si temes al pecado grave más que a cualquier otro enemigo y peligro. A lo único que debes tener temor total es a ofender a Dios con un pecado mortal. La firme resolución de no aceptar jamás un pecado grave es la más importante de todas las resoluciones en la vida espiritual.

2. Examina como son tus sentimientos respecto a los diez mandamientos de Dios. ¿Los amas y sientes gran aprecio por cumplirlos? Te saben a bueno como los alimentos a quien tiene sano el estomago, o te traen repulsa como los alimentos a quien sufre del estomago?

3. Examina cuales son tus sentimientos acerca de los pecados veniales. Todos los cometemos, pero lo grave sería tener apego a algún pecado venial en particular. ¿Habrá algún pecado venial al cual le tienes afición y amor? Eso sería una mala señal.

4. Examínate acerca de cómo son tus sentimientos respecto a las prácticas de piedad. ¿A cuáles tienes mayor inclinación y por cuáles sientes menos atractivos? Por ejemplo, oír la Palabra de Dios, leer las Sagradas Escrituras, hablar de temas espirituales, meditar, saborear lo bueno que has leído, confesarte, recibir consejos, participar en la Santa Misa, examinar tu conciencia, arrepentirte de tus faltas y hacer buenos propósitos, y mortificar los afectos indebidos que sientes. Examínate para ver si a alguna de estas prácticas de piedad le tienes menos cariño o aprecio y averigua cuáles serán las causas para que te gusten menos y no te atraigan tanto.

5. Examínate para ver cuáles son tus afectos *respecto* a *Dios. Si* tu corazón se alegra y siente gusto al acordarse de Él. Cuántas veces te acuerdas de Dios durante el día. Si puedes decir como el Profeta David: "*Siete veces* (es decir, muchas) *me acuerdo de Ti mi Dios, diariamente*" (Salmo 118) y con el Salmo 84: "Mi corazón y toda mi persona se alegran ante la presencia de mi Dios".

Piensa si sientes agrado en pensar en lo inmensamente bondadoso y poderoso que es Nuestro Señor. Piensa si en tus ocupaciones te acuerdas de que Dios te está viendo, te está escuchando y acompañando y calificando tus comportamientos para el día del Juicio, y ayudándote e eliminándote en todo.

6. Piensa en cuales son tus sentimientos respecto a Jesucristo, Hijo de Dios. El te pregunta: "*¿Qué dices que es el Hijo del hombre?*" (Mt 16, 13). ¿Le puedes responder: "Es mi mejor amigo, el más poderoso benefactor que tengo, el ejemplo perfecto de lo que debe ser mi vida, el que pagó mis pecados con su sangre derramada en la cruz, el Juez Divino que me va a juzgar, el que intercede cada día por mí, el que tiene todas las soluciones para mis problemas, el modelo de lo que debe ser mi amor hacia el Padre Dios y hacia los prójimos, el ideal de lo que un ser humano debe llegar a ser, mi más amable hermano, el que yo debo imitar día por día? Ojalá tuvieras como tu máximo temor: el no amar a Jesucristo como lo debes amar.

7. Examínate acerca de cómo son tus sentimientos respecto a la Santísima Virgen María, a los ángeles y a los santos. ¿Consideras a María Santísima como tu amabilísima madre?

¿Sientes gran aprecio y afecto hacia Ella? ¿Te esfuerzas por imitarla en su fe, en su caridad? ¿Llevas una imagen de la Madre de Dios que te recuerde cuanto te ama y se preocupa por ti? ¿Le dices frecuentes jaculatorias? ¿Rezas el rosario? ¿Hablas de Ella? ¿Propagas su devoción? ¿Invocas a tu ángel de la guarda y a otros ángeles y santos? ¿Cuántas veces?

8. Considera como habla tu lengua de Dios, ¿Cuántas alabanzas? ¿Te esfuerzas por propagar con palabras o difundiendo libros religiosos, el Reino de Dios? ¿Pides en tus oraciones que Dios reine en las almas? ¿Amas al templo de Dios y te esfuerzas porque se presente lo más bello posible? Que puedas decir con el salmista: "Gozo de la dulzura del Señor, contemplando su templo".

9. *¿Has hecho algún pequeño sacrificio por amor a Dios?* Por ejemplo, renunciando a algún afecto sensible, o a algún alimento, o a un objeto sensible, o comodidad, o leyendo algunas paginas de libros religiosos que llevan a amar más a Nuestro Señor, o callando algo, o haciendo un favor que cuesta, o ayudando a un necesitado. ¿Qué te ha costado seguir a Dios y dedicarte a amarlo? ¿Qué?

Capítulo 5

EXAMEN ACERCA DEL AMOR
HACIA NOSOTROS MISMOS

1. Examínate acerca de si tu amor hacia ti mismo es como si nunca debieras salir de este mundo, o como de quien sabe que su destino definitivo está en la eternidad.

2. Piensa si el que te dirige es tu amor propio y tu egoísmo. Pregúntate si te preocupas más por salvar tu alma que por darle gusto al cuerpo, si te interesas más por adquirir las virtudes que por conseguir bienes materiales u honores. Si le das importancia a ésto: ¿Qué opinara Dios acerca de lo que estoy pensando, diciendo o haciendo? –En vez de estar pensando en lo que piensa la gente.

3. *¿Cuidas de tu salud?* ¿Te esfuerzas por no hacer lo que va contra la salud de tu cuerpo? Cuanto más logres tener energías corporales, más podrás trabajar por el Reino de Dios. ¿Haces ejercicio físico? ¿Respiras profundamente? ¿Evitas cualquier alimento o bebida que pueda hacer daño a tu salud? O ¿aceptas placeres que pueden perjudicar la salud de tu cuerpo o la de tu espíritu?

4. *Examínate acerca de cuánta humildad tienes al estimar a tu persona.* ¿Te comparas con Dios para reconocer cuánto vales? ¿Puede una mosca enorgullecerse al compararse con una altísima montaña? ¿O enorgullecerse una chispa al compararse con el sol? La verdadera humildad consiste en no consideramos nosotros mismos más que los demás, ni desear que nos estimen como si valiéramos más que ellos.

5. *En cuanto a la lengua.* Examínate si buscas alabarte de un modo o de otro y hablas de tu persona y de tus hechos y familia y éxitos, tratando de obtener alabanzas humanas. De sí mismo es mejor no hablar o hablar lo menos posible.

Capítulo 6

EXAMEN ACERCA DE LAS RELACIONES CON EL PRÓJIMO

Jesús nos dijo: "En esto se conocerá que son mis discípulos en que se aman unos a otros". Piensa si la razón para amar a tu prójimo es porque cada persona es hija de Dios y todo el bien que hacemos a los demás lo recibe Cristo como hecho a Él mismo. Pregúntate si estás cumpliendo aquel mandato del Señor: *"Todo el bien que desean que los demás les hagan, háganlo Uds. a los demás"* Piensa si con las personas que son antipáticas, envidiosas, o de mal carácter, te muestras amable, porque con esta clase de gente es con la que mejor se puede demostrar el amor de caridad.

Pregúntate si rezas por las personas que te han hecho mal, de obra o de palabra. El rezar por ellas es señal de que las perdonas. Mira si te inclinas fácilmente a murmurar del prójimo, especialmente de quienes no te aman. Examina si haces el mal al prójimo, directa o indirectamente. Por poco esfuerzo que hagas en este examen descubrirás muchas cosas que puedes corregir.

_____ **Capítulo 7**

EXAMEN ACERCA DE LOS AFECTOS SENSIBLES

En resumen: conviene que examines qué tipo de personas hemos sido y de qué mane-

ra nos hemos comportado en los siguientes casos: En nuestro amor para con Dios, para con el
prójimo y para con nosotros mismos.

En nuestro aborrecimiento del pecado,
del que hay en nosotros y del que hay en los
otros, y que tanto es nuestro deseo de evitar-
lo. Cómo son nuestros deseos y afectos hacia
el dinero, hacia los placeres y hacia los honores. Qué hemos hecho por evitar las ocasiones
de pecar y qué tanto nos hemos esforzado por
alejarnos de ellas y si tenemos más temor de
perder la amistad con Dios que de perder los
bienes de este mundo, porque de ordinario se
teme más perder los bienes materiales que la
gracia de Dios.

¿Será que tienes la esperanza muy puesta
en los bienes y personas del mundo y muy poco en Dios y en los bienes que nos esperan en
la eternidad?

¿Será que tu tristeza es excesiva por cosas
sin tanta importancia, y tu alegría es también
exagerada por cosas que no merecen tanto?
¿Cuáles son las aficiones, cuáles los afectos
que dominan en tu corazón? ¿En qué se distrae
pensando tu imaginación?

Como los músicos. Un buen músico antes de dedicarse a interpretar una pieza musi-

cal examina bien, no sea que su instrumento tenga alguna cuerda o parte desafinada o disonante que le dañe su presentación; así también con nuestra alma nos aprovecha examinar como está nuestro amor, nuestras simpatías y antipatías, los deseos y temores, las esperanzas, tristezas y alegrías, para que en caso de que haya algo disonante, desafinado y destemplado y no dé el tono que queremos en nuestras relaciones con Dios y con el prójimo, logremos mediante la gracia y ayuda de Dios, el consejo del confesor o director espiritual y nuestros buenos propósitos, arreglarlo todo de la mejor manera posible y así lograr seguir avanzando hacia la santidad.

_____ **Capítulo**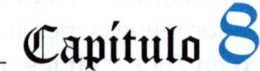

SENTIMIENTOS QUE DEBEMOS TENER DESPUÉS DE NUESTRO EXAMEN

Ante todo dar gracias a Dios, por los éxitos y progresos que hemos logrado hacer, y reconocer que todo lo hemos logrado únicamente porque su divina misericordia nos ha ayudado, iluminado y fortalecido.

Reconocer humildemente que si no hemos progresado más en el camino hacia la santidad, ha sido por nuestra culpa, por nuestros descuidos y por no haber correspondido mejor a las inspiraciones que Dios nos ha dado.

_____ Capítulo **9**

CÓMO RENOVAR
NUESTROS BUENOS PROPÓSITOS

Proponerse dar siempre gracias a Dios por los pequeños progresos que nos permite obtener. Esta gratitud nos traerá nuevas ayudas del cielo.

Pedir perdón al Señor. Por tantas infidelidades y por lo poco que hemos correspondido a sus bondades. Decir con el antiguo Profeta: *"Misericordia Señor, hemos pecado".*

Invocar a la Virgen María, a San José, al ángel de la guarda y a los santos de nuestra devoción, suplicándoles intercedan ante Dios para que nos conceda la gracia inmensa de nuestra conversión y progresar en virtud y santidad.

CONSIDERACIONES O MEDITACIONES PARA RENOVAR LOS BUENOS PROPÓSITOS

Capítulo 10

PRIMERA CONSIDERACIÓN O MEDITACIÓN: EL GRAN VALOR DE NUESTRA ALMA

Piensa en lo mucho que vale tu alma. Tiene un entendimiento que le permite conocer tantas verdades tan importantes como, por ejemplo, que hay una eternidad, que hay un Dios poderoso y bondadoso, unos ángeles, un Paraíso eterno; que cada persona recibirá premio o castigo según hayan sido sus obras. Que "Dios pagará a cada cual según hayan sido sus obras y su conducta" (Sal 61).

Además, tu alma tiene una voluntad libre que puede decidir si hace el bien o hace el mal. Una voluntad que es capaz, con la ayuda de Dios, de oponerse a las tentaciones de los enemigos del alma, y dominar las pasiones del cuerpo y oponerse a las propuestas pecaminosas que hace este mundo malvado.

Que tu alma es guiada por un corazón,

que te lleva a amar a Dios y al prójimo; a aborrecer el mal. Tú tienes un corazón al cual le sucede como a las abejas, que son atraídas por el néctar de las flores, pero les repugna la fetidez del estiércol. Así le sucede a nuestro corazón: cuando ama lo bueno, lo noble, lo provechoso para el alma, siente gusto y alegría, y paz, pero cuando se encuentra con lo pecaminoso y dañoso para la salvación ya no tiene reposo ni quietud, sino amargura y desilusión. Recordemos las veces que hemos dejado que nuestro corazón se fuera hacia lo pecaminoso, mundano y solamente material, como hemos quedado llenos de inquietud, molestia y desilusión, y el pobre corazón se sintió miserable.

Filotea, recuerda las veces que intentando agradar a las criaturas hiciste lo que les agradaba y lo que ellas exigían y solo cosechaste amarguras y decepciones. Como la paloma del arca que Noé envió para saber si ya había terminado la inundación del diluvio, no encontrando donde reposar volvió al sitio de donde había salido, así nuestro corazón, después de buscar consolaciones y satisfacciones en lo que es mundano, sensual y material, ha tenido que volver a buscar la paz y la alegría en lo que es espiritual y santo. Por eso repetía San Agustín:

"Señor, nos hiciste para Ti y nuestro corazón estará inquieto y no hallará reposos sino solamente en Ti".

Dile a tu alma: ¿por qué te embobas en pequeñeces? Si puedes aspirar a la eternidad feliz ¿para qué dedicarte a materialismos que solamente dejan insatisfacción? Si puedes alimentarte de manjares sustanciosos en la casa de Padre Dios ¿Para qué irte como el hijo pródigo a buscar las bellotas que les echan a los cerdos? ¡Oh alma mía: tu corazón está hecho para amar a Dios y a lo santo y eterno. Pobre de ti si te contentas con amar solamente lo que es temporal, material y pasajero! Naciste para la eternidad feliz, no te contentes con lo que no sea de Dios y su santo Reino.

Capítulo 11

SEGUNDA MEDITACIÓN O CONSIDERACIÓN: EXCELENCIA DE LAS VIRTUDES

Piensa bien como las virtudes, y especialmente el amor a Dios, te pueden proporcionar más paz y felicidad que todos los goces del mundo juntos. Haz la comparación entre lo que proporcionan las virtudes y lo que se consigue con los vicios. Por ejemplo, la suavidad que queda en el alma cuando se tiene mansedumbre y amabilidad y la amargura que inunda el espíritu cuando se tiene odio y venganza. Comparemos lo distinto que se siente cuando hay ira y cuando hay paciencia. Cuando hay avaricia y cuando hay generosidad para dar al necesitado; lo que dejan la gula y borrachera y lo que deja la templanza. Las virtudes tienen la especialidad de que después de practicadas dejan alegría, paz y tranquilidad en el alma; en cambio los vicios y pecados dejan amargura, desilusión y tristeza. ¿Por qué no preferir entonces las virtudes a los vicios y pecados?

Las virtudes cuando son pocas traen cierta paz al alma, pero cuando son bastantes y bien practicadas llenan de alegría de cielo al espíritu. Las virtudes traen consolaciones, y los pecados traen alborotos e inquietudes. Nosotros deberíamos repetir aquella frase de la samaritana que tanto les gustaba repetir a Santa Teresa y Santa Catalina: *"Señor, Jesús danos siempre de esa agua que se llama santidad"*.

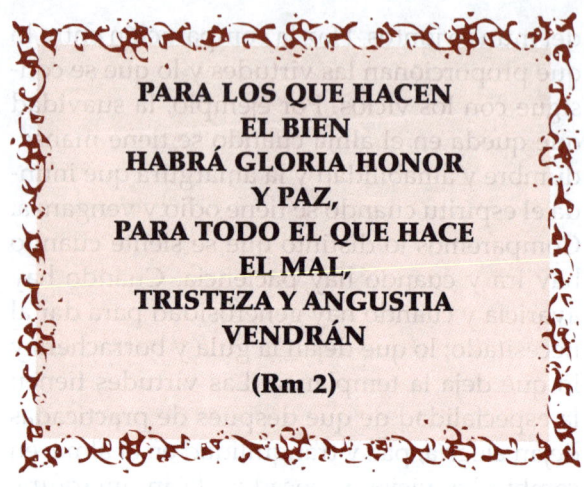

**PARA LOS QUE HACEN
EL BIEN
HABRÁ GLORIA HONOR
Y PAZ,
PARA TODO EL QUE HACE
EL MAL,
TRISTEZA Y ANGUSTIA
VENDRÁN**

(Rm 2)

Capítulo 12

TERCERA MEDITACIÓN O CONSIDERACIÓN: LOS EJEMPLOS DE LOS SANTOS

Una de las lecturas que mayor provecho te puede hacer es la Vida de los Santos. Allí encontrarás ejemplos admirables que te pueden hacer mucho bien.

Los mártires. Las historias de los mártires son conmovedoras. Niñas tan inocentes como, por ejemplo, Santa Inés, que derramaron su sangre por conservar su pureza. Jóvenes como Santa Lucía y Santa Bárbara, San Tarcisio y San Pancracio, que prefirieron la muerte antes que renunciar a su fe y a la santa religión. Mujeres casadas como Santa Felicidad y Santa Perpetua y diáconos como San Lorenzo y San Vicente, que aceptaron terribilísimos martirios pero siguieron siendo fieles a Jesucristo hasta el último momento.

Las santas mujeres. Madres de familia como Santa Mónica, la admirable mamá de San Agustín. Mujeres que permanecieron en virginidad como Santa Catalina de Siena y Santa Gertrudis, admirables en sus virtudes y sabiduría santa.

Cada vez que lees la vida de santos o de santas, recibes lecciones de cómo practicar las santidad en la vida diaria, y puedes repetir lo que decía San Ignacio al leer tan bellas biografías: "Si San Francisco, si Santo Domingo y tantos otros pudieron llegar a la santidad, ¿Por qué no voy a poder llegar yo?". Eran criaturas humanas como nosotros y con la ayuda de Dios y su esfuerzo personal lograron ascender hasta las alturas de la perfección. Esforcémonos también nosotros y veremos que si hacemos lo que podemos, Dios hará lo que no podemos nosotros y nos hará progresar admirablemente.

Capítulo 13

EL AMOR
QUE JESUCRISTO NOS TIENE

Filotea, alma que amas a Dios, si quieres progresar en el amor hacia Jesucristo, tienes que pensar de vez en cuando en lo mucho, muchísimo que Él sufrió por salvarte. Recuerda su agonía en el Huerto sudando sangre de tanta angustia. Piensa en su pavorosa flagelación en la cual destrozaron totalmente su cuerpo con ferocísimos latigazos. En la corona de espinas cuando su sensibilísima cabeza fue agujerada con punzantes espinas, y luego le dieron bofetones y lo escupieron. Medita en la subida de Jesús al calvario llevando su pesada cruz para salvarnos a nosotros. Y su dolorosísima crucifixión, cuando atravesaron sus manos y sus pies con grandes clavos y estuvo varias horas agonizando en la cruz, insultado y burlado por los enemigos, sufriendo pavorosa sed y rezando por nosotros. Ojalá repitas lo que decía San Pablo: "Vivo *en la fe del Hijo de Dios que me amó y se entregó por mí*" (Ga 2, 20).

Piensa que Jesús está cada día intercediendo por nosotros (Hb 7, 25). Él nos obtiene toda clase de favores materiales y espirituales; se ofrece cada día por nosotros en todas las misas que se celebran en el mundo. Nos perdona por medio de los sacerdotes, y nos alimenta con su Santísimo Cuerpo en la Eucaristía. Verdaderamente Cristo nos puede repetir las palabras del Libro Santo: ¿Qué más podría haber hecho por ti, que no lo haya hecho?

CRISTO, MURIÓ Y SE SACRIFICÓ POR MÍ
(San Pablo)

Capítulo 14

CUARTA MEDITACIÓN: EL AMOR ETERNO DE DIOS HACIA NOSOTROS

Dios nos dice por el profeta Jeremías: *"Con amor eterno te amé y por eso he reservado gracias y favores para ti"* (Jr 31, 3). O sea, que desde antes de crear el mundo ya Dios nos amaba y pensaba en nosotros y pensaba en los favores que nos iba a conceder. Y Él pensaba ya en que te iba a inspirar la gracia de dedicarte a servirle con una vida de devoción y santidad. Qué predilección tan especial te ha tenido Nuestro Señor. ¡Es que Él sabe muy bien que la salvación del alma vale más que todos los demás bienes y que esta salvación no se consigue sin hacer serias resoluciones de progresar en santidad!

Capítulo 15

SENTIMIENTOS RESPECTO A LAS CONCLUSIONES A LAS CUALES HEMOS LLEGADO

Oh amadas resoluciones y buenos propósitos que he sacado de estas meditaciones: yo las considero como un árbol de vida plantado por el buen Dios en mi alma, el cual es regado por la Sangre de Jesucristo para que produzca magníficos frutos de santidad.

Dios mío, que yo prefiera mil muertes antes que permitir que los halagos del mundo o las vanidades o los sufrimientos arranquen estas buenas resoluciones de mi alma, pues tengo la seguridad de que eres Tú Dios mío, quien las has plantado en mi espíritu y las has hecho crecer. Cuántas almas no han recibido semejante favor tan grande. ¡Por eso, debe recibir con humildad este regalo tuyo!

Oh buenas y santas resoluciones que he tomado a través de éstas lecturas: si yo me esfuerzo por cumplirlas, conseguiré en cambio paz, progreso, tranquilidad y alegría. Que Dios en su misericordia me ayude para no dejar de practicarlas.

De ahora en adelante es necesario que me esfuerce por cumplir lo mejor posible las resoluciones o santos propósitos de enmienda y de progreso en santidad que he tomado al leer este libro, y que encomiende en mi oración la gracia de ser fiel en estos propósitos. Mi examen de conciencia me ayudará a mantenerme alerta para saber si estoy cumpliendo lo que me propuse hacer para lograr subir por el camino de la santidad.

Dios mío, quiero con todo mi corazón cumplir de ahora en adelante las buenas resoluciones tomadas al leer este libro. Las coloco en tu corazón de Padre para que me ayudes a cumplirlas cada día mejor. Concédeme, Señor la gracia de la perseverancia en mis buenos propósitos. María Santísima, mi buena Madre, Ángel de mi Guarda que tanto me ayudas, ángeles y santos de mi devoción, rogad por mí.

Si puedes, informarle a tu director espiritual acerca de las resoluciones santas que has tomado.

_____ **Capítulo 16**

LA RENOVACIÓN FRECUENTE
DE NUESTROS BUENOS PROPÓSITOS

De vez en cuando debes recordar cuales fueron las santas resoluciones de enmienda y de progreso espiritual que has tomado y reafirma tu deseo y propósito de esforzarte por cumplirlas. Ojalá repitas aquellas fórmulas de antiguos santos: "Soy todo tuyo oh Dios mío y todo cuanto tengo, tuyo es. Protégeme y defiéndeme como propiedad tuya" –Te ofrezco Oh Dios mío, mis pensamientos, para pensar en Ti mis obras, para obrar según tu voluntad; mis sufrimientos para sufrirlos por tu amor y por la salvación de las almas. Haz de mí lo que quieras. Lo que deseo es que se cumpla siempre y en todo tu Divinisima Voluntad.

Capítulo 17

RESPUESTA A DOS POSIBLES OBJECIONES

Filotea, alma que amas a Dios, el mundo te va a decir que los consejos que se te dan en este libro son tantos, que si te dedicas a cumplirlos ya no tendrías tiempo para otras cosas. Pero no todas estas cosas que se te aconsejan aquí hay que hacerlas todos los días. Cada una tiene su tiempo y procediendo con orden queda tiempo para dedicarse libremente a todo lo demás. Las leyes civiles son muchas, pero no es necesario practicarlas todas cada día. Cada una a su tiempo y en su ocasión oportuna.

La segunda objeción que te van a hacer es que *este libro pretende llevar el alma a un alto grado de oración y encaminarle hacia la santidad.* Y esto es verdad. Mi gran deseo es obtener que las personas que lean estas páginas aprendan a orar mejor y sigan el camino hacia la santidad.

Capítulo 18

LOS TRES ÚLTIMOS AVISOS
O CONSEJOS

Cada mes esfuérzate por renovar tus buenos propósitos de enmienda y de progreso espiritual y por recordar qué es lo bueno que te has propuesto obtener y lo malo que deseas y necesitas corregir.

Cuando ves que has fallado en tus propósitos y te has alejado del ideal de santidad que te habías propuesto, *arrepiéntete de tu mal proceder*, pídele perdón humildemente a Nuestro Señor y esmérate por volver otra vez a tu antiguo fervor.

Esfuérzate por hacer un rato de meditación cada día. Renueva tu propósito de morir antes que pecar. Frecuenta los sacramentos de la confesión y de la comunión. Sigue los consejos de tu director espiritual o de tu confesor.

Recuerda que te has consagrado a Dios, por lo tanto, debes vivir de manera muy distinta a la gente mundana. Si te dicen que no hacen falta tantas cosas para salvarte diles que tu debilidad es tan grande que si no practicas estos consejos que te hemos dado quizá no lograrías perseverar en el bien.

Y por fin Filotea, alma que amas a Dios, yo te conjuro por el amor que te tiene Dios y por el gran deseo que Jesucristo tiene de salvarte, que no abandones más estos buenos propósitos *"Quien persevera hasta el fin, se salvará"*, decía Jesús.

San Gregorio Nacianceno decía: "Nuestros días pasan rápidamente. Ya ha sonado la trompeta que avisa que el fin se aproxima. El Divino Juez está a las puertas y cada cual se presentará ante el Tribunal Divino para dar cuenta de lo que ha hecho, de lo bueno y de lo malo". *"Piensa en lo que te espera al final de la vida y así evitarás muchos pecados"*, dijo *el* profeta.

Exhortación final. Filotea, alma creyente, *mira al cielo* y no vayas a perder el Paraíso eterno que te espera, por dedicarte a deleites mundanos. *Mira a los castigos* eternos y no quieras lanzarte a ellos por darte en esta vida unos gustos indebidos, *Mira a Jesucristo:* y no lo abandones por dedicarte a las criaturas. Y cuando el camino hacia la santidad te parezca duro y difícil piensa en lo que decía San Pablo: *"No hay comparación entre lo poco que sufrimos en esta vi-*

da y lo mucho que gozaremos en la eternidad" (Rm 8, 18). O lo que repetía San Francisco de Asís: "Los mayores sufrimientos de esta tierra me parecen pasatiempos en comparación con los bienes eternos que me esperan en el cielo".

Viva Jesús, a quien con el Padre y el Espíritu Santo, sea honor y gloria ahora y para siempre, por los siglos de los siglos. Amén.

TODO PARA MAYOR GLORIA DE DIOS

ÍNDICE

PRIMERA PARTE

*Avisos y ejercicios necesarios
para conducir el alma desde sus primeros deseos
de obtener una vida santa,
hasta una firme resolución de conseguirla*

SEGUNDA PARTE

Consejos y avisos para elevar el alma hacia Dios por medio de la oración y fortalecerla por medio de los sacramentos

TERCERA PARTE

Avisos necesarios
para adquirir las virtudes

CUARTA PARTE

Avisos contra las tentaciones más frecuentes

SAN FRANCISCO DE SALES

Fue un escritor, popular y ameno

Chicos y grandes, todos lo amaban

El fundador de la sociedad de SAN FRANCISCO DE SALES

San Juan Bosco fundó las Comunidades
de Salesianos y Salesianas,
en honor de San Francisco de Sales
por quien sentía gran aprecio
y admiración